はじめての福島学

開沼博
Hiroshi KAINUMA

福島を知るための25の数字

1 復興予算って何円?（2011年以降、5年間で）

2 震災前に福島県で暮らしていた人のうち、県外で暮らしている人の割合はどのくらい?

3 福島県の米の生産高の順位は2010年と2011年でどう変わった?（全国都道府県ランキングでそれぞれ何位）

4 福島県では年間1000万袋ほどつくられる県内産米の放射線について全量全袋検査を行っている。そのうち放射線量の法定基準値（1kgあたり100ベクレル）を超える袋はどのくらい?

5 精米して炊いた米のセシウム量は玄米の何分の1?

6 日本の場合、米や野菜の法定基準値は100ベクレル／kgほどだが、米国やEUはそれぞれどのくらい?

7 私たちは通常、年間何ミリシーベルト被曝している?

8 通常、体内には何ベクレルぐらいの放射性物質がある?

9 私たちの体内には放射性カリウムという放射性物質が常に4000ベクレルほど存在しているが、体内の放射性カリウムの量と放射性セシウムの量を同様にするには、法定基準値の5分の1（20ベクレル／kg）程度のごはんを毎日ごはん茶碗（200g）何杯分くらい食べる必要がある?

10 福島県の漁業の2013年水揚量は、2010年に比べてどのくらいに回復している?（何%）

11 福島県の材木の2013年生産量（≒林産物素材生産量）は、2010年に比べてどのくらいに回復している?（何%）

12 福島県の一次・二次・三次の割合（産業別就業者数構成比）はどのくらい?（それぞれ何%）

13 福島県の2013年観光客（＝観光客入込数）は、2010年に比べてどのくらい回復している？（何％）

14 スパリゾートハワイアンズの客数は3・11前と比較してどのくらい増減している？（何％）

15 福島県の2013年修学旅行客数（＝教育旅行入込）は、2010年に比べてどのくらいに回復している？（何％）

16 直近（2014年11月）の福島の有効求人倍率（就業地別）は、都道府県別で全国何位？

17 福島県の2013年のホテル・旅館に滞在する「宿泊旅行者」は、2010年に比べてどのくらいに回復している？（何％）

18 福島の2013年の企業倒産件数は、2010年の何倍？（一件の負債額1千万円以上の企業）

19 「3・11後の福島では中絶や流産は増えた」「3・11後の福島では離婚率が上がった」「3・11後の福島では合計特殊出生率が下がった」のうち、いくつ正しい？

20 福島県の平均初婚年齢の全国順位は？

21 今も立ち入りができないエリア（＝帰還困難区域）は、福島県全体の面積の何％ぐらい？

22 原発から20キロ地点にある広野町（3・11前の人口は5500人ほど）には、現在何人ぐらい住んでいる？

23 双葉郡にできる中間貯蔵施設は東京ドーム何杯分の容積？

24 福島県の予算は3・11前の何倍くらい？

25 福島県の震災関連死は何人ぐらい？

はじめに

「福島の問題は絡みにくいんですよね」

　福島の復興支援に関わる企業にインタビュー調査をしている際に聞いた言葉です。

「まず、リターンが見えない。福島で何か活動をすることはいいことだとは思うけれど、利益が出るのか、利益が出ないにしてもどれだけ社会的イメージが向上するかとか、どういう成果が生まれるのかわからない。挑戦したい気持ちは山々だが、やはりまずやらなければならない仕事が目の前に山積している。それを差し置いてまで乗り出すわけにはいかない」

「あと、とにかく気を使ってしまう。何か不謹慎なことをやってしまったりしないか心配。企画書を書くにしても、一言一句、〝こういう言い方してもいいのかな〟とか、〝実態とズレていないか〟〝だれかを傷つけたりしないか〟と気を使ってしまう」

「仮に、そういうハードルをクリアして、実際に始めることになったとしても躊躇してしまう最も大きい要因は、手離れが悪いこと。〝被災地支援始めました〟と言うのはいい。でも、一度手を付けたらもうやめられなさそう。やめたら〝もう飽きたのか、捨てるのか〟と、かえってイメージが悪くなる。ならばはじめから関わらないという選択をしてしまう」

「リターンが見えない」「不謹慎にならないか気を使う」「手離れが悪い」

この三つが「福島の問題」に関わっていく上での障壁だという。

善意もあるし、ヒト・モノ・カネ・情報も、困難な課題を解決してきた実績もある。ぜひそういう人たちにこそ福島の課題を解決してもらいたいのに、そこには大きな壁があります。

この「福島問題への絡みにくさ」は、企業に限らず、より広い認識になりつつあるのではないでしょうか。3・11からすぐの頃は、まだこの「絡みにくさ」はなかったのかもしれません。

では、いつの間にか高くなっていたこの大きな壁の正体とは何か。

それを明らかにするために「福島問題の現在」を3点ほどに整理してみましょう。「福島問題の政治化」「福島問題のステレオタイプ&スティグマ化」「福島問題の科学化」です。

一つ目は「福島問題の政治化」です。

「福島の問題」というと何を思い浮かべるでしょうか。

避難？　放射線？　やっぱり原発？

これらの問題は語りづらい。それは語るために一定の知識が求められる問題であるし、立場のわかれる問題だからです。

脱原発なのか否か。放射線の危険性をどう判断するか。

実際に、国会でも、国会議員たちが対立する立場をとりながら議論をしていることです。「政治と宗教と野球の話は飲んでいる席でもしないほうがいい」なんていう話があります。たとえ、仲の良い友人同士でも収拾のつかない言い争いになりかねない話題だからでしょう。まさにこれと近い形で、対立化しやすく、その溝を埋めることも困難な性質を、福島を巡る問題は持ってきている部分もある。これが「福島問題の政治化」です。


例えば、私のところに、「関西から子どもたちを福島に連れて行って、地元の子どもと交流して、震災のこと、復興のことを考える機会を持てないか」という相談が来たことがありました。2014年のこと、地域の経営者の団体からの話でした。話は途中まで進みましたが、学校に声がけをする、というタイミングになってから取りやめになりました。「申し訳ないが、原発に関する話を学校として親にすることはできない」というのが理由でした。

「福島に行く」ということが「原発に関する話」とイコールになる理由がわかりにくいのですが、話を進めるうちに構図がわかってきました。どうやら「福島に行く＝放射線を安全と捉えている＝原発推進派だ」という等号が成り立っているようなんですね。

こういう話はそこかしこで聞く「福島あるある」、ベタな話です。「福島に行くかどうか」以外にも、「福島産の食べ物を食べるかどうか」などのパターンもあります。

たしかに、遠くから見ている人にとって、本来、個別の問題が全て癒着して、政治的な対立構造に回収されて理解されている部分があることは感じてきました。「脱原発＝ＴＰＰ反対＝秘密保護法反対＝集団的自衛権反対」みたいなところにも接続していきます。セット商品みたいになっているわけです。そのセット商品に学校が巻き込まれるとややこしい、というわけですね。

それはそれでいいんですが、恐らく、多くの福島に住む生活者からしたら、「福島に行く」ことと「放射線」と「原発」とは全く別な話に見えている。「福島に行く」といってもどこに行くかによって全く違うし、「放射線」も気にする人もそうでない人もいるし、それとは全く別なレベルで「原発」に興味がある人もそうでない人もいる。

例えば、農家ならば、放射線についてはものすごい勉強をして専門知識を持って安全を確保するための対策をし、安全であることを確認した。一方で、原発はこんな大変なことになるんなら懲り懲りだ。そういう人がいる。問題同士が分化しています。それは、これらの問題が「政治」的なものであるよりも、「生活」に直結するものだからです。対立するか否かというような政治的なものではないわけです。

しかし、遠くから見ていると、福島に行くこと自体が政治的な立場の表明にもなりうる。もちろん、このケースは、言ってしまえば「一部の人」への配慮から起こったことでしょうが、それ以外の人にとっても、安易に話題にしづらいなと思わずにはいられないという人も少なからずいるでしょう。

「福島問題の政治化」は止まりません。

二つ目が、「福島問題のステレオタイプ＆スティグマ化」です。

ステレオタイプという言葉のほうは聞いたことがある人も多いでしょう。過度の固定観念、例えば「関西人はみんな明るい」とか「血液型O型の人は大らか」みたいな、「たしかにそういう人はいるんだろうけど、はたしてそれで一括りにしていいのか」というものです。

スティグマという言葉は聞いたことがない人のほうが多いかもしれません。簡単に言うと、「負の烙印」です。ある社会の中で特定の宗教の信者や特定の民族、あるいは特定の地域に住んでいたり特定の病気を持っている人・集団に対して、ネガティブなイメージが強く結び付けられることはよくあります。例えば、「あいつ、〇〇教の信者なんだって」とか、「あの人の家には〇〇の病気を持った人がいる」などと、文章としてはただ事実関係を示しているだけだが、それにもかかわらず、それが侮辱や誹謗中傷の意味を持つようになる。これはこの「〇〇教」「〇〇の病気」という属性が「スティグマ化している」状態と言えます。

まず、福島の問題はステレオタイプ化している。

「避難」「賠償」「除染」「原発」「放射線」「子どもたち」の6点セット。福島はしばしばこのキーワードと結び付けられるし、逆に、それ以外のキーワードと結び付けられることは少ない。

なぜステレオタイプ化されるのか。これは、米国のジャーナリスト、ウォルター・リップマンが『世論』という本の中で説明しています。

ざっくり言えば、一つは合理性。複雑なものが目の前にあるときに、ある程度単純化して認識しないと混乱するから、単純化したほうが認識が合理的に進むということです。

もう一つは、自己防衛です。人は、そう意識していないとしても、見たいものだけを見て、見たくないものは視界の外に置こうとする。細かい矛盾や不可解さを見つけるよりは、全てが理解しやすく心地よいものを見たい。そのためにある固定的な価値観やそれにもとづいた認識を選びます。

福島の問題は極めて複雑で理解しにくく見える。でも、それを語り続けることが倫理的だと思う人も多い。ではどうするかというと、多くの人が「これで福島を把握した」「これでいいことをした」と思えるような枠組みのもとで話題を提示していこうとする。それが続いていった結果、6点セットに絞られていき、現在があります。

それで、問題は、この6点セットが福島の問題の全てではないこと、こればかりを語り続ける中で、現場では常にアップデートされている様々な問題が看過され続けること、そして、この6点セットばかり繰り返される中で多くの人が飽きてくることが起こっています。

たしかに、これらは「福島の問題」に特徴的な一側面ではあります。しかし、これらは「福島の問題」の全てではありません。景気はどうなのかとか、道路・線路の状況はどうかとか、高齢者向けの医療・介護は足りているのかとか、商店街はシャッター街化しているのかとか、色々細かい問題はあるわけです。ただ、そういう「細かい問題」はなかなか取り上げられない。なぜならば、そんな問題を扱い出しても多くの人がついてこられないからです。

結果として、「避難」「賠償」「除染」「原発」「放射線」「子どもたち」の6点セットが再生産され続けることになり、それは現場で必要とされる議論とは、乖離していくことにもなっています。

そんな福島問題のステレオタイプ化が起こった上に、スティグマ化も進みます。つまり、何か福島のことに言及しただけで、それがだれかを傷つけうる何かになってくる。

こういう現象が起こっているのは、色々な角度から実証できますが、わかりやすいところで検索エンジン・Ｇｏｏｇｌｅの「Ｇｏｏｇｌｅサジェスト」という機能を使って、福島に関するキーワードを検索してみます。

「Ｇｏｏｇｌｅサジェスト」というのは、あるキーワードを入れた時に、それと同時に検索するとよい「おすすめキーワード」を自動的に提示してくれるサービスです。例えば、「すし」と入力すると「すし　食べ放題」というキーワードが提示されます。

Googleサジェスト機能で出てくるキーワード

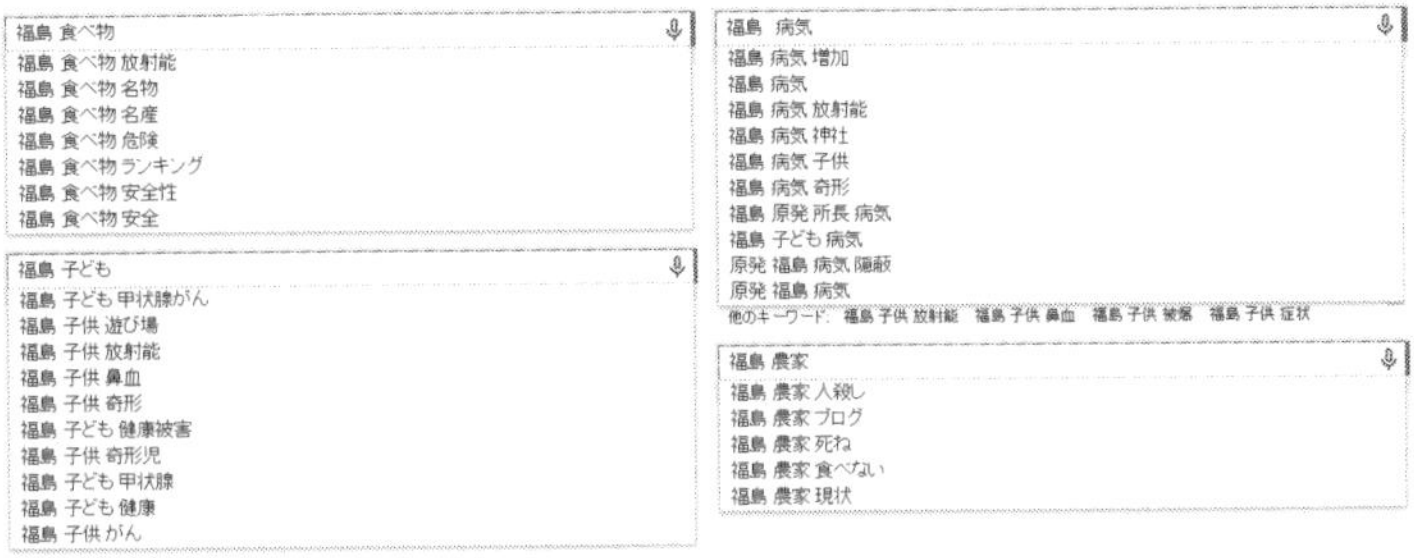

この自動的に提示される「おすすめキーワード」がどうやって決まっているかというと、多く検索されているものが出てくるという要素が強いと言われています。つまり「すし○○」と、二つのキーワードで検索する人の中では、「すし食べ放題」という二つのキーワードで検索している人が多いんですね。

で、「福島　農家」というキーワードを入れてどんな「おすすめキーワード」が出てくるか見てみると、「人殺し」「死ね」「食べない」と出てきます（２０１５年1月17日現在）。

こういう状況は、３・11直後から続いています。もちろん、一方には「ブログ」とか、「現状」とか、「福島の農家の実態はどうなんだろう」と思って検索している人もいるようですが、少なくとも、福島の農家を巡る話題というのは、殺伐とした側面があると言えるでしょう。

同様に「福島　食べ物」「福島　子ども」「福島　病気」などで検索した結果もあわせてご覧ください。

まあ、そんなわけで、明確に福島問題はスティグマ化されて絡みづらくなっている一面があるわけです。

そして、最後、三つ目ですが、「福島問題の科学化」です。これはあまり詳しく言わなくてもわかるでしょう。

福島の問題に言及しようとすると、科学的に高度過ぎてわからない。知識がないから語れない。知識があるっぽい人はものすごく知ってそうで、その領域に行くのは無理そう。とりあえず、話は聞いてみるけど。そんな感じです。

「ヨウ素とかセシウムとか色々あるようで、セシウムには134と137というのがあって半減期が違うらしく、あるいは福島第一原発には汚染水というのがあって、それとは別に地下水バイパスというのがあって……」みたいなことを、3・11直後は多少勉強した人も、いまから勉強し直すのはかなりきつかったりもする。当然の話です。

かくして、「福島問題への絡みにくさ」が増大し、大きな壁が私たちの前にそびえ立ち固定化されたようになってしまったのが、現状です。

ただ、それを憂いているだけでも何も生まれない。

どうすべきか。

二つの方針が必要です。

一つは、「避難」「賠償」「除染」「原発」「放射線」「子どもたち」の6点セットをあえて外しながら、いかに「福島の問題」を捉え直すことができるか、少しずつ考えていくこと。

この6点セットはとても便利な言葉です。これに頼っておけば、何かを語れた雰囲気は出る。「原発事故によって多くの人が避難をし続ける福島。除染・賠償・放射線への対策など課題は山積する。復興が遅れている。私たちは福島を忘れてはならない」とか言うと、なんか神妙な顔して福島の全体像を語り、慮《おもんぱか》っているような雰囲気になる。恐らく、毎年、3月11日になると、こういう見出しをつけた新聞とか、こういう原稿を読み上げるナレーションがついたVTR使ったテレビとかであふれるわけです。

ただ、これって、2012年3月11日も、その次の年も、その次の次の年も、毎回同じだったわけです。なんか同じようなこと言ってるだけなのに「福島問題の全体像捉えてます」みたいな感じになっているけど、本当なのか、と。

当然現場では、年を追うごとに問題構成は常に変わっているし、様々なデータも出てきているわけですね。そういうのを、すっ飛ばして行けちゃうのが、この「6点セットキーワードを散りばめ作戦」です。何の取材もしなくても、楽勝で福島を語れちゃう。

要は思考停止しているんではないですか、ということ。それをどれだけ意識できるか。意識できないままだと、見る側は飽きるし、現場からは滑ってるなと思われるし、ステレオタイプ化・スティグマ化はますます進んでいきます。そして、政治化や科学化に追いついていける人だけが語るようになってしまう。

そこで必要なのは、この6点セット、もちろん重要な問題で、今後も考えていかなければならないけど、それだけじゃない。むしろ、そういう表面的な使いまわせるキーワード化している問題、「いかにも福島らしい」特殊な問題の背後をこそ見るべきです。特殊な問題の背後にある、日本全体、世界全体に通じそうな普遍的な問題をあぶり出すことで、多くの人が関心と関わるきっかけを持つことができる。ここに注目しないと、この問題は解決しません。

もう一つの方針は、データと理論を用いながら語りましょう、ということです。

私は、元々の研究スタイルとして、「質的調査」と呼ばれる、インタビューや歴史資料などの文献調査を用いて社会を分析することを中心にしてきました。それは、数値には表れないような人々の営みの機微にこそ学問的な興味を強く持っていたからです。

ただ、今回は量的なデータ、つまり数値・データに表れる社会のあり方を中心に分析する方針をとっています。なぜならば、あまりにも福島を巡る議論が、数値・データを疎かにし、政治的な立場や予断にもとづいたレベルで行われてきたからです。

もちろん、放射線関係、被曝関係などは比較的数値・データをもとにした議論がされてきましたし、それによっていい方向に話が進んできた部分もあります。ただ、そういう自然科学的な部分ではなく、社会科学的な部分についてはまだまだ数値・データをもとにし、その上に理論を用いながら議論を進めていくという作業が進んできていません。

ですので、

・明らかになっているデータをもとに話しましょう。異論があるならデータを出しましょう
・ぼんやりとそうなのではないかなと現場の人が思っていることを立証していきましょう

という姿勢でいく必要があります。数値データなどのエビデンスにもとづいた思考のベースを用意することで、対立する議論も論点が明確になり、あいまいなイメージもたしかな現実に接続されます。そうすることで、「福島問題への絡みにくさ」とその大きな壁を崩していくことができます。

もちろん、データや理論を中心に議論をすると、見えなくなる部分もあります。例えば、人の死をデータとして受け取る時、「死者1万人」とたった5文字になってしまうと、もしかしたら、私たちはそこに生きてきた1万人の人たちの1万通りの生き方、表情があったことの重みを感じられなくなってしまうのかもしれない。「死者1万1人」になったとしても、「1人増えただけか」と思ってしまうかもしれない。

先ほど、私がこれまでインタビューや文献などを中心に研究を進めてきた旨、述べましたが、その一因は、3・11直後、そういった数字・データの暴力性を感じることが多かったからです。

例えば、避難者に対する「帰還しますか、移住しますか」という意向調査。これは何回も行われました。そして、そのたびに新聞には「また、帰還希望者が○％減りました」という「わかりやすい」見出しが立つ。

一見中立的なようですが、そこには特定のメタメッセージがあることはたしかです。「かわいそうな被災者」「死の町になんかだれも戻りたくない」「復興の遅れは深刻だ」それはたしかに一つの側面です。しかし、こういった紋切り型の「被災地・福島」としての切り取り方に強く憤る人の声も、少なからず聞いてきました。

「ダメだって言われたって、今すぐに戻りたい」と泣きながら話すお年寄り。「うちの工場があるから、帰れるようになったらすぐに戻りたい。当然、安全が確認できたら子どもも連れて帰る」と話す経営者。

彼らにとって、その見出しは「お前には帰る場所なんかない」という呪いの言葉にすら見えている。

時に、「数字」は、少数者の「言葉」を圧殺・支配することにも利用できる。

ある面ではドライになれるし、なりすぎてしまうこともある。これは、特に、情緒論やエセ科学的な議論に引っ張られがちなままに来てしまった「福島の問題」にとっては大きなメリットではあるけれども、しかし、デメリットともなりうる。結論を早計に出さず、「数字」と「言葉」の往復が必要であることを、まず自覚すべきです（なお、私の「言葉」の仕事は『「フクシマ」論』（青土社）や『フクシマの正義』（幻冬舎）、あるいは雑誌等でのルポにあります。「数字」の仕事である本書とあわせてお読みいただければ、より深く「福島の問題」をご理解いただけるでしょう）。

ただ、その謙虚な認識の上で、データと理論を用いて、現状を捉え直すことには大きな意味があるでしょう。


本書は「はじめての福島学」というタイトルです。福島学という学問は、これまでだれかが積み上げてきたものではありません。

独自の複雑な文脈を持つことになった福島の状況を学問的に、体系的かつ継続的に分析・考察し知の蓄積を行っていくことを目的として私がはじめたものです。学術的な位置づけなどの詳細は「はじめての」というタイトルなので、稿を改めて詳述したいと思いますが、学問分野的にも、歴史・地域的にも境界を越えながら、多くの人が「福島の問題」を適切に理解し、向き合っていくための基盤になればと考えています。

目次

04 漁業・林業――229

05 二次・三次産業――271

06 雇用・労働 — 311

07 家族・子ども — 329

──08 これからの福島──── 347

復興

〇一

復興が「早すぎた」弊害も大きい

「復興が遅れている」「風化が進んでいる」

去年の3月も、一昨年の3月も、その前の年の3月も報道で繰り返された言葉です。来年も再来年も繰り返されていくでしょう。

「福島を忘れない」「世界は福島に注目している」

これもまた、政治的な議論や文化イベントの場で何度も繰り返されてきた言葉です。

これらは情緒的な言葉です。何かを言っているようで、論理的には何も言っていない。

もちろん、「情緒的だからそれはダメなんだ、言ってはいけないことなんだ」と全否定するつもりはありません。しかし、その言葉を吐いた時に「さて、本当にそうだろうか」と反芻する必要があります。

「復興が遅れている」――。

本当にそうでしょうか。たしかに復興が滞っている部分があるのは事実です。しかし、あらゆる「復興」の全てが「遅れている」と言えるのか。

例えば震災直後の仮設住宅の建設や予算策定は、現状に不足点は多々あることは認めた上で、これだけの災害規模であることに鑑みれば、概ね可能な限り「復興は早急になされた」と見ていいでしょう。

中長期的な復興についても、NPO活動や一次産業の立て直しなどに様々な人材・資金が回り、少なくとも、震災前の福島はじめそれぞれの被災地にはなかった文化を根付かせ始めています。確実に「復興が進んでいる」部分が少なからずあります。

むしろ、私には復興が「早過ぎた」弊害も大きいように見えています。

例えば、復興予算が一番わかりやすい。本来、復興予算は震災から5年間で19兆円を使うという前提で用意されていました。しかし、実際はこの19兆円の大方が早々に消化されてしまい、6兆円が追加されました。つまり、25兆円の予算になりました。

日本の予算規模を見ると、平成26年度一般会計予算は約95・9兆円ですから、その4分の1にあたります。さらにそのうちで税収は50兆円ほどですから、その半額である25兆円という予算の規模が相当なものであることはわかるでしょう。にもかかわらず、5年を待たずしてその合計25兆円の大規模予算も急速に減っていってしまったわけです。

なぜそのような現象が起きてしまったのか。様々な要因があるでしょう。ただ、その根底には強迫観念的に「復興が遅れている」と多くの人が認識し続けた、あるいはそう言い続けなければならない状況が存在していたことを理解する必要があります。

復興予算の問題とは何か

復興予算の問題にそって説明しましょう。

行政の予算消化システムはこうなっています。社会の変動に応じて何らかのニーズが生まれると、何か大きな政策の方向が決まる。すると、「復興予算」がそうですが、ある目的のために大きな予算がつく。

行政はその予算を効率よく消化できるように「何か使い道はないか」と、役所の内部で大型プロジェクトを立ち上げたり、外部の行政関連組織や企業、研究機関などに情報発信をして予算の使い道を探したりします。

その一部は道路や大型施設の建設や組織の立ち上げの費用になるし、一部は一次産品の販売促進や企業・観光客などの誘致を目的としたフェア・ＰＲキャンペーンなどの企画・運営に用いられる場合もあります。

もっとも、そういう「ハードウェア的な使い方」ばかりしていると「ハコモノ」「客寄せイベント」と批判的に見られることも起こりがちです。「無駄な公共施設はこれ以上いらない！」「有名人呼んできたり、派手なだけで後に何も残らない打ち上げ花火みたいなことやっても仕方ないだろう」という批判をされるわけですね。

なので、復興予算はそういったハードウェア的な使い方だけではなく、創業支援・起業家育成や女性・高齢者の雇用促進、市民活動の支援などを目的とした助成金のようなソフトウェア的な部分に予算が意識的に使われてきた部分もありました。もちろん、復興予算の場合は防災・防犯の強化や賠償金の受け取りを促すための司法サービスの整備などにまわる部分もそれに含まれるでしょう。

いずれにせよ、行政の予算は、新しいプロジェクトや助成金制度などをとおして、地域に出て行くことになります。それを引き受けながら具体的なハードウェア・ソフトウェアを地域につくっていくのが、行政関連組織や企業、研究機関です。

彼らはただ黙っていれば予算を引き受けられるわけではありません。色々な書類を整えて、自分がいかにいいものを安くつくって納品できるのか示して「入札」をしたり、自分がどれだけ新しく、社会のニーズに合った活動を展開できるのか企画をたてて助成金に応募したり。そうやって、多くの場合は厳しい選考を受けて、やっと予算の分配を受けるわけです。

しかし、復興予算について言えば、そのように分配をしているうちに色々な問題が起こってきました。最も象徴的なのが復興予算の流用・目的外使用問題でしょう。

復興予算は言うまでもなく被災地・被災者の状況改善のために使われるべきものですが、そうではないところに予算が流れていっているということが報道機関の調査や国会議員の指摘などで2012年度の下半期ぐらいから指摘され始めました。

例えば、復興予算の一部は何十億円という単位の被災地以外の税務署の耐震工事や、「くまモン」や「ふなっしー」などのゆるキャラブームに乗る形で被災地とは関係のない自治体のゆるキャラの作成費用などに用いられた。

これは批判されるべきことでしょう。もし耐震工事やゆるキャラづくりによる地域活性化をしたいのならば、被災地・被災者のための予算とは別に、そういった目的の予算をとるべき話です。

ただ、その上で、「だからとにかく復興予算の無駄使いが起こらないように統制をしろ」「そもそも、復興予算はそんなに必要なかったんだ」という議論になりがちですが、そう単純な話ではないことも認識すべきです。

今あげたような明らかに流用・目的外使用の例は、当然、問題として指摘・改善される必要があります。白か黒かでいったら「黒」の事例です。ただ、復興予算の獲得競争の現場には「グレーの事例」や「白なのに埋もれてしまった事例」が数多《あまた》あります。復興予算の分配について考える際には、このことを知っておく必要はあるでしょう。

予算分配は「白」か「黒」かだけではない

どういうことか。「グレー」というのは、「たしかに被災地でやっているんだけども、それ本当に被災地・被災者のためになるんだろうか」というような、言ってしまえば「それ本当にできるのか」「あなたの趣味を、復興にかこつけてやろうとしているだけだろう」というような実現可能性や効果の有無が曖昧なもの。

あるいは、そういうネガティブなものではなくても、「これ、企画もよくねられていて、本当に被災地・被災者のためになりそうだな。でも、この事業者の所在地は被災地の外だから、募集要件から微妙にずれるんだよな」というような、何かが足りてなくて残念なものを指します。

「白なのに埋もれてしまった事例」というのは、「この企画はすごくいいな。ぜひやってもらいたい。でも、いい企画を出してくるだけあって、この応募者は普段から様々な活動を熱心にやっている。その結果、もとからやっている仕事が忙しすぎて、書類も不足があるしうまくいかなそうだ」というような、本当は行政が一番届けたいところなのに、届けきれないような事例です。

私は、自分自身で大学の予算獲得に向けた助成金申請に関わっていたり、逆に選ぶ側として、地方自治体や地域企業・NPO向けに国が助成金・補助金をつける際の審査委員をやっていたり、あるいは、実際に予算を獲得した組織にアドバイザーとして入ったり、といったこともしています。

そのときによく実感するんですが、復興予算の分配の現場では、どうしても「白」だけではなく、この「グレー」や「白なのに埋もれてしまった事例」が大量に発生してしまいます。

その「グレー」や「白なのに埋もれてしまった事例」が生まれる背景には、逆説的に聞こえるかもしれませんが、一言で言うと「どうにか復興に貢献したい」という強い思いがあります。

行政も、支援者も、早急にプロジェクトをたて、予算をつけ、実行段階に移していく強い必要性を感じて懸命にアイディアを出し、企画を立て、書類を書いた。だからこそ、復興予算獲得の過当競争が起こり、早いうちにそれが目減りしてしまった構造があります。

「どうにかその予算を獲得して、自分自身の手で復興に資する活動をして実績を上げたい」「アイディアはあったけど、おカネが足りなくてできなかったことをこの機会にやろう」という善意がそこにはある。まさに、「復興が遅れている」という善意があったわけです。

もちろん「そんな見方は性善説に寄りすぎている」と思う人もいるでしょう。たしかに、その「善意」の中に「もらえるカネはもらっておけ」という邪《よこしま》な気持ちが多かれ少なかれ混じっている人も少なからずいたであろうことは否定しません。

実際、2014年2月には岩手県のNPOが公的補助金を横領して逮捕される事件など、いくつかの、悪質な事例も起きています。

ただ、そこにある「善意」をどうサポートするのか、「善意」に対してもう少しうまくアプローチしていたらもっとうまく、そこに生きる人のニーズを満たす使い方があったのではないかと考えるべきです。そして、その時に、ただ「復興が遅れている」と言い続けてきたことの弊害も意識すべきです。

「復興が遅れている」って言うな

復興が「早過ぎた」として、それは悪いことか。私は、今だからこそ「復興が早すぎたが故に悪い部分もあったことを認識し反省すべき」と考えています。理由は明確です。これまで現に進んできた「早過ぎた復興」が「そこに生きる人のニーズ」を満たしきっているとはいえないからです。

どのような形でニーズを満たしきっていないのかは後ほど触れていきますが、「〝復興が遅れている〟と言うな」と主張したいと思います。前のめりに、強迫的に「復興の遅れ」を嘆くことは「善意」の空回りを加速させるだけで、もはやこれからの復興の推進に必ずしも寄与しません。

「いや、でも復興が遅れていると言い続けないとだめだ。実際に復興が遅れている部分があるんだから」

そういう反論があるでしょう。まさにその通りです。

じゃあ、どうすべきか。

今なすべきことは「〝復興が遅れている部分〟とは何か？」、そして「〝復興が進んでいる部分〟はどこにあるのか」と峻別《しゅんべつ》することです。そして、復興の遅れている部分を具体的に指し示した上で改善し、復興が進んでいる部分をさらに伸ばしていく策を施す。

これは情緒的な言葉に頼っているだけではいつまでも進みません。論理とデータを通して欠点を埋め、美点を改善するための議論のベースを再設定する必要があります。この認識の中でこそ、善意の空回りを逃れ「復興の加速」を実現します。

本書の目的は、福島の問題について「論理とデータを通した議論のベースの再設定」をすること、そして、現代日本の再建を考えることです。

「論理とデータを通した議論のベースの再設定」の作業は、必然的に日本社会が抱える複雑な病巣、もっと具体的に言えば地方の窮状や産業・医療福祉などテーマ横断的に抱えられている再建すべき部分を洗い出すことにもなるでしょう。

そこに向き合った時に、福島の問題について考えることは、それに関心を持っている人にとっても、そうではない人にとっても意義のあるものとなるでしょう。

次からは、具体的なテーマにそってその峻別を進めていきます。

人口

02

福島の人口流出は10倍誤解されている

私は震災の1年ほど後から講演会やシンポジウムに呼ばれるたびに、オーディエンスに向けて何十回と同じ問いを繰り返してきました。

「震災前に福島県で暮らしていた人のうち、どのくらいの割合の人が震災によって、いま現在県外で暮らしているか？」

つまり、もう少しわかりやすく言うならば、

「福島が１００人の村だったら、何人が震災後に県外で暮らすようになったか？」

という感じになるでしょう。

「福島からの人口流出のイメージ」を聞いているわけです。

なぜこんなことを問うのか。そして、その答えは。

前者から明らかにしましょう。

この「福島からの人口流出のイメージ」を問う理由は明確。そこに大きな誤解があるからです。

私は、震災直後から、福島の内外を移動しながら研究や講演を続けてきました。その中で

様々な点で福島の状況、福島が抱える問題が大きな誤解を受けているように感じていました。
それは放射線や避難のことはもちろんだし、それ以外にも産業や住民の抱える思い、避難区域の現状もそう。多くの人が「現実の福島」から乖離した誤解にまみれた「イメージ上の福島」を持ち続けている、しかも、「良かれと思って」。

本書は、まさにそのような現実とイメージとのギャップ、今でも残る誤解に対して、「福島のことはわからないことばかり」などという思考停止に陥らぬよう「福島のことはこれだけわかってきているんだ」と明確に見通しを立てることを目的としています。

そして、「福島からの人口流出のイメージ」こそが、その最も象徴的な誤解されているポイントだと考えています。

もう一度問いますが、

「震災前に福島県で暮らしていた人のうち、どのくらいの割合の人が震災によって、いま現在県外で暮らしているか？」

あるいは、

「福島が１００人の村だったら、何人が震災後に県外で暮らすようになったか？」

と問われたら、どのくらいの数字をイメージするでしょうか。

まずは、実際の世間のイメージを確認しましょう。

例えば、東京大学・関谷直也特任准教授が２０１４年3月に全国１７７９人にインターネット経由で実施した調査では、「福島県では、人口流出が続いていると思う。□％程度流出していると思う」と質問しています。

この問いに対して全体の１３６５名が「流出が続いている」と答え、その予想する平均値は24・38％でした。つまり、日本に暮らす人の８割がたが福島からの人口流出イメージを強く持ち、その割合は全人口の４分の１程度に及ぶと見ている結果なわけです。

こういった数値が全国調査の結果として出てくることに私は驚きません。「世間のイメージはそんなものだろうな」と、これまでの経験から思う故です。

福島県外で聞くと「10％くらい」「3割」「40％とか？」「いや、60％ぐらいはいっているのではないか」と、様々な答えが返ってきます。「もう強制避難の人たちも戻り始めてるんでしょ」と楽観的な人もいますが、調査結果を見ればそのような人が少数であることがわかります。

２０１４年7月にも、中国地方の地元紙記者の方に「どのくらいだと思います？」と聞いたら、「3割ぐらいですか？」と返ってきました。

それより少し前、２０１３年5月に、関西地方の地元紙記者の方に同様に聞いたら「4割だ」と。

なるほど。彼らは遠くから原発とか福島の担当になって取材をする。とりあえず、福島の人の話を聞こう。彼らにとっての最も身近な「福島の人」とは、多くが西日本に避難を余儀なくされている方だったりもする。その中でのイメージはこんなものか、と思いました。

では、あなたの「福島からの人口流出のイメージ」はどのくらいでしょうか。25％？10％？ 60％？

さて、答えを言いましょう。正解は2・3％程度です。2014年3月の全国調査の答えが約25％であったから、「現実の福島」と「イメージ上の福島」の間には実に10倍の差があるわけです。

避難者は県内に戻りつつある

詳細を見ていきます。震災前の福島の人口は、200万人ほど。一方、福島から震災後に県外に避難している人の数は4・6万人ほど（2014年後半に入ってからは大体この数字で落ち着いています）。

つまり、単純計算すれば、4・6万人÷200万人×100＝2・3％が福島からの流出人口に当たるわけです。

なお、この「避難者」というのも、各自治体が把握している避難者の数を復興庁などでまとめているものです。自治体が把握しないところで既に福島県内に戻ってきている人もいますし、逆に自治体に言わずに避難している人もいます。

ただし、自治体に言わないと避難者としての行政サポートが受けづらい状況もありますので、自治体が把握していない避難者が大量にいるとは言いづらい状況もあります。いずれにせよ、この数字も確定したものではないことは理解しておいてください。

では、この数字は今後どう変化していくのでしょうか。現在の動きを二つの観点で整理しておくといいでしょう。

(1) 基本的には、震災後、県外に出ていた人も県内に戻りつつある

(2) 時間の経過の中で県外への定住を決めた人も一定数いる

避難についてはまた後ほど詳しく説明したいと思いますが、避難者やその支援者の方の話を聞いていくと、「福島に戻るか、県外の避難先に定住するのか」の選択におけるこれまでの変化は、以下のように時系列でまとめられるかもしれません。

・震災直後〜1年目：情報の錯綜、避難先自治体や支援団体が活発化、連休・夏休み・冬休み・春休みのたびに避難者が増える

・2年目〜3年目：生活の落ち着き、避難者内でのライフスタイル別グループの形成、経済負担の重荷、帰還する人と残留する人との間での葛藤

・3年目以降：避難者支援策の充実・「子ども被災者支援法」などの目標が一定程度達成し共通の目標の喪失、支援策の打ち切りや子どもの進学・進級による帰還、避難者であることへの疲れ、引きこもる人も出る

大きな流れとしては、県外に出ていた人が県内に戻りつつある。これは、様々な統計を並べてみると2012年の秋ぐらいからの流れです。

2013年の春先に一時的に県外への人口流出は増えたものの、これ自体は震災前から福島以外でもある「地方からの人口流出」であり、その後は一貫して避難者は帰還しています。

ただ、一方では、避難者が避難先に定住するという動きもあることに注目すべきでしょう。2014年に入ってから、県外避難者数4万人台半ばでの推移は落ち着いているように見えます。おそらく今後も少しずつ減りながらも、このぐらいで推移するでしょう。

「もう避難先で仕事を見つけてしまった」「家を買った、借りたからしばらくはここに」ということもあります。

また、「子どもの進学・進級による帰還」もありますが、逆に、「子どもが中学に進学したから、高校受験までは避難先にいようかな」といった話もあるわけですね。

もちろん、家賃補助など公的支援や避難者支援ＮＰＯなどによる支援策は減り続けているので、生活の厳しさはあります。彼らのケアは本来であれば行政等が率先して担うべき部分が大きいですが、十分だとは言えません。

制度から漏れ落ちる「マイノリティ」の県外避難者

なぜか。

「行政の怠慢だ！」と仰る方もいます。それはそのとおりです。行政職員の方の中にも真剣にこの問題を考えて行動している人もいますが、力が至っていない部分があるのは事実でしょう。ただ、中には「行政はわざと避難者を放置して帰還政策を進めようとしているんだ！　帰還させて安全アピールをしたい。帰還すれば税収も増える。だからそうやっている」などという主張をする方もいますが、必ずしもそういう理由が明確にあるわけではないでしょう。

仮に、帰還する意志のない人を強制的に帰還させても、それが安全アピールになるかは疑問です。むしろ、ただでさえ行政の姿勢に反発心を持っている人は、その強引さにますます反発し、声高に行政を糾弾することになるだけです。

「帰還すれば県の税収が増えるか」というと、地方税は基本的には住民票や法人の登記がある場所に払いますので、住民票・登記簿が福島にある以上は帰還するか否かにかかわらず税金は福島に払われます。

住民票・登記簿を福島に置いたままの人にとっては関係のない話です。

住民票・登記簿が福島にない、既に避難先に置いてある場合にはどうか。これはたしかに税収が増えるでしょう。ですが、先に触れたとおり、避難した方から最大限住民税を確保したとして、県民の2~3%程度。

そして、留意しなければならないのは、その多くが母子避難であり、その場合は、夫の収入はいずれにせよ福島に入っているので、帰還しようが定住しようが税収自体は大きな額とはいえません。


ここで明確にしておくべきなのは、避難している方は「新たなマイノリティ」である、ということです。

マイノリティというのは単純に直訳すれば「少数者」という意味ですが、社会学的な文脈で用いられる場合、単に数が少ないという意味のみならず、国籍・民族、セクシャリティなどの点で、政策や価値観のレベルでも疎外されがちな存在であるという意味を帯びることが多いです。

例えば、行政サービスという意味では、京都とか沖縄に避難している人が、福島県庁とやりとりするとなると、移動に半日かかるし、電話代も高いし、避難者担当の県庁職員が来てくれることもあるけれども、それも年間何回か。

じゃあ、京都や沖縄の行政が手厚い保護をしてくれるかというと、震災直後から一定の対応策は出していますが、細かいケアを全て担えるわけではありません。

そういう制度の間から漏れ落ちてしまう「マイノリティ」的な存在として県外に住む福島の人を見ていくことが、今後ますます必要になるでしょう。

福島で起こっていることは、普遍的に起こっていること

あと、もう一点、この福島の人口の問題で考えるべきなのは、「人口流出・減少は福島だけの問題なのか」ということです。

例えば、福島の南隣の茨城県の数字を見てみましょう。茨城県は、2010年10月に296万9770人の人口がいましたが、2014年1月の人口は293万1006人です。3万9000人近く減っているわけです。

福島よりも減少幅は少ないわけですが、それなりの数が減っています。福島から茨城に引っ越している人もいますし、都心のベッドタウンでもあります。それでも、茨城は、この数字です。

つまり、福島で起こっていることは普遍的に起こっていることでもあります。「福島の人口

減少は全て3・11のせい」かのような語りは実態の正確な理解を妨げます。
ここで理解すべきなのは以下の点です。

・人口の何十％も県外に大流出しているなんてことはなく、多くの人は福島県内に住み生活を続けている

・震災後に県外に住み始めた福島の人の一定数は、もうそこで新たな生活を始めている。ただし、その数は福島県民の全体から見たら極めて少ない。そうであるが故に丁寧なケアが必要だ

・福島の人口の問題は福島だけの問題ではない

「人口流出」よりも「人口減少」に注目する

「人口減少は福島県だけの問題なのか」という問いを深めていきましょう。ポイントが二つあります。

一つは、「人口減少」への注目です。ここまでは「人口減少」と「人口流出」の両方の言葉を使ってきました。

「人口減少」とは、引っ越していなくなるような「社会減」と、そこで暮らしていた人が亡くなるような「自然減」の両方を含みます。「人口流出」とは、「社会減」のみです。紛らわしいので、ここからはより広い意味である「人口減少」に統一して議論を進めていきます。

もう一つは、震災後に余儀なく生まれた「避難者」ではなく、震災前から現在までの連続性を見るために、国勢調査に基づいた「推計人口」を見ていきます。

先に「県外避難者」の数を元に議論をしました。避難者の中には住民票を避難先に移している人もそうでない人も含まれます。今回は国勢調査を元に推計された人口を元にした議論ですので、少し話は変わります。つまり、避難ではなく、進学や就職、会社の指示による転居なども含まれますので、人の出入り数はもう少しブレが大きくなります。

福島の人口は意外と持ちこたえている？

「人口減少は福島県だけの問題なのか」

これを考えるときに、まず確認すべきなのは、そもそも、「日本全体が人口減少社会である」ということです。

日本全体が人口減少社会に入ることを国が明確に示したのは、２００５年国勢調査でした。この年、明治以来はじめて、推計人口が1年間で2万人ほど減少しました。

その後、一時的に持ちなおすものの、２０１１年からは完全に人口減少が継続的に続く状況になってきました。偶然にも、震災があった2011年がその年だったわけですね。

ただ、注意すべきなのは、都会ではそうではなくても、地方では人口減少はもっと前から進んでいたということです。

例えば、平成22年国勢調査報告書「人口、人口増減数及び人口密度─都道府県（平成12年～22年）」の表によると、2000年から2005年の5年間で見て、既に関東地方・東海地方・関西地方・福岡など大都市圏を除き、47都道府県のうち32、つまり7割近くの県が既に人口減少していることがわかります（49頁図表）。

10年以上前から地方は既に酷い人口減少状態に入っていたわけですね。

じゃあ、2011年より前、10年間の福島県を見てみましょう。

2000年に212万人だった人口が2005年に209万人と、5年間で1・7％（約3万6000人）の人口減少、さらに2010年には202万人になっていますから、また残りの5年間で3％（約6万2000人）の人口減少です。

やはり福島県もバリバリの人口減ですね。それで、震災があって今に至るわけです。

では、現状どうなっているか。

2014年の福島県の人口は、194万7580人です。2010年から4年間で約8万2000人減です。ここで数字に敏感な人は「あれ？」と気づくわけですね。

２０００年　２１２万人
２００５年　２０９万人
２０１０年　２０２万人
２０１４年　１９４万人

それぞれの間の減少率を計算すると、１・７％（３万６０００人）、３％（６万２０００人）、４・８％（８万２０００人）。

人口減少は進んでいるが、必ずしもそのスピードが急加速しているわけではない。

実は、２０１０年10月と２０１１年10月を比較すると、人口は２０２・９万人から１９９万人へ一気に４万人以上減っていて、この年だけで実は減少率は２・０％になります。それを差し引いてみると、なおさら「意外と持ちこたえている」ということがわかります。

震災の影響が少ない秋田・青森・山形のほうがヤバい

「いやいや、他の県と比べたら絶対福島はヤバいはずだ！　震災後、現在に至るまで一気に５％近くもの減少率になっているんだぞ！」

そういう方もいるでしょう。

「平成22年国勢調査報告書」
人口、人口増減数及び人口密度—都道府県（2000年～2010年）

都道府県	人口（千人）				人口増減[1)]					人口密度（人/km²）
					2000年～2005年		2005年～2010年		増減率の差（ポイント）	
	2000年	2005年	2010年	順位	実数（千人）	率（%）	実数（千人）	率（%）		
全国	126,926	127,768	128,057	—	842	0.7	289	0.2	-0.4	343.4
北海道	5,683	5,628	5,506	8	-55	-1.0	-121	-2.2	-1.2	70.2
青森県	1,476	1,437	1,373	31	-39	-2.6	-63	-4.4	-1.8	142.4
岩手県	1,416	1,385	1,330	32	-31	-2.2	-55	-4.0	-1.8	87.1
宮城県	2,365	2,360	2,348	15	-5	-0.2	-12	-0.5	-0.3	322.3
秋田県	1,189	1,146	1,086	38	-44	-3.7	-60	-5.2	-1.5	93.3
山形県	1,244	1,216	1,169	35	-28	-2.2	-47	-3.9	-1.6	125.4
福島県	**2,127**	**2,091**	**2,029**	**18**	**-36**	**-1.7**	**-62**	**-3.0**	**-1.3**	**147.2**
茨城県	2,986	2,975	2,970	11	-11	-0.4	-5	-0.2	0.2	487.2
栃木県	2,005	2,017	2,008	20	12	0.6	-9	-0.4	-1.0	313.3
群馬県	2,025	2,024	2,008	19	-1	-0.0	-16	-0.8	-0.8	315.6
埼玉県	6,938	7,054	7,195	5	116	1.7	140	2.0	0.3	1,894.2
千葉県	5,926	6,056	6,216	6	130	2.2	160	2.6	0.4	1,205.5
東京都	12,064	12,577	13,159	1	512	4.2	583	4.6	0.4	6,015.7
神奈川県	8,490	8,792	9,048	2	302	3.6	257	2.9	-0.6	3,745.4
新潟県	2,476	2,431	2,374	14	-44	-1.8	-57	-2.3	-0.6	188.7
富山県	1,121	1,112	1,093	37	-9	-0.8	-18	-1.7	-0.8	257.4
石川県	1,181	1,174	1,170	34	-7	-0.6	-4	-0.4	0.2	279.5
福井県	829	822	806	43	-7	-0.9	-15	-1.9	-1.0	192.4
山梨県	888	885	863	41	-4	-0.4	-21	-2.4	-2.0	193.3
長野県	2,215	2,196	2,152	16	-17	-0.8	-44	-2.0	-1.2	158.7
岐阜県	2,108	2,107	2,081	17	-3	-0.1	-26	-1.3	-1.1	195.9
静岡県	3,767	3,792	3,765	10	25	0.7	-27	-0.7	-1.4	483.9
愛知県	7,043	7,255	7,411	4	211	3.0	156	2.2	-0.9	1,434.8
三重県	1,857	1,867	1,855	22	10	0.5	-12	-0.7	-1.2	321.0
滋賀県	1,343	1,380	1,411	28	38	2.8	30	2.2	-0.6	351.2
京都府	2,644	2,648	2,636	13	3	0.1	-12	-0.4	-0.6	571.4
大阪府	8,805	8,817	8,865	3	12	0.1	48	0.5	0.4	4,669.7
兵庫県	5,551	5,591	5,588	7	40	0.7	-2	-0.0	-0.8	665.6
奈良県	1,443	1,421	1,401	29	-21	-1.5	-21	-1.4	0.0	379.5
和歌山県	1,070	1,036	1,002	39	-34	-3.2	-34	-3.3	-0.1	212.0
鳥取県	613	607	589	47	-6	-1.0	-18	-3.0	-2.0	167.8
島根県	762	742	717	46	-19	-2.5	-25	-3.3	-0.8	107.0
岡山県	1,951	1,957	1,945	21	6	0.3	-12	-0.6	-0.9	273.5
広島県	2,879	2,877	2,861	12	-2	-0.1	-16	-0.6	-0.5	337.4
山口県	1,528	1,493	1,451	25	-35	-2.3	-41	-2.8	-0.5	237.4
徳島県	824	810	785	44	-14	-1.7	-24	-3.0	-1.3	189.4
香川県	1,023	1,012	996	40	-10	-1.0	-17	-1.6	-0.6	530.7
愛媛県	1,493	1,468	1,431	26	-25	-1.7	-36	-2.5	-0.8	252.1
高知県	814	796	764	45	-18	-2.2	-32	-4.0	-1.8	107.6
福岡県	5,016	5,050	5,072	9	34	0.7	22	0.4	-0.2	1,019.0
佐賀県	877	866	850	42	-10	-1.2	-17	-1.9	-0.7	348.3
長崎県	1,517	1,479	1,427	27	-38	-2.5	-52	-3.5	-1.0	347.5
熊本県	1,859	1,842	1,817	23	-17	-0.9	-25	-1.3	-0.4	245.4
大分県	1,221	1,210	1,197	33	-12	-0.9	-13	-1.1	-0.1	188.7
宮崎県	1,170	1,153	1,135	36	-17	-1.4	-18	-1.5	-0.1	146.7
鹿児島県	1,786	1,753	1,706	24	-33	-1.8	-47	-2.7	-0.8	185.7
沖縄県	1,318	1,362	1,393	30	43	3.3	31	2.3	-1.0	611.9

資料：人口密度の算出に用いた面積は、国土交通省国土地理院「平成22年全国都道府県市区町村別面積調」による。
1) 各増減期間の都道府県の境域は、各期間の期末時の境域に組み替えて算出。

じゃあ、他の県を並べてみましょう。同じ東北の中で、震災の影響が少なかった秋田県はこうです。

2000年　118万人
2005年　114万人
2010年　108万人
2014年　103万人

それぞれの間の減少率を計算すると、3・3％（4万人）、5・2％（6万人）、4・6％（5万人）。「4・8％って、3・11後の福島と同じじゃないか！」っていう。

実は、2014年初時点での日本の人口減少のワーストスリーは秋田、青森、山形です。それらの県の方々には大変申し訳ない感じもしますが、データを見れば、人口減少問題という意味では福島よりもヤバい状況になっています。

じゃあ、東北から遠いところでヤバいところも見てみましょう。

秋田、青森、山形についで人口減少問題がヤバいのは高知、和歌山です。じゃあ、高知県を見るとこんな感じ。

2000年　81万人
2005年　79万人
2010年　76万人
2014年　73万人

それぞれの間の減少率を計算すると、2・46％（2万人）、3・79％（3万人）、3・94％（3万人）。こちらもなかなかですね。

ここで詳しくは説明しませんが、秋田県は知事が先頭に立って「人口問題対策連絡会議」を立ち上げています。また、高知では、移住者受け入れに行政や地元NPOなどが積極的であり、そういった成果が徐々に出てきている状況もあります。

福島の人口減少は「平常運転」に戻りつつある

もう一度、福島の話に戻りましょう。

2011年より5年前から現在までの福島の人口減少率を並べてみます。

2006年　0・52％

2007年　0.57%
2008年　0.62%
2009年　0.63%
2010年　0.63%
2011年　2.02%
2012年　1.30%
2013年　0.76%

震災後に起こった変化は、2011年に1・3ポイント増えたのが、0・7戻し、さらに0・5戻して今に至っているということです。

2014年がどうなるかは見ものですが、基本的には、震災前の人口減少トレンドである0・6%あたりの減少率に戻り、いわば「平常運転」が始まるでしょう。

さて、数字の話が続きましたので、普段から数字を扱うのに慣れている人は「なるほど」と思うかもしれませんし、そうでない人は、途中から数字と論理を追うのが辛くなり諦めてしまったかもしれません。

ここまでの流れで言いたいこと、メタ情報を一言でまとめるとこうなります。

・福島の人口減少は、震災前の状況に戻りつつある

・それでも「福島の人口減少が絶対的にヤバい」と主張するならば、それは認めよう。ただし、その「絶対的なヤバさ」は「日本全国の人口減少がヤバい」ということとイコールだ

問題は人口減少よりも急激な少子高齢化

さて、そんなわけで「福島の問題」と多くの人が認識していることが、実は、多くの人が認識していない「日本全国の問題」とがっちり結合していることを述べてきました。

ではこの「問題」とは具体的に何でしょうか。

「人口減少が悪い」という議論は「確かに、そうだよねー」と多くの人が自然と受け入れてしまいがちです。

しかし、はたしてそうなのか。

例えば、中国やインドはじめ人口過多の国は少なからずあって、それらは人口が多すぎるとして必死に人口を減らそうとしています。同じ新興国でもロシアはソ連崩壊によって毎年100万人規模で人口が減っていた時期もあり、最近やっとそれが落ち着いてきたところであるが、GDPを見れば、順調な経済成長をしていると言ってよい。

ここらへんに立ち入りだすと話が尽きないので、とりあえずここでは「人口減少＝絶対悪」でいいのか、と疑問を提示するにとどめておきたいと思います。昨今喧《かまびす》しい「地方創生」の議論もまさにこの問題ですので、また後ほど触れます。

それで、「福島の問題」＝「日本全国の問題」としての人口減少について考えるにあたり、やはりこれは福島で鋭く可視化された問題であるということも見えてきています。

何の問題か。

「少子高齢化が一気に進んだ」ということです。

年齢別の人口をわかりやすくするために人口推計の中では、「年少人口（0〜14歳）」「生産年齢人口（15〜64歳）」「老齢人口（65歳以上）」の三つに分けます。

これら三つが２０１１年と２０１４年でどう変化しているかを見ていくと、非常に興味深い。まず、一番興味深いのは、「老齢人口」。これ、震災後に２万人ほど増加しているんですね。具体的に数字で言うと、50・２万人が52・６万人になっている。２００万人ほどの人口に対して１％ぐらい新しい「老齢人口」の層が重なってきた。

震災があろうがなかろうが、ここは増加する運命にありました。寿命がじわじわ伸びているのと相まって、この間に非常に人口の層が厚い「団塊の世代」が、この「老齢人口」に突入したからです。

一方、「年少人口」は27・4万人が24・4万人、「生産年齢人口」は123・6万人が116・1万人へと、どっちも結構減っています。

もちろん、これもまた、全国的に同じことが起こっている現象ですので「福島だけが特にヤバい」ということを言いたいわけではありません。

ですが、人口の移動や仕事の不安定化など流動性が高まる中で、やはり、これだけ数字に明確に表れる形で、高齢者が増えてそれ以下の、仕事をしたり子育てをしたり教育を受けたりする世代がいなくなっているというのは、福島のこの数字から明確にわかることでしょう。

先ほどは「平常運転」が始まる、と書きました。これは、この「急激な少子高齢化」と矛盾しません。

つまり、震災前の「平常運転」の時から、実は気づかれにくい形で少子高齢化は進行してきた。その問題が震災後にも同様に存在して、より明確に数字に表れているというだけの話です。

なんでも震災・原発事故のせいにすれば楽ですが、それは思考停止を招くことはあっても現状の理解、いま起こっている「福島の問題」＝「日本全国の問題」の把握にはつながりません。その「平常運転」の中にこそ私たちが認識せねばならない問題がある、ということを理解すべきです。

やはり、人口の動態は、その時の社会の抱える可能性と問題点を様々な形で反映するもので、福島の現状理解のために、あと数個の論点を、人口をとおして説明したいと思います。

ベストセラー『地方消滅』の衝撃

福島では「人口増えすぎる！　どうしてくれるんだ」と困っている人がいます。

「減っている」んではなくて「増えている」んです。

「いや、でもここまで人口減少はしているという前提だったじゃないか……」と混乱する人もいるでしょうが、変なことは言っていません。福島では人口が増えすぎて問題が起こっている。

では、それはどういうことなのか。本題に入る前に、少し遠回りしながら話を始めましょう。

いま、「人口流出・人口減少の問題」は福島の問題を離れても「流行って」います。2014年に入って元岩手県知事・元総務大臣である増田寛也さん率いる「日本創成会議」が提示したレポートが話題になっています。

既にご存じの方も多いでしょうが、この議論の要旨は以下のとおりです。

2040年、多くの地方が「消滅」する。

消滅とは、一つには、推計対象の全国約1800市町村のうち896の自治体で20～39歳の女性の数が5割以上減る。女性の数がそこまで減るということは子どもの生まれる数が急激に減るということです。

もう一つが、523の自治体では人口が1万人未満となる。今ある4分の1以上の自治体が、それなりの人口のキャパシティを見込んで設計されていたものを抱えきれなくなります。例えば病院とか学校を維持するのが困難になる可能性が増していくわけですね。

これは多くの人に衝撃的を与えました。東京では必ずしも盛り上がっていないようにも思いますが、全国各地に講演などに行くと、自治体の職員の方や地域づくりNPOの方など、みんなこの話題に興味津々。

この「増田レポート」の内容やその周辺の議論については、レポート公開当初から月刊誌・中央公論がかなり分厚くフォローをしていて、その内容も含めて中公新書から『地方消滅』という本になってまとまっています。これは既に10万部以上売れています。


実は、「地方消滅」問題については、それをテーマにしたシンポジウムなどに私も複数回登壇して参りました。いくらでも言えることはありますが、ここでは、この「地方消滅」問題に限らず、福島の、そして日本の人口問題の話をする上で必要な観点を二つ指摘しておきたい。

一つは、「不安になっている暇があったら考えろ」ということです。

まず、「人口減少問題」自体は何も新しくないことは押さえておくべきでしょう。今に始まった問題かというと、必ずしもそうではありません。パターンを変えながら定期的に盛り上がる「あるあるネタ」です。

例えば、「1・57ショック」という言葉を聞いたことがあるでしょうか。1990年に当時の厚生省が、合計特殊出生率（女性が生涯に産む子の数）をまとめたところ、過去最低の1・57となった。

それまでの最低記録は1966年の丙午《ひのえうま》の年で1・58だったわけですが、これは迷信を多くの人が信じてのことでした。後ほどまた触れますが、その「意図的に出産が抑制された年」を超えて、多くの人が子どもを産まない社会になった、ということが衝撃だったわけです。

夫婦2人で1・57人しか子どもを産まないということは、人口が減り続けることを意味する。それが明確に意識されるようになりました。

「25年」のタイムスパンが持つ意味

ところで、1990年から2015年は、25年経っている。増田レポートは2014年の時点から2040年という26年後の未来を見ている。

この「25年前後」というタイムスパンは、偶然のようですが、実は重要な意味があります。

他にも25年というタイムスパンをとって見えてくるものをいくつかあげてみましょうか。

日本社会の転換点としてよく意識されるのが1995年です。阪神淡路大震災やオウム真理教事件などいくつか衝撃的な事件が起こって、体感治安は悪化していきます。この年の後に、酒鬼薔薇聖斗事件や9・11テロが続いていきます。

じゃあ、例えば、この1995年のさらに25年前、1970年はどうか。実はここにも歴史の分断点がありました。前年まで、全共闘運動が大いに盛り上がり、安田講堂での学生と機動隊の攻防などがあった。学生運動のみならず、労働運動もこの時期まで盛り上がり、冷戦も激化。「政治の季節」があったわけです。

ところが、1970年を境にして、左翼運動は連合赤軍事件などに至るように過激化して大衆的支持を失っていく。

一方で、既に明るみに出ていた水俣病に続く公害問題が意識化され、環境運動・エコロジー思想などが盛んになる。ヒッピーとかが出てくる世界的なムーブメントも、この区切りです。

他方では、それまで意識の中心に置かれづらかったベトナム戦争はじめ第三世界・南北問題への意識も芽生えていく。

そんな中、最も衝撃的だったのはオイルショックでしょう。2度にわたるオイルショック、反省を迫られる社会の変化。高度経済成長によってのぼせていた空気が変わらないわけにはいかなかった。

重厚長大型の産業構造は転換し、都市化も進む。少子高齢化も徐々に加速し始めます。「大きな政治の問題」よりも「足元の生活の問題」に目が向いていくようになったわけです。

と、１９７０年を振り返った上で、さらにその25年前をふと見るとそこにあるのは何か。１９４５年。終戦の年ですね。つまり、そこを見据えると、なんでまた「政治の季節」になったのか。これもクリアになるでしょう。

それは、戦争や貧困、差別や暴力が生々しく生き残っていたからであり、そういうモードになったのも当然のことでした。そして、25年経つとそれらの問題構成は別の問題構成に変わっていったわけです。

福島に絡めた話にしてみましょう。

２０１１年に日本で福島第一原発事故があったわけですが、その25年前って何があった年でしょうか。１９８６年。そう、ソ連でのチェルノブイリ原発事故ですね。

じゃあ、その25年前、これは一般にはあまり知られていませんが、１９６１年、アメリカのアイダホフォールズにある海軍の軍事用の試験炉・ＳＬ―１で原子炉が暴走し、３名が命を落としています。

この事故はやはり原子力史上、衝撃的でした。それは、チェルノブイリ原子力発電所事故が起きるまで、原子炉で死者が出た唯一の事故だったからです。軍事目的の原子力関連事故なので、発電目的のそれほど注目されることはありませんが、ここにも歴史の転換点があった。

そんなわけで見ていきますと、この25年ぐらいの数字というのは、一つの「世代交代のタイムスパン」を指しています。

注意すべきは、これは別に予言みたいに「歴史の必然性」を言っているわけではありません。ただ、それは物質的に、人間が一世代の世代交代、再生産（出産・子育て）をする時間であるし、それにそう形で精神的にも一つのモードが終わり、次のモードに移り変わる時間でもあります。良くも悪くも社会がある時期に持っていた意識を忘却し、次の意識へと模様替えをするわけです。

「惨事便乗型」知識人が去った後に

なので、「未曽有の危機がー」とか言ってパニクっていても仕方ないんです。3・11後、「社会を変えるにはー」とか「文明を反省しー」とか言いながら、その内実が実質スカスカで、ただ「怖いぞー、大変だぞー」という「危機感煽り産業」化している惨事便乗型知識人が大量発生しました。

多少聞きかじった話を継ぎ接《は》ぎして、「福島の現実はこうなんだ」「あいつが悪いんだ」と、知性と立ち回りの器用さとを兼ね備え、お金儲けと知名度アップが得意な大先生方が荒らしまくり、そして気づけば去って行ってしまいました。

もちろん、二度と出戻って来ていただかなくて結構なわけですが、ただ、そういった先生方ほど器用ではなく、今でも真摯に福島のことを愚直に考えようとする私たちは「そしてだれもいなくなった」中で、そこに残った状況を、センセーショナリズムに流されることなく、エビデンスベースで把握・整理し、そこにある理解しきれていない謎を解いていくべきでしょう。

それこそが未来を適切に見通していく上で必須のこととなるでしょう。

現在起こっている様々な問題も、具体的にこうなるとはだれも思っていなかったかもしれないけれども、元から気づいていた人は気づいていた、来るべきものが来たということでしかありません。

そして、「増田レポート」は「人口」を通して、地方や今後の日本の抱える様々な課題を、明確にデータと論理によって「見える化」してくれた良質な仕事だったという話です。

来るべき「新しい社会のモード」を考える

話を戻していきましょう。

現在から2040年を見ると、やはり、そこには今とは違ったモードの社会が出現している。この「違ったモードの社会」になっていくことは、私たちがどう努力しようとも、あるいは何もしなくても、避けられないことです。

具体的な話でいけば、一定の人口減少が進むことは間違いないでしょう。

そもそも、「地方創生」の議論などは、今になって皆が地方のことを考え始めたような雰囲気も漂っていますが、そんなことはありません。戦後日本の地域政策の歴史を振り返ってみれば、それは常に「地方の人口減少をいかに食い止めるか、そのためにいかなる地域振興をするか」という問いに向き合うものでした。

１９５０年に国土総合開発法が定められて以来、「全国総合開発計画」など、10年に一度程度国土をどう開発するか、地方の開発の余地があるところをどうするか、という計画がたてられてきました。振り返れば、１９６０年代から、どうやって地方の人口をそこにとどまらせ、人の生活を維持するのかということが議論されてきました。

ただ、「違ったモードの社会」になることが前提で、それを見据えながら準備をすることもできるならば、私たちが今すべきなのは、来るべき次世代の「新しい社会のモード」を見据えて、「じゃあ、どうする?」と考えることでしかありません。

それは、もう少しわかりやすく言い換えるとこうなるでしょう。「単純化されがちな課題設定をひらいていく」ということです。

これまでも、「食い扶持《くぶち》探しに行って帰ってこないから人口が減る」「おらが村がなくなる」という議論はあったわけです。その時に、「じゃあ課題は何だろうか?」と考えた人たちは、ただ「人口が減る！　流出している！　大変だ！」と大騒ぎしていただけなのか。

そんなことはありません。

「福祉や教育を充実させ、雇用をつくればいいのではないか」と課題設定をしていき、それを実行してきた。医療機関や教育施設を用意したり、安定した雇用の場をつくったりしてきました。

そのうちうまくいったものも、そうでないものも両方あるでしょう。「無駄なハコモノ」と一刀両断にされて終わったものもあったでしょう。

ただ、少なくとも、そこにある問題、「人口減少」と単純化されがちな課題設定をひらいていく、具体的な個別課題に落としこんでいく努力をしてきた人たちはいて、それが今の日本社会の豊かさをつくっているのは間違いありません。

「人口減少対策」=「少子化・子育て対策」ではない！

現状はそのような「単純化されがちな課題設定をひらいていく」回路があまりうまく機能していないのではないか、と考えています。

例えば、福島の問題は、ここまで述べてきたように「みんな放射能に怯えている」「行政の怠慢で復興が遅れている」というような極めて短絡的な図式のもとで全ての問題を捉えようとしているが故に、もっとケアされるべき課題が放置されているように考えています。

国レベルの問題もそうですね。人口問題といえば、すぐに労働環境や保育施設の整備など

「少子化・子育て対策」だとなってしまう。

しかし、はたしてそうなのか。それだけでいいのか。

国主導の「地方創生」の議論に絡む形でもしばしば出てくる話ですが、今、全国各地に「人口減少・消滅に抗う良いモデル」になりそうな自治体が出てきている。

都会でビジネスをバリバリやっていた移住者が様々な地域活性化策を提案・実現し人口流入が続く島根県海士町、お年寄りたちの葉っぱビジネスで有名になった徳島県上勝町、ＩＴベンチャー企業などが進出する徳島県神山町、ＴＳＵＴＡＹＡと市立図書館の連携など斬新な取り組みを進める佐賀県武雄市、地場産業たる林業を再活用した地域づくりのもと若い移住者が集まる岡山県西粟倉村。

これらの地域は、いわゆる「少子化・子育て対策」をやったり、そのモデルとなる地域だというわけではありません。中山間地や島だったりで、不便さなど覆《くつがえ》し難い悪条件を持っています。

ただし、そこにあるものを活かしている。それはもちろん、「自然が豊かで空気が美味しくていい」みたいなフワッとした空虚な「地域の魅力もどき」ではない。そんな「地域の魅力もどき」だけで人を寄せられるんなら、はじめから都会への人口集中など起こっていないわけですからね。

それら良いモデルとされている地域には、例えば、魅力的な仕事や余暇を過ごす施設があったり、子どもを通わせたい学校があることがその地域で人が暮らし続けることの基盤となっている。これは、そこに暮らしている人、移住した人に聞いてみるとよくわかります。「そんな面白いことやっているんだー」と本当に感心させられます。

もしそういう魅力がないのならば、今からつくればいい。

家にいる高齢者を毎日車で片道1時間かけて送らなければならないとなれば、仕事も子育てもある若い人はより便利なところへ引っ越したくなるだろう。

そうではなく、病院に送迎する交通機関や、病院に行かなくても最低限の診療を受けられる医療施設を地域につくれば人口も出生率も上がっていく可能性は高まる。

実際に、先にあげたような「勝ち組ブランド自治体」ではないところでも、全国を歩きまわっていると、したたかにそういった細かい対策をうって、徐々に状況がうまく行っているところが多くあることにも気づきます。

「人口減少対策」＝「少子化・子育て対策」ではなく、仕事や教育環境の整備、健康づくり・まちづくりのような、より広い意味での総合的な社会環境の整備をしなければ、この問題は根治しないわけですね。

以上、長い余談でした。余談ですが、ここからの話の重要な前提となります。

「福島の人口、30年後に半減の予測」は何が問題か

余談の中に二つのポイントがありました。一つは「課題の単純化の問題」、もう一つが、「地域間格差の問題」です。

「課題の単純化の問題」から説明しましょう。

「福島の問題」はどうしても課題が単純化されがちです。正確にいうと、「地方消滅」問題への一部のセンセーショナルな反応にも現れるように、日本全体の抱える課題も同様に単純化されがちです。

ではなぜ単純化されるのか。まずは、ここまで見てきたとおり、「情報の受け手の側」にいる私たちが単純化を求めているというのがあるでしょう。わかりやすい情報、恐怖心や攻撃心を刺激される情報のほうに人の関心は引かれがちです。

一方で、私たち「情報の受け手」の側だけではなく、メディアの向こう側にいる情報の送り手側も「課題の単純化」に陥ってしまいがちなんです。

例を二つあげます。

実はここまで論じてきた「福島から人は流出しまくっている幻想」が広がるにあたり、それを助長するような議論が多数ありました。ただのデマ、科学的根拠の全くない情報もだいぶ飛び交いました。

ただ、もっとオーソライズされた形の議論もその中には混じっていたからややこしい。

例えば、２０１２年3月の段階で出た朝日新聞の記事「福島の人口、30年後に半減の予測も政策大准教授試算」(http://www.asahi.com/special/10005/TKY201203050778.html）がそれです。

簡単に内容を把握できるようにポイントを引用すると、「東日本大震災の被災3県のうち、福島県の人口だけが減少を加速するとの予測」「東京電力福島第一原発の事故による避難で、子どもの世代と母親の世代が大量に県外へ転出。この傾向が続く場合、少子化が著しく進む」とのこと。

ただ、記事をよく読むと、「福島の人口、30年後に半減の予測」という煽りまくりの見出しとは違って、意外と「福島県だけがヤバい」という文脈でないこともわかります。

例えば、(仮に震災がなかったとしても)「3県とも震災前から人口が減っているため、２０１０年の人口を１００とした場合、震災がなくても２０４０年には福島が63・8（36・2％減少)、宮城が75・0、岩手が59・4になると試算」ということで、岩手も「半減！」ではないにしても、「4割減！」であることも一応は書いてあります。

あえて福島だけあげつらうべきものなのか、という疑問を持つ人もいる部分でしょう。既に見たとおり、他県も結構大変だったりします。

スティグマを強化するな

問題はここからです。

「これに震災の影響を反映させると、今後の転出・転入のペース（移動率）が震災後1年間の7割に低下すると仮定した場合、福島は40年に50・8と人口が半減。65歳以上の割合（高齢化率）も同年に44・7％と全国1位になる」とのこと。

ここは、「震災後1年間の7割に低下すると仮定した場合」という前提自体が現在、全く違う結果になっていたというのは先に述べたとおりです。意外と「転出・転入のペース（移動率）」は震災前同様に戻ってしまったわけですね。

それで記事は、この「東日本大震災の被災3県のうち、福島県の人口だけが減少を加速する」という数値をまとめた政策研究大学院大学・出口恭子准教授の「福島の人口減を食い止めるには明確な復興の見通しを立てる必要がある」というコメントで終わります。

結局、予想が大きく外れたのはなぜか。「明確な復興の見通しが立った」部分もあるでしょうし、そうではない部分もあるでしょう。

いずれにせよ、背景には、一定の「確証バイアス」があったことは否めないでしょう。確証バイアスとは「自己の先入観にもとづいて他者・対象を観察し、持論に合う情報を選別し受容して、それにより自信を深め、自己の先入観が補強される現象」を指すわけですが、「福島の人はみな放射線に怯え苦しみ、流出しまくっている」という偏見があったのではないでしょうか。

この偏見については、別に、とりわけこの数字を出した方、それを信じた方が悪いと言いたいわけではありません。これまで議論してきたとおり、この点は、今でも多くの人が誤った認識を持ち、「現実の福島」と「モンスター化したイメージ上の福島」との溝は埋められないままにあるわけですから。私たちが正しい認識を持ち、エビデンスを示しながら言い続けるしかありません。

ただし、研究者の立場から言うならば、この議論について、なぜ福島だけ「30年にわたって高い移動率が続く（震災後1年ペースの7割分）」などと説得力ある根拠もなく、はじき出された数字を軸に議論が進んでしまったのか、とても残念に思っています。

実際、こういう数値を見せられ続けることで、ただでさえ被災者として傷つき、その中で普通に福島に生きる人の中に、自分の生活への誇りを失い、恐怖感や強い抑圧感・負い目を感じて暮らすことを余儀なくされる人も少なからずいました。

情報の送り手にはそのようなつもりはなくても、メタメッセージとして、例えば「こんなところは人が住んではいけないんだ」という、そこに生きる人の尊厳を痛めつける情報を受け取っている人がいたわけです。

「こんなところは人が住んではいけないんだ」という主張がある人も多くいますし、そういう議論はそういう議論で、多様な意見が存在することは重要でしょう。

ただ、そういう話をしたければ「こういうデータがあるから、住んではいけない」と正面から言えばいいわけであって、遠回しにメタメッセージとして「30年後、お前はもう死んでいる」みたいな「予言」をすることは控えられるべきです。

社会学・心理学等では、そういう不必要な負の感情を弱い立場にある人に持たせ続けるものを「スティグマ（負の烙印）」と呼んだりしますが、スティグマ強化に誤った数字の独り歩きが今でも加担しているのだとすれば、少しでもそれが是正されていくことを願います。

「課題の単純化の問題」があふれるメディア

そんなわけで、ここに「課題の単純化の問題」があるのは言うまでもないことです。本当は、もっと複雑な課題がそこにはある。あるいは「課題がある」と特定したそばから新たな課題が生まれ、より課題が複雑化している状況がある。

でも、そういう「現実の課題」に「イメージ上の課題」が追いつかない。その一つの要因として、専門家や報道機関＝「情報の送り手の側」が入ることで、過剰に課題が単純化されてしまうからですね。

そういう事例はいくらでもあったわけですが、もう一つぐらい事例を出しておきましょう。２０１３年1月14日の毎日新聞社説「東電福島本社　体制を強化し復興急げ」です。

この社説は、要は、東電の福島復興本社ができて、事故の収束作業拠点である「Ｊヴィレッジ」にも拠点を置いて活動を始めることが決まったが、がんばれよ、という、前向きでとてもいい内容です。定期的にこのような形で福島の問題を伝えていただくことは、とても意味のあることです。

ですが、残念ながら文章の終わりの方でこう書いてある。

「事故の影響で福島県では、人口流出、雇用減少が続いている」

ここまで述べてきたとおり、これは無防備に単純化して断定していいことではありません。改めて詳しくは説明しませんが、この時期は既に、福島県民の県外避難は減少トレンドに入っていました。福島の問題＝「人口減少」と捉えているように読めるわけですが、そんな単純化は事実からずれていると言わざるを得ません。

これは、毎日新聞ですが、毎日新聞以外の報道機関も、人口について、似たようなステレオタイプにもとづく言い回しを何度も繰り返してきました。毎日新聞だけが悪いわけではありません。

あと、先にあげた日本創成会議の増田レポートは、「２０１１年3月に発生した東日本大震災に伴う福島第一原子力発電所の事故の影響で、市町村別の人口の動向および今後の推移を見通すことが困難」であることなど理由に、市町村別の推計は行わず県単位の推計のみと「特別扱い」していました。

ですが、ここまで議論してきたような「3・11による一時的な変動も収まった」数字を見れば、少なくとも人口について、そのような特別扱いは不要であることはたしかでしょう。細かくあげていけば切りがありませんので、とりあえず社説として出ていたこの文をとりあげました。

加えて言うと、「雇用減少」ってはたしてそうなのか、という話もあります。これは後ほど改めてデータを示しながら説明いたします。ただ、「雇用減少」と単純に書けるような状況ではないこともいろんな角度から言えます。

一番わかりやすいところで言えば、例えば福島県の有効求人倍率は、この時もそうですし、現在に至るまでもそうですが、日本最高水準の倍率です。つまり「雇用増加しまくって困ってます」というデータです。もちろん、そんな全体的なデータに表れない個別の現実もありますので、そういうことを踏まえてまたご説明します。

そんなわけで、二つ事例をあげてみましたが、こういう「課題の単純化の問題」が「送り手の側」にあふれまくっていた。その中でバイアスが強化されたことは確かです。

次に行きましょう。福島にいま生まれつつあるのは、「地域間格差の問題」です。

福島では人口が増えている

福島にいま生まれつつある「地域間格差の問題」。いかなる格差があるのか。

それは、人口流入自治体と人口流出自治体との格差です。

人口流入自治体としてまず押さえるべきなのは、郡山市といわき市です。

まず、郡山市。2013年9月17日、朝日新聞の記事「福島で人口トップは郡山市に　いわき市を抜き東北2位」が象徴的です。

この記事が出た2013年9月頭の郡山市、「人口が32万8112人（前月比209人増）と、いわき市を119人上回り福島県内59市町村で最多となった。郡山市が県内トップになるのは1924年の市制施行以来、初めて。東北では仙台市に次ぐ2位になった」と言うんですね。

郡山市は、県内ではいわき市に次ぐ2番目の人口規模を持つ市でした。ところが、その人口は、2011年3月から約2年間で1万1000人余り減った。

「やっぱり1万人以上も減ってるじゃないか！　福島の人々は放射能に怯え苦しみ、みんな逃げ出したがっているのだ！」

はたしてそれだけが原因でしょうか。避難・転居した方も当然いました。しかし、記事は人口減少が一部の人の、そして一過性の動きだったことを続けます。

（それまで減少傾向にあった人口は）「今年4月から増加が続いている。市情報政策課は人口増加の要因として、市内への情報関連企業の進出や製造業による工場増設によって雇用が増えたことを挙げている」

2013年4月から、雇用増などを背景に、人口増加が続いていると言うんです。

「どうせ、避難してきた人とか、復興関係の土木建設業で外から来ている人で増えているんだろ？」

という方、ちゃんと元データを確認してからそういうことは言いましょう。記事にも最後にしっかり書いてあります。

「郡山、いわき両市には原発事故での避難者や事故対応作業のための滞在者が多数いるが、両市に住民登録をしていない人たちは両市の人口に含まれていない」

ということです（なお、避難した方には、住民登録を移す人もいなくはないですが、避難元の自治体との関係がないと行政の情報が入らないなど問題があるので、多くの住民は住民登録をしません。これについては、現状の制度では認められていない「二重住民票」の創設などが必要という議論があります。ここでは詳細は割愛します）。

そんなわけで、郡山市の人口の推移を見ていくと、3・11前である2011年3月頭に33万8858人いたところから、2年半ほど人口は減っていったわけですが、2013年9月頭には32万8112人となっていた。

では、そこから1年経ってどうなっているかというと32万9055人。つまり、人口増加傾向、まだ続いています。

「でも、震災前よりは少ないではないか！」

そうですね。ただ、既に述べてきたように、「だから福島は特異にとんでもない人口減少が起こっている」という結論にはなり得ないことは自明です。

現在の日本社会は都会も地方も遍《あまね》く人口減少に入っている。むしろ、相対的に見れば、そんな日本社会で一地方都市が人口増加傾向にあるということこそが特異な現象として注目されるべきでしょう。

すなわち、「福島では人口が増えている」わけです。

大袈裟な言い方ではありません。実は、「福島県」という単位での推計人口の推移を追っていくと、（3・11後ではなく）2010年5月からずっとマイナスだった前月比の人口増減の数が、2013年5月頭に3年ぶりにプラスになっています。

具体的に言うと、2013年5月の県内人口が、4月に比べて746人増えたわけですね。

進学、転職・転勤、一度移住したけど戻ってきた人など、様々な人の動きがあった中で「福島から出る」より「福島に入る」ほうが明確に数値に表れました。その後も減少傾向は出ていますが、繰り返しになりますが、全国的な人口減少のトレンドと並べてみても特殊な動きはしていませんし、むしろ、人口維持傾向すら見えています。

自治体で見ていくと、いわき市も興味深い人口の動きをしています。

先に触れた記事では「長年、仙台に次ぐ、東北第2位の地方都市いわき市が郡山に追いぬかれた!」という事実が示されていました。

いわき市は確かに郡山市ほど人口増加傾向が鮮明なわけではありません。ただ、やはり、特異な動きが出てきている。端的に言えば、

(1)人口減少傾向は震災前からのトレンドに戻りつつある
(2)人口増加率は震災前を超えた

という特徴を持っています。

わかりやすいのはいわき市役所が発行する「いわき市の人口」という資料にある、「いわき市人口の推移（平成元年~平成26年）」の図（79頁図表）です。

いわき市の総人口は、２０００年代初頭の36万人ぐらいから弧を描くように落ちていきます。増加率もマイナスになるわけです。そして、２０１１年から２０１２年にかけて、一気に1万人ほど急落します。

ところが２０１２年から２０１４年にかけて、人口は減りますが、増加率は一気に回復をします。V字回復して、震災前水準を超える勢いがあることはこの折れ線グラフから明確です。そして、このグラフにもまた、避難者数・仕事での一時滞在者数は含まれていません。その数は様々な見積もり方がありますが、少なくとも1～2万人程度は確実にいる。

となると、いわき市もまた、現実には震災前よりも多くの人が住んでいる状況ができています。

「失われた20年」を取り戻させたバブル景気

「これだけ人口減少傾向にある日本社会で、人口増加するとは、とてもいいことではないか。新しい雇用の場ができたり地域も活性化しているのではないか」という話も出てきます。たしかにそういう側面もありますが、実際は多くの問題が出てきています。

一つは、人口増加が急すぎてまちづくりが追いついていないこと。

「いわき市の人口」
いわき市人口の推移

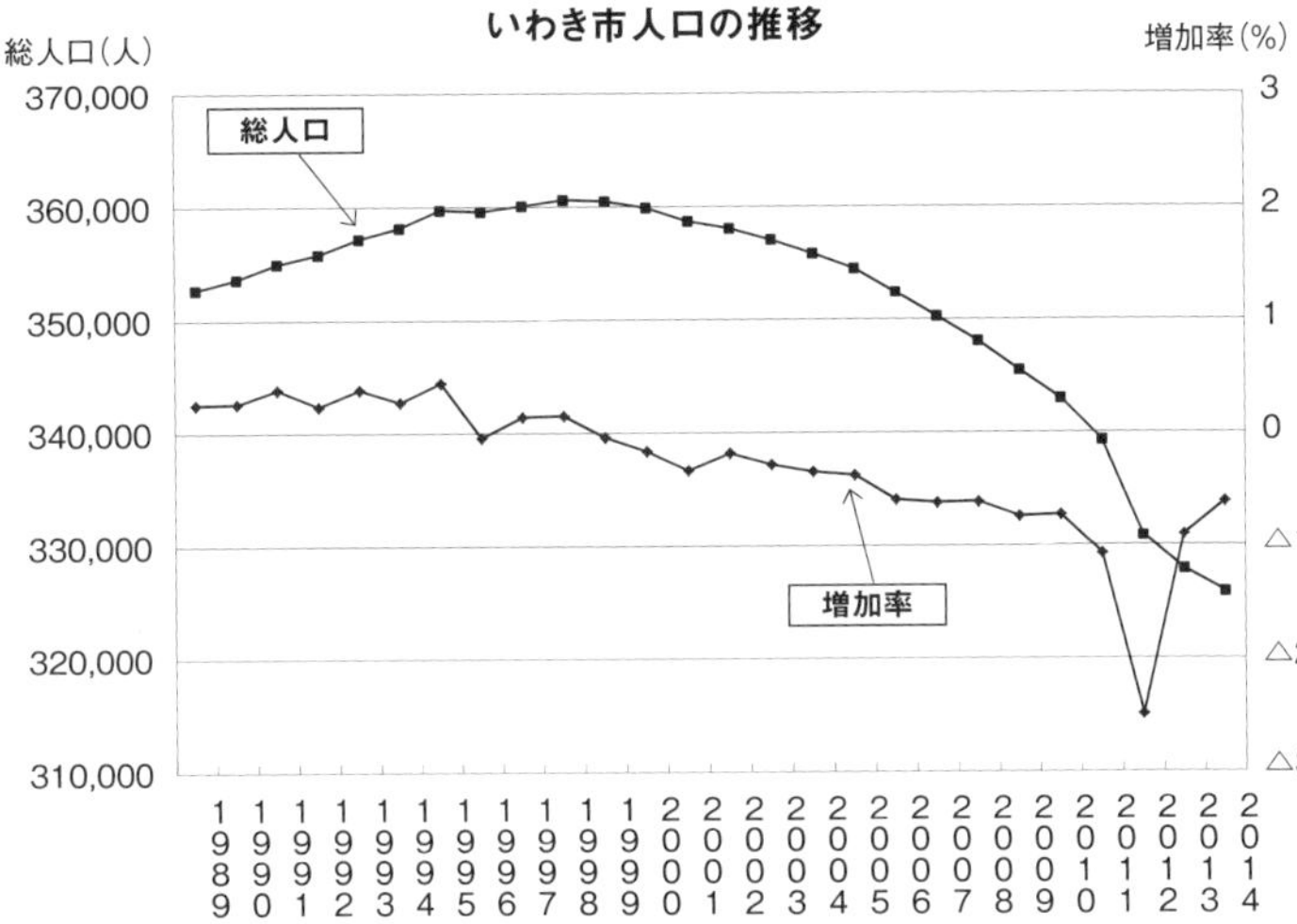

また後ほど触れますが、現地住民の感覚として、道路、商業施設、病院などが震災前に比べて混み合っているという話はよく聞きます。ホテルなど宿泊施設も空室が少なく、急に泊まろうとしても泊まれない状況が続いています。いわき市では２０１３年、はじめてカプセルホテルができたほどです。

何より、外から福島に行って困るのは、住居を確保しようにも家がないことです。これはいわき、郡山、あるいは福島市でもそうなんですが、避難してきた方、仕事で来ている方を中心に賃貸住宅が押さえられていて、便利なところにある賃貸物件は大体埋まっている。賃貸物件が埋まっているから、と家を建てる人もいるが、土地もなくなってきている。

これは具体的に数字にも表れています。例えば、地価の動き。２０１３年7月に発表された県による地価調査結果ではいわき、郡山は大幅上昇しました。これがどのくらいすごいかというと、いわきは17年ぶり、郡山は22年ぶりだということです。

つまり、いわゆるバブルがあって、その後にきた「失われた20年」を取り戻しちゃったみたいなことが起こっているわけですね。

もちろん、これは一時的なものだという見方が優勢です。賠償金や新たな都市計画、研究施設や企業進出が一気に起こったゆえの「不動産バブル」が始まっているのは事実です。

今後、時間をかけて需給バランスが調整されていくことになり、これもまた以前の右肩下がりトレンドに戻っていくでしょう。

緩慢に起こるはずの変化を、原発事故が10倍速に

もう一つ指摘したいことがある。ここで一番重要な点です。

先に「自治体消滅」問題について長々と触れたわけですが、この議論はただ「半分ぐらいの自治体が消滅するかもね」という話をしているだけではありません。

もう一点、重要な点があって、「消滅するような弱い自治体からその近くにある拠点的な力のある自治体に人が流入する」ということを言っています。

どういうことかというと、人口が減っていくと、地域の病院とか学校とか、仕事場、商業施設とかを維持できなくなっていく。村や町、あるいは10万人未満の市とかはその点大変です。そうなると、それが維持できている、現在人口が20万人以上の自治体――福島県内でいえば郡山・いわき・福島――にみんな自動車なり電車なりで通うようになります。既に、そういうことは全国で起こっていますが、病院行く、買い物行く、そのために車で30分とか1時間とかかけて通う必要がある。

こうなると、当然ですが、中長期的に人は移住し始める。「若い人が都会に出て行く」とかだけではなくて、お年寄りだって「病院通ってスーパー行くのに、体が動かなくなってきたから、今の家からでは不便だ、無理だ」と、やむを得なく引っ越していくわけです。

さて、この話がなんで重要か。

まさに、この4年間、福島で起こってきたのはこれなんです。「人口流出入の地域間格差」が起こっている。

いまデータをもとに示してきた「福島の人口増加」問題。人口増加傾向にあってその弊害で困っている、とまでなっているのは、郡山・いわきのような便利な地域に偏り、他は、震災前からそうであったように人口減少傾向にあるからです。

よく、「双葉郡から避難をしている人で帰還を望む人は高齢者ばかりだ」と解説されたりしますが、私が双葉郡から避難している高齢の方に話を聞く限りでは、そんな単純な話ではありません。

若い人はもちろん、高齢者の方の中にも、積極的に郡山・いわきに引っ越している人もいる。「いわきに来たら病院が近くなってよかった。前は5時に起きて電車で通っていたのが、今は車で30分だ」「スーパーが近くになって買い物も便利になった。前はいわきまで週末に片道1時間近くかけて来ていたところも近くなった」などと言いながら。

もちろん、原発事故がなければ、そのような選択をせざるを得ない立場に追い込まれることはなかったでしょう。しかし、実際に拠点となる便利な地域に住むことで、その地域に吸い込まれていく人口がある。

つまり、今後20年、30年かけて緩慢に起こるはずだった変化を、原発事故は2、3年のうちに、10倍速で進めたわけです。それが福島でいま起こっていることの一端であることはぜひご理解いただきたい。

そして、それをご理解いただいた時に、ここで起こっていることを見続ける、あるいは支援・関与してみることの価値もご理解いただけると思います。

医療・福祉体制の限界、既存産業の無効化と新産業を生み出さなければならない切迫感、かつてのような開発主義的ではない地域づくりの答えなき探求。

今、福島では、そのような課題に対して様々な取り組みが生まれ、自生的に新たな秩序が形成されようとしています。その「自生的な秩序」は、「自治体消滅」後の日本に大規模に訪れるであろう巨大な無秩序への備えとなっていくでしょう。

そんなわけで、人口について、「福島の問題」と「日本全体の問題」との接点を改めて示しました。

ここでは県外への避難を中心に扱いましたが、県内に7万人を超える避難を余儀なくされている方々がいることも忘れてはなりません。

後ほど、南相馬市や広野町の状況についても、また人口の問題についてここまでの話の延長で触れることになるでしょう。

次から、産業について議論します。

農業

03

「定番ネタ」が人の目を引かなくなった時に

はじめに二つの問題を出しておきましょう。

問1　福島県の米の生産高は全国都道府県ランキングで、震災前の2010年は何位で、震災後の2011年には何位か？

全く想像がつかない人もいるかもしれませんが、大体こんなものかなという推測で答えていただければと思います。例えば、「1位から10位とか」「15位のままだ」「30位から20位へ」などの答えがあるでしょう。

問2　福島県では放射線について、年間1000万袋ほどの県内産米の全量全袋検査を行っています。そのうち放射線量の法定基準値（1kgあたり100ベクレル）を超える袋はどのくらい？

「全量全袋検査」というのを聞いたことがない方もいるかもしれません。福島県内でとれる米、店に並ぶものも、そうではなく普通の家で消費するものも含めて「全ての量の米を、全て袋詰めになっている状態で一括して行う検査」のことを指します。同じ状態・同じ基準で放射線量を測定しているわけですが、どのくらいの袋が法定基準値超えしているでしょうか？

また後ほど答えを説明したいと思います。見当がつかない人も、とりあえず、大体どのくらいなのか考えてみてください。

さて、そもそも「震災後の福島」といった時、私たちは何を思い浮かべるでしょうか。避難のこと、除染のこと、賠償のことでしょうか。

最近だといわゆる「汚染水問題」、つまり福島第一原発敷地内から出ている汚染水に関するニュースとか、汚染がれきを収納する「中間貯蔵施設」のことを思い浮かべる人も多いでしょう。

もちろん、これら「避難・除染・賠償・汚染水・中間貯蔵施設……」という「震災後の福島」とセットで語られる課題は、多くの人にとって福島ニュースの「定番ネタ」になってきているでしょう。

しかし、この「定番ネタ」だけを考えていればいいのか。

もちろん、「定番ネタ」もとても重要ですし、まだまだ課題は山積しています。ただし、ニュースバリューの有無を考えた時に、そろそろ「定番ネタ」も定番になり過ぎて陳腐化してきているのは事実です。良くも悪くも、落ち着いてきている。

例えば、賠償。はじめは避難にかかった費用や、会社経営をしている人が営業上で出た損失など「具体的に実費がわかりやすいもの」から始まったのが、徐々に「精神的苦痛」や自動車・不動産などの「財物賠償」など「費用計算が複雑な資産」についても賠償が進んできて、支払いも始まっている。

除染も、放射線量の高い町中の除染は多くのところで終わり、楢葉町など今も人が住めないでいる避難地域でも、国直轄で進められた除染作業の工程が一巡したところが出てきた。

もちろん、「賠償・除染、まだまだ足りないぞ」という声は行政からも住民からも消えることとなくあります。その点は、訴訟・ADRなど法的手続きに時間がかかっていたりもする。今後も、残念ながら調整には長い時間がかかっていくでしょうし、賠償の払い渋りや手続きの複雑さから申請が不十分な部分は十分にケアされていくべきです。

ただ、ここで認識すべきなのは、「定番ネタ」だけでは福島の問題を語ることが難しくなってきているということです。

つまり、これらの「定番ネタ」からは、これまでのような「人の目を引くような話題」は出てきづらくなっている。「除染が始まりました」とか「遂に、これまで放置されていた財物賠償が開始」とか、そういう見出し・キャッチコピーを使えるネタは生まれにくくなってきたわけです。

センセーショナリズムが煽るのは、恐怖と憤怒

「定番ネタ」の陳腐化の中、それでも「福島の問題で人の目を引くような話題」を生産するにはどうすればいいか。

悪い例をあげましょう。これは簡単なんですが、センセーショナリズムに走ることです。

「センセーショナリズム」とは、日本語に訳すと「扇情主義」ですが、つまり、意図的に人々の感情に対して「煽り」をかますわけです。

その煽るべき感情とは、恐怖と憤怒です。

何か具体的な事実を提示しているふりをしながら「こんな恐ろしいことが起こっている！」「こんなけしからんヤツがいた！」というメタメッセージを忍び込ませる。

これだけ。単純な話です。

広い視野を持った取材や細部に目を配った分析・考察が下手くそな人ほど安易なセンセーショナリズムに走ります。話のオチが「こんな恐ろしいことが起こっている！」「こんなけしからんヤツがいた！」という2パターンになるようにさえすればいいので、たいして頭を使いません。時には、真偽不明な事実さえ、強引に自分の主張に合うように加工して、恐怖と憤怒

を煽り、話題をでっち上げる。

その典型例が2014年、そこそこ大きな社会問題化した朝日新聞の吉田調書問題でした。

「原発は恐ろしいんだ！」「東電はけしからん！」と言いたいだけ。

別にその事実は否定しません。どんな立場の人でも、今からその事実を打ち消すことは相当屁理屈並べ立ててもできないんじゃないでしょうか。

ただ、「まあ、そうですよねー。そんなこと大方の人は知ってますよねー」というこれまで散々繰り返されてきたパターンの「凡庸なメッセージ」にすぎないものを、嘘をでっち上げ、大袈裟に粉飾して、あたかも非凡な話題であるかのように小細工した。

それによく事情もわからない学者が知ったかぶって同じ紙面を使ってお墨付きを与え、メディア・イベント化した。

吉田調書問題に象徴されるセンセーショナリズム

なぜこんなことになったのか。「ウケるから」です。

他人の恐怖や憤怒を煽って「ウケたい人」はいっぱいいます。そうすることで自らの持つ不安や功名心を裏に隠し、正義の側に立ちながら賞賛を浴びることができる。

ただ、これはやり過ぎました。加担した学者は未だ訂正も謝罪もしていませんが、社長の首は飛びました。マスメディアの権威はかつてほどのものではなくなっている。それを象徴する事件だったと思います。

一方で、同様に学問の権威もかつてほどのものではなくなっている中で、このような浅薄さと無責任さとを象徴するような対応がなされる。

震災後だけ見ても、安全かどうかわからない中で「安全です」と言ってしまった「御用学者問題」や大スキャンダルに発展した「STAP細胞問題」など、学問の信頼を損なわせ、その意義を根底から省みなければならない事件が起き続けています。

そのような中で吉田調書問題に象徴されるように、福島に関する問題のセンセーショナリズム化に少なからぬ学者が加担したことをとても残念に思います。

このことについては、ダイヤモンドオンラインの「『吉田調書』を正しく読み解くための3つの前提『朝日vs.産経』では事故の本質は見えてこない」、「朝日の『吉田調書』スクープで無関心は加速する 前代未聞のメディア・イベントはいかに成立したか」などで既に分量をとって述べてきましたので、ここではこれ以上詳しく説明しませんが、「震災後の福島」と「センセーショナリズム」との結びつきに分かちがたいものがあるのはたしかでしょう。

先に見た、人口問題もまさにこれ。「福島は人口流出しまくり！　30年後に人口半減！　恐ろしいだろ！」と真っ当な根拠もなく叫ぶ。「あれ、全国の都道府県の人口流出状況見たら、現時点で既に福島よりヤバいところあるんですけど」みたいなだれでも3分も調べればわかる、一発で否定される反証データがあろうと、「こんな恐ろしいことが起こっている！」を煽り続ける。

そういう「ウケ狙い福島の真実」に対しては、そろそろ「たいして頭も使わずに人の目を引けて良かったですね。お疲れ様でした」と一蹴し、冷静に対応する目を持つべきです。そのためにこそ、そこに起こっていることをデータを通して見定めることが重要です。

私は、一切、吉田調書報道を肯定・擁護するつもりはありませんし、同様のことが再発しないこと、あるいは、これまで散々起こってきたけど事件化しなかった福島の問題を利用した「吉田調書事件型ウケ狙い報道」の検証が進む必要性を感じています。

ただ同時に、私はそこに「善意」があることも理解したいと思っています。つまり、「人の目を引くような話題」を発信することで「多くの人に忘れ去られようとしている地味で難しい福島の問題」に目を向けてほしいという情報の「送り手」の意識、それに呼応する情報の「受け手」の意識。両方の「無意識の共犯関係」のもとにこのような事件が起こったことも事実です。

「福島の問題で人の目を引くような話題」を打ち出したいならば、このような共犯関係をいかに避けるか、常に意識的になるべきです。そのためには、まずはそこにある事実を丁寧に見据えること。そして、それが本当にそこで暮らしている人のためになるのか考えぬくことが重要です。

「食べて応援・知って応援派」のパターンとは

また、例のごとく前置きが長くなりました。しかし、この「震災後の福島とセンセーショナリズム」という観点は、福島の状況を考える上で、常に意識的でなければならないものです。そうしないと、無意識の中にある恐怖心や正義心から、誤解・デマ・エセ科学に絡み取られ、身動きがとれなくなってしまいます。

その点で、まず注目すべきなのは「産業」、中でも農業・漁業など「一次産業」や「観光業」でしょう。これらでは、大いにセンセーショナリズムの影響を受けてきた。

まずは農業・漁業の状況から見ていきましょう。端的に言えば、「福島の食べ物」の話です。「福島の人口」の話では、誤解があるにせよ、なんとなく多くの人が共有するイメージがあったかと思います。一方、「食べ物」についてはイメージがばらついているようにも思います。あえて単純化して説明しましょう。

パターン1は、「食べて応援・知って応援派」がいます。

「震災後、はじめて福島の食べ物、被災地の食べ物の素晴らしさに気づいた。震災前まではそんなに意識してなかったけど、首都圏にいる私たちは普段から東北の食べ物に支えられてきていたんだ。震災後にネットで調べたり、テレビで見たり勉強して、福島にはこだわりの野菜をつくっている農家とかいるのを知った。津波の被害や後継者問題、もちろん放射線の被害もあるんだろうけど、みんな色々な対策をして頑張っていることを知った。福島の作物の直売市は定期的に都心でもやっていて、そういうのにも行っている。会社のボランティアでも、福島の有機農家に行って一緒に農作業をしました。改めて福島のものを食べて、本当に美味しいっていうことに気づいたけど、何よりも食材が豊富。季節に合わせて野菜も果物も、あと加工品も色々あって。都内にも福島のアンテナショップがあって、この前買い物に行っちゃった」……みたいな。

そういう人たちの中には、具体的な行動も生まれている。例えば都心の大企業とか官庁とかで働く社会人が勉強会やったり、会社で福島産野菜の直売会やったり、休日を利用して実際に福島の生産者や流通・販売業者の状況を視察に行ったりする人が、結構います。

産品別で見て特に人気があるのは、福島市のモモとかいわき市のトマトとか。毎年、旬の時期にわざわざ農家や生協を通して取り寄せしてるファンもいて、それは震災前からもいましたが、むしろ震災後により話題になって知った人たちも多くいるでしょう。

「福島の食べ物ヤバい派」のパターンとは

もう一方のパターン2は、「福島の食べ物ヤバい派」です。

「福島で農家の方やその周辺の人が色々頑張っているのはわかる。わかるけれど、やっぱり不安。被曝するんじゃないの。『食べて応援』とか言っているけど、また国と広告代理店が結託して、適当なこと言っているんじゃないの。色々データも発表されているみたいだけど、信頼できないでしょ。うち、小さい子どももいるし。福島のものっていうか、もう関東のものも実は避けているの。ちょっと本を読んだりしたんだけど、やっぱり色々隠蔽されているんだなってことはわかった。難しくてわからないことも多かったけど。放射能って目に見えないものでしょ。周りの若いお母さんも〝原発と放射能は危ないんだ、騙されちゃいけないんだ〟って言う。詳しい先生の講演会に通っている意識の高いお母さんがいて、〝もうじきチェルノブイリみたいになっちゃう〟って聞いてきたって言うの。その人は九州とか沖縄とかに避難した人たちとも連絡とっているって言うの。国は〝風評被害〟って言うけど、実害よね。誤魔化しちゃだめよ」……みたいな。

こちらは、私の場合はTwitter、Facebookでよく見ます。リアルではあまり見ませんが、「福島の復興を考える」的なテーマの講演に行くと、たまーに混ざっていて、熱心に質問してくださったりします。

それに、一部のミュージシャンとかアーティスト系、あるいはそのファンの人でもいます。この方たちはかなり攻撃的であったり、過激なことを繰り返し言ったりする傾向があります。って言うと、「そんなことはない！ 穿った見方をするな」と攻撃的で過激な誹謗中傷を繰り返されることもあるわけですが、ここらへんの議論に絡むことがどんな面倒なことになっているのかは、とりあえず「福島　農家」ってググってみてください。「はじめに」で触れましたが、関連検索ワードがあの状況です。この話題、絡むと大変に面倒。

あと、そういう人ばかりではなくて、「開沼さん、家族にすごく食べ物とか気にする人いるんですけど、ぶっちゃけ福島の食べ物どうなんですか」と聞いてくるような、「フワッとした不安」を持っている人。これもそれなりにいます。

パターン1も2もどちらも私の周りにはいますし、どちらとも話をしています。あえて、わかりやすく二項対立的に書きましたが、実際、両者はそれぞれ交じり合わないところに暮らしていて、両極化している部分があると思います。

他方で、もちろん、パターン2の中でも「フワッとした不安」系の人とかそうですが、パターン1ともパターン2とも分類しきれるものではないグレーな人たち＝パターン3もいます。これがマジョリティでしょう。話題になったら気にするけど、かと言って、ものすごく意識的に自分の立場を定めているわけではないという人。

そんなわけで、イメージとしてはパターン1・2・3とあり、それぞれがばらついています。

では、そんなイメージのばらつきの裏側に、どんな現実があるのか。

「福島の食べ物ヤバい派」は2割程度

冒頭に二つの問いを出しました。改めて繰り返しますが、こちらです。

問1　福島県の米の生産高は全国都道府県ランキングで、震災前の2010年は何位で、震災後の2011年には何位か？

問2　福島県では放射線について、年間1000万袋ほどの県内産米の全量全袋検査を行っています。そのうち放射線量の法定基準値（1kgあたり100ベクレル）を超える袋はどのくらい？

「全量全袋検査」というのを聞いたことがない方もいるかもしれません。福島県内でとれる米、店に並ぶものも、そうではなく普通の家で消費するものも含めて「全ての量の米を、全て袋詰めになっている状態で一括して行う検査」のことを指します。同じ状態・同じ基準で放射線量を測定しているわけですが、どのくらいの袋が法定基準値超えしているでしょうか？

答えは後ほど。

先に、「福島の食べ物」については、「福島の人口＝減っている！」と違って、イメージがバラバラではないかと書きました。

まず、福島の食べ物に意識的な「食べて応援・知って応援派」と「福島の食べ物ヤバい派」がいる。その後ろに「フワッとした不安を持っている多くの人々」が控えている。そんな構造なのではないか、と。

こちら、「福島の食べ物」についての各種意識調査でも出てきています。例えば、消費者庁が最近行った調査「風評被害に関する消費者意識の実態調査（第4回）」があるので参照しましょう。この調査は2013年2月（第1回）、8月（第2回）、2014年2月（第3回）に続き、2014年8月に行った4回目の調査で2014年10月1日に公表された結果です。

この中で、放射線へのリスク認識について聞いている問いがいくつもあります。例えば、「あなたは、放射線による健康影響が確認できないほど小さな低線量のリスクをどう受け止めますか」です（101頁図表）。

これへの回答が「食べて応援・知って応援派」「福島の食べ物ヤバい派」「フワッとした不安を持っている多くの人々」の3類型の実情を量的に示してくれるかもしれませんね。

まず、小さなリスクでも「受け入れられない」と回答した人が16・4%→21・0%で増加した。

一方、「十分な情報がないため、リスクを考えられない」と回答した人が27・7%→23・7%であり、やや減少した、とあります。

これ、前者は、「福島の食べ物」に限りませんが、「放射線量を明確に気にする」層の割合。ちょうど、「福島の食べ物ヤバい派」に重なるかと思います。これが、2割ぐらいですね。他方、後者は「情報不足で判断保留」ということです。「いいのかなーどうなのかなー」という層。「フワッとした不安を持っている多くの人々」の一部と言っていいでしょう。

それで、両者の数字見ると、トレードオフ関係になってますね。前者と後者で4ポイントぐらい増減している。これまで判断保留だった人が4%ぐらい「福島の食べ物ヤバい派」に流れたと、少なくとも読み取れます。

この程度の変化を「かなり意味がある」と見るか、「たまたま今回の調査に限って」と見るかは判断が難しいですが、今後の変化を見続けていく必要はあるでしょう。

3分に1回、「放射能は危ない」と投稿する人たち

それで、この二つの数字、合わせても45％ぐらいです。

じゃあ、そうじゃない人たちはどんな人たちなのか。これは「ある程度の放射線量がある食べ物も気にしない」人たちです。

同じ質問で残りの選択肢を見るとこうなっています。

「現在の検査体制の下で流通している食品であれば受け入れられる」34・6％

「放射性物質以外の要因でもがんは発生するのだから、殊更気にしない」18・9％

二つ合わせると53・5％で、半数を超えます。

過半数が、福島のものに限らずですが、「ある程度の放射線量がある食べ物も気にしない」わけです。

「食べて応援・知って応援派」の方、あるいは、「フワッとした不安を持っている多くの人々」の一部は、「ある程度の放射線量がある食べ物も気にしない」の層に含まれるでしょう。

と言うと、「過半数が放射線気にしない？　ふざけるな！　さては、政府と広告代理店の回し者だな？　安全キャンペーンか」と怒り出す人がいます。

「いや、少なくとも意識調査の結果としてそういう数字出てるんだから仕方ないじゃないで

消費者庁「風評被害に関する消費者意識の実態調査（第4回）」
あなたは、放射線による健康影響が確認できないほど小さな低線量のリスクをどう受け止めますか

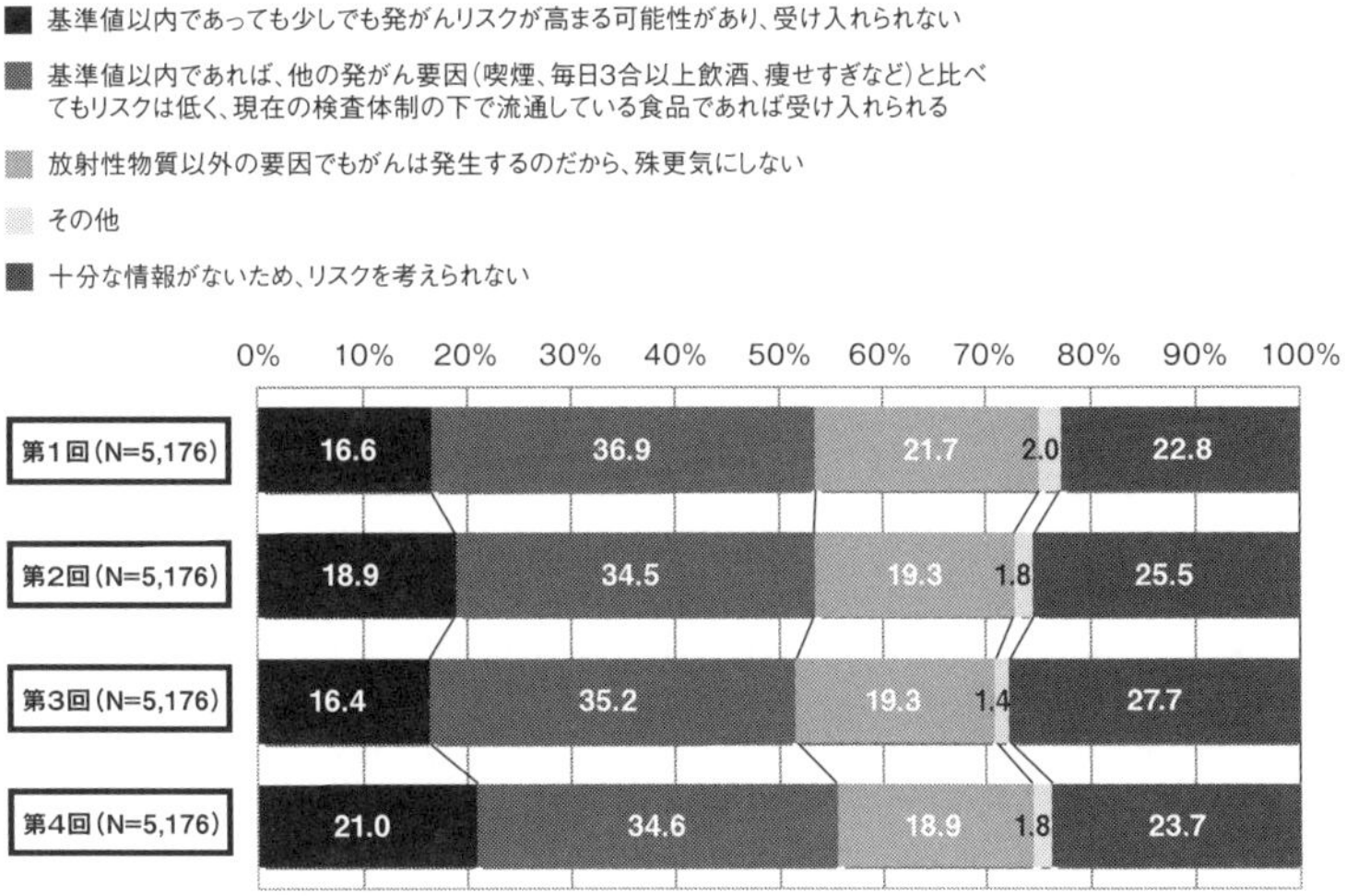

すか」とか、「もちろん、それ以外の人は何らかの形で気にしているんですよ」「気にしている人がいようといまいと、安全かどうかの検査体制などはより整えるべきだと私も思っていますよ」と言っても許してくれない人もいます。

これ、社会心理学における「認知的不協和理論」で説明できます。

認知的不協和とは、人が自身の中で矛盾する認知を同時に抱えた状態、またそのときに覚える不快感を指します。人は「あたしが思ってたのと違うわ！」と感じた時にストレスを感じ、その解消のために、無意識に自分の認識をカスタマイズ・正当化し、他者・外部を攻撃し始めます。

有名なのがイソップ童話の「すっぱい葡萄」の話です。

おいしそうな葡萄を見つけたキツネはそれをとって食べようとするが、高いところにあって手が届かない。次第にキツネは自分の「葡萄がほしい」というイメージと「葡萄はとれない」という現実とのギャップに耐えられなくなる。そして、最後には「こんな葡萄、どうせ酸っぱくて美味しくないに決まっている」と勝手に逆ギレして去っていく。

これです。自分の当初からの強い思い込みがある人は、それを揺るがすような現実を示されると非合理的な強い怒りの感情を示します。

「そんな人、本当にいるの？」と思った方、集まっているところに集まっています。例えば、Twitterで「放射能」とか「被曝回避」を検索してみましょう。それでアカウント名のところやプロフィールに「脱原発・被曝回避」とか「3・11以降目覚めました」的なことが書いてある人のところを見に行くと、3分に1回程度ずっと「放射能」に関するニュース、とりわけ「放射線が危ない」という情報を流しているような方が一定数います。

こういう方々にとっては「みんなが放射線を気にしている、そうあるべきだ」という価値観は絶対です。その価値観を私は否定しません。一方で、事実上マイノリティ側にいる「強く気にしている」人たちが、マジョリティである「特に気にしていない」人たちに価値観の押し付けを始めてしまうと、様々な葛藤が生まれます。

現に、Twitterで同様に「被曝」などのワードで検索していただくと、そのような「強く気にしている」人たちを揶揄《やゆ》するような言葉があふれていることに気づくでしょう。

このような構造になると、少数者はますます意固地になって、自分の認知を正当化する、せざるを得ないような焦燥感に陥り、強迫観念的に「本当はみんな不安なんだ」と思い込むようになります。

これが、仕事でもないし、ほとんど見られているわけでもないのに、「放射線ヤバいと3分に1回程度投稿」を生み出すメカニズムです。

もちろん、「福島の食べ物ヤバい派」の全てがそのような特異な精神状態・行動様式に陥る人ばかりではありません。冷静に科学的・客観的に、あるいは人に意見を押し付けないように放射線のことを考えていこうとする人も多いことは付け加えて言っておきます。

二つの数値から福島の農業が見える

さて、先にも書きましたとおり、「気にしている人がいようといまいと、安全かどうかの検査体制などはより整えるべき」というのが私の立場です。「人々の認識の問題」と、「実際の線量の問題」や「実際の消費行動の問題」とは違うわけですから。

そこで、ずいぶんと引っ張りましたが、はじめに出した二つの問題について答えながら、「実際の消費行動は？」「実際の線量ってどのくらい？」という問題について考えてみましょう。

問1　福島県の米の生産高は全国都道府県ランキングで、震災前の2010年は何位で、震災後の2011年には何位か？

問2　福島県では放射線について、年間1000万袋ほどの県内産米の全量全袋検査を行っています。そのうち放射線量の法定基準値（1kgあたり100ベクレル）を超える袋はどのくらい？

「うーん、震災前が10位くらいで、震災後が20位くらい？　基準値超える袋の数は1％とか？」とか、「震災前が5位、震災後もそのくらい。基準値超えは1万分の1で1000袋とか」「いやー、やっぱり震災前5位でも震災後30位とかじゃない？　基準値超えも数％とか、少なくとも1万袋はこえているでしょう」なんていうイメージがあると思います。

答えを言います。

問1　2010年が4位、2011年が7位

問2　約1000万袋のうち、2012年度生産分で71袋、2013年度生産分で28袋。2014年度生産分については、2014年度末時点で0袋

これが正解です。どうでしょう。やはり「意外だった」という方も多いでしょう。

あるいは、それなりに福島事情に詳しい人にとっては馴染みの数字もあったかもしれません。

ただ、両方正解できる人は、もしかしたら福島事情に相当詳しい人の中でも少ないかもしれません。以前出した人口の問いについても同様です。

私は震災以降、年間とおして全国各地で講演・シンポジウムで話をして参りました。大学など研究機関から呼ばれることもありますし、阪神淡路大震災など災害があった地域、避難者の方やその支援団体、あるいは、地域で市民講座・社会教育をやっている組織などからもお声がけいただきます。

それで、ここ1年半ぐらい、必ず会場に問いを投げかけてきました。以前出した人口の問いと、この農業の問いを数問。できるときには、この問いを書いた紙を配って数字を書いてもらって回収をして、それを見ながら話したりもしていました。

その時の数字だと、やはり、1000万袋のうち1万袋とか30万袋とか書いてくる人もいました。これは、大学で話した時にも普通にありました。

ちなみに、日本には復興関係の学会がいくつかあるんですが、ある学会で数十人の聴衆を前に話した時、驚きました。

「震災前に福島県で暮らしていた人のうち、どのくらいの割合の人が震災によって、いま現在県外で暮らしているか？」という問いに「60％」という答えがあったんですね。さらに、その方は、農業も「5位から40位」「10万袋」みたいな答えでした。

極端な認識ではあるが、これは困ったなと思いました。その方以外にも「40％」「1000

袋」とか「25％」「2％＝20万袋」とかいう答えがボロボロ出てきましたから。

じゃあ、この問い自体が難問か、複雑すぎてあまり意味がない問いかというと、そんなこともありません。その場にいた、（部局は違うんですが私と同じ）福島大の研究者はきれいに正解していました。それは今井照先生と仰る、２０１４年『自治体再建 原発避難と「移動する村」』（ちくま新書）という本を出した方なんですが、これは避難などの課題・展望を理解する上でとてもいい本なのでぜひお読みください。

やはり、福島の問題を丁寧に追いかけている人ならば、ある程度概数は頭に入っています。そうならざるを得ない。ただ、それが多くの人に共有されていない。

単に共有されていないだけならいいが、どうやら大きな誤解をされている。その誤解には「認知的不協和」とか様々なバイアスも絡んでいるらしい。

ということで、なかなか難しい問いだったかもしれませんが、ぜひ知っておいて欲しい数値です。この数値を理解しないことには福島の現状を理解できないと言っていい数値です。逆に、この数値を理解することで、福島の産業をどうしていくべきか、具体的に見えてきます。

福島にはなぜ「米どころ」のイメージがない？

さて、問1から考えていきましょう。

まず「2010年が4位」という数字。この数字自体に意外さを感じる人もいるかもしれません。「福島ってそんなに米をつくっていたの?」という驚きです。

全国都道府県で見たときに、米どころのイメージが有るのは「魚沼産コシヒカリ」で有名な新潟とか、ササニシキなどで有名な宮城、あきたこまちもある秋田。それに東京のスーパーなどでは、茨城・栃木・群馬などの産地の米が置いてあることも多いかもしれませんね。

そんな中で福島が4位であること。これは特別なことではなく、だいたい長期でランキングを見てきても定位置です。天候や台風など災害などの影響で多少順位が変動することはあるが、このぐらいの「有数の米産地」だったのは急に始まったことではありません。

ただ、なんで福島には「米どころ」イメージがないのでしょうか。

理由は様々な側面から語り得ますが、農業の専門家に話を聞いていくと皆が共通して言う大きな要因が一つあります。

それは、「豊かだから」ということです。

豊かだから「米どころ」イメージがない。これははじめて聞く人には不思議に聞こえる話かもしれません。普通は逆ではないか、と。つまり「豊かならば米どころイメージもついてくるのではないか」というふうに思う人もいるはずです。

「豊かだから」こそ、イメージづくりが必要ない

まず、どう「豊か」なのか説明します。福島は面積が北海道・岩手の次、全国都道府県の中で3位の広さです。もちろん、広いからといって土地全部使って農業をやっているわけではありません。ただ、農地に使える面積が広いと、単純に生産量がついてくる部分もあります。で、「広さ」だけではなく、それ以上に重要なメリットが出てくる。それは、天候の「多様さ」です。

天候の多様さとは何か。例えば、福島県の沿岸部、浜通りと呼ばれる地域の天候は、東京と同じかそれよりも暖かいくらいです。太平洋の海流や地形、日照など理由はいくつかありますが、東京でも結構雪が降っている年にそれほど雪が降らないこともある。

なので、いわき市などでは地元で「東北の湘南」と呼んだりする、ちょっと恥ずかしい感じの自称もあります。暖かいイメージ、それに海があってサーフィンなどできるイメージを売り出そうということです。実際に世界的なサーフィン大会が開かれ、芸能人がお忍びでサーフィンに通っているなんて話もありました。

あと、いわき市のミスコンテストを「サンシャインガイド」と呼んだり、マラソンも「サンシャインマラソン」という名前だったりします。これも同様のことです。

一方で、浜通りから西に進んでいくと福島市・郡山などがある中通り、そして、会津地方へと至ります。会津地方は、これはもう雪深い地域です。地域によっては新潟と隣接していてほとんど日本海側と同様の場所もありますし、内陸部で標高が高いとさらに寒いところも出てくる。豪雪地帯があり、1年の3分の1は雪が降って、白と黒だけの景色になるモノクロの世界だったりします

つまり、福島の東側の沿岸部をスタートして西に車で向かって行くと、わかりやすく言えば、東京から北海道に飛行機で縦断するのと同じような気候の変化が見られます。

これが「天候の多様さ」です。このもとでは何が起こるのか。

例えば、会津地方の米は新潟県魚沼産コシヒカリみたいに高級品としてのブランドイメージがあります。これは会津地方のきれいな水や豊かな土を前提にしたものです。地図を見ていただければわかりますが、魚沼とたいして離れていないし、同じような地形・気候にあるわけだから、同様においしい米ができる条件が揃っているのもわかります。

しかし、これに対して少し穿った見方をしてみることも必要です。

北国・雪国の農作物はまさに魚沼産コシヒカリとか、あきたこまちがそうであるように、ブランド化に成功しているものが多くあります。

なぜブランド化が必要なのか。北国・雪国では、先に述べたとおり1年の3分の1がモノクロの世界。ということは、雪の降らない地域と競争するには、残りの限られた時期に良い作物

を集中して生産し、高い収益を出さなければならない。ディスアドバンテージがあるわけです。

そこで、例えば、雪が降らないところでは二期作・二毛作、ハウス栽培とか余裕でやっている中で、量では勝てない部分も出てくるので質で勝とうとせざるを得ない。質で勝つとは、限られた生産物の付加価値を上げる、単価を上げていく戦略をとることになります。

だから、実際に美味しいことはもちろん、より「こだわり」や「手間ひま」を商品を売り出す際の物語として付加していくことになる。「ブランド化」していくわけです。

その結果、市場でニーズが出て、もっと生産体制が強化されていく。いわば「質から量へ」動いていきます。

逆に、量で勝負する戦略をとると、この付加価値部分にはあまり力を入れないことにもなります。こちらは必ずしも「量から質へ」と動くわけではありません。市場のニーズと生産体制が均衡状態にあるからです。

もちろん、どっちが良いとか悪いとかではありません。ということで、端的に言えば、「豊かであるからこそ、米どころイメージをつくることにそれほど注力する必要はない」という前提が大きな構造としてありました。

「時期をズラす」という戦略

ここで、米以外の物にも目を広げていきましょう。例えば福島の有名な作物として思い浮かべるのはなんでしょうか。

例えば果物なら、モモ、リンゴ、ブドウなどあるかもしれません。そこで、これもまた、ブランド化という点で考えてみましょう。

「モモつくっているイメージがある県はどこ?」岡山ですね。

「リンゴは?」青森ですね。

「ブドウは?」山梨でしょうか。

他、ナシでもイチゴでもいいんですが、「福島産のイメージがある作物」というのはことごとく、「もっとイメージと結びついているライバルがいる作物」です。

「桃太郎電鉄」というテレビゲームの名作シリーズがあります。これは、すごろく方式で全国の名産品を買っていくものですが、福島にはこういうわかりやすいものがない。一応とれてはいるんですけれども。

これ、「惜しい」ですね。でも、「わざと」です。

先に述べたとおり、福島産の作物はブランド化をあまり意識してこなかった。それは、そうしてこなくてもいいくらい「豊か」だったことが一因です。

逆に言うと、こういったブランド化を地域をあげて行ってきた「モモの岡山」「ブドウの山梨」みたいな「県と作物のセット」は、一点集中して大都市など大量消費地に向けて「輸出作物」を育てあげ戦ってきた側面がある。

じゃあ、その一方で福島県が無策だったのかというと、そうではありません。むしろ、そういう「輸出強者」たる他県の猛者たちの中で戦略的に立ちまわってきた。

どういうことか。福島は気候が多様です。そうすると何ができるかというと、「時期をズラす」ことができます。

「一つの金メダルよりも多数の入賞を」作戦

例えば、青森では寒くなってリンゴを収穫できるほどよい時期は限られている。このよい時期に福島でリンゴをつくることもできます。気候が多様なんで。ですが、そうしたら負けます。ブランド力の差があるから。

ならば、青森でリンゴが旬な時期とズラしてリンゴをつくる。そうすると、青森が引き上げてくれたニーズや価格を一定程度引き受けながら、品薄時期を埋めることができる。他の作物もそうです。

これは、多様な気候・土地が用意されている県だからこそ、そして、首都圏や仙台など大量消費地の近くにあるからこそできる戦略です。

名付けるならば、「一つの金メダルじゃなく多数の入賞」を狙う作戦です。「2位じゃダメなんですか？」と問われるならば、自信を持って「2位とか5位とかでもいいんです」と答えていく戦略。

例えば、それを福島では震災前から「ふくしまイレブン」と呼ぶ施策の中で具体化していました。他の県は、1人とか2人とかスター選手がいて、市場に攻めていって、ゴールを決めてくる。他方で、うちは違うんだ、と。サッカーチームのように、パスをつなぎ相手のすきを突いて点を稼ぐ。

そんなイメージで、「モモ、米、きゅうり、日本ナシ、トマト、アスパラガス、なめこ、福島牛、りんどう、地鶏、ヒラメ」という福島を代表する作物、名産品を底上げする戦略。

福島の米が「2010年が4位」というのは、実は、とても意味がある数値なんですね。

3・11後に作付面積・収穫量ともに2割減

では、「2011年が7位」の部分について見ていきます。

福島県の米の生産高（全国都道府県ランキング）が２０１０年に4位だったのが、２０１１年3月11日の東日本大震災・福島第一原発事故を挟んで始まった２０１１年には7位になった。

この3位分の下落をどうみるか。「3位も下がったのか！」という人もいるでしょうが、おそらく、「3位しか下がっていなかったのか！」という人が多いでしょう。原発事故があって、作物をつくってもそれが売り物になるかどうかわからない。放射性物質がどう作物に出るのか、安全であっても「風評被害」があるのではないか。そんな状態の中でも「3位しか下がっていなかったのか！」と。

さて、この「3位も」なのか「3位しか」なのか、という「感覚」はいずれも間違いではない。ただ、「感覚」だけだと実態がわかりにくいので、もう少し、数字を見ながら考えていきましょう。

そこで、数値の変化をわかりやすくするために「作付面積」と「収穫量」を見ましょう。ここまで福島の米に関する「生産高の順位（都道府県別）」を見てきました。あまり色々出し過ぎるとわかりづらくなってしまうのですが、数値の変化をわかりやすくするために「作付面積」と「収穫量」を見てみます。

「作付面積」と「収穫量」はその地域の農作物の生産力を見る上で重要な数字です。まず、作付面積が増えると、それに比例して収穫量も増えます。これは難しい話ではありませんね。面積が増えれば、とれる作物も増える。新潟のような「米どころ」は作付面積も広いんです。

ただし、冷害とか病気とか何らかのトラブルがあると、同じ作付面積であっても収穫量は下がります。田んぼ一枚あたりからとれる量が減るからですね。


そこで、福島県の米の作付面積と収穫量の変化です。数字で見るとこうなります。

年次	作付面積	収穫量	作付面積／収穫量
2010	8万0600ha	44万5700t	0.180
2011	6万4400ha	35万3600t	0.182

この数字が何を意味しているのか。

まず、確認すべきポイントは、「作付面積」「収穫量」ともに、等しく震災前のほぼ8割になっているということですね。「作付面積」が3・11の前の8割（79・9％）に、「収穫量」もほぼ同様に、8割（79・3％）に減っています。

「ほぼ同様に減っている」というのがポイントで、「作付けはしたんだけど、収穫できなかった」というようなことではないということです。作付けをしたら基本的には収穫をして検査をし、検査を通ったら市場に流通してきました。

ただ、減少の2割というのは小さくない数字ですね。ではこの2割減っているのはなぜか。

背景には理由が二つあります。

一つは、「放射性物質による汚染が強くて米の作付けができない」というパターンです。もう一つは、「これを機に、農業引退」というパターンです。

「死の町」でも農業が再開できる理由

一つ目の「放射性物質による汚染が強くて米の作付けができない」から説明しましょう。

わかりやすいところで言うと、避難指示区域とか、いわゆる旧警戒区域とか、人が立ち入りしちゃダメなところ。こちらは作付けしたくても作付けできませんでした。

あとは、作物をつくってみたものの、国で定める放射線量の基準値超えをしてしまった地域や、作物をつくろうとしたけど土の汚染が強すぎて基準値超えのリスクが高そうな地域。こちらも「とりあえず、一回止めておこうか」と、作付けできない地域だった。

これに該当するのは、双葉郡を中心に南相馬・飯舘とか、あと福島市のほうにもホットスポットとなっている地域はあります。

ただ、こういう地域も基本的には、徐々に米の生産を再開する方向に向かいつつあります。

例えば、２０１４年4月の福島民報の記事「田村、広野、川内前年上回る　26年産米作付け農家数、面積」に、細かい数値が出ています（１１７頁図表）。震災直後は「放射性物質による

福島民報「田村、広野、川内前年上回る　26年産米作付け農家数、面積」
（http://www.minpo.jp/pub/topics/jishin2011/2014/04/post_9877.html）

平成26年産米の作付け見込み
（四捨五入、少数点第二以下切り捨て。項目の数字と合計は合わない場合がある）

	市町村	作付区分	農家数（戸）			作付面積（ヘクタール）			2010年	
			2014年（予定）	2013年（実績）	増減	2014年（予定）	2013年（実績）	増減	農家数（戸）	作付面積（ヘクタール）
出荷予定	田　村	通常作付	4,500	4,400	60	1,595	1,497	98	4,233	1,912
	南相馬	作付再開準備 全量生産出荷管理	84	155	▲71	110	123	▲13	2,711	4,852
	川　俣	通常作付 作付再開準備	668	705	▲37	203	210	▲7	1,056	381
	広　野	通常作付	108	100	8	146	110	36	300	215
	楢　葉	実証栽培	-	-	-	6.4	3.3	3.1	550	419
	富　岡	実証栽培	-	-	-	1.2	0.3	0.9	534	545
	川　内	通常作付 作付再開準備	121	86	35	161	102	59	306	280
出荷せず・未定	大　熊	試験栽培	-	-	-	0.23	-	0.23	650	576
	双　葉	-	-	-	-	-	-	-	535	787
	浪　江	実証栽培	-	-	-	1	-	1	864	1,026
	葛　尾	試験栽培	-	-	-	0.08	0.18	▲0.1	273	129
	飯　舘	実証栽培	-	-	-	0.6	0.9	▲0.3	700	690
合計			5,481	5,486	▲5	2,224.5	2,046.7	177.8	12,712	11,812

汚染が強くて米の作付けができない」地域が徐々に再開しつつあることが示されています。

　ここで気づいてもらいたい重要なことがあります。おそらく、多くの人が誤解しているであろうポイントです。

　それは、楢葉町とか富岡町とか、人が住んでいない地域でも既に農業が再開して米の出荷をし始めており、大熊町とか浪江町、飯舘村とか、相当放射線量が高いとされる地域でも「試験栽培」「実証栽培」という呼称で、米の出荷に向けた栽培自体は始まっている、ということです。

　特に、大熊・楢葉・富岡・浪江は、福島第一原発から20キロ圏内です。3・11

後に閣僚が来て、「死の町」と形容して問題になった地域です。

あれから4年経ちました。たしかに、人は住んでいない。でも、見た目は「死の町」であろうとも、「復興が遅れている」と単純化して語られようとも、そこでは農業が少しずつ再開し、土と水、生命の息吹が始まりつつあります。

当然、「福島第一原発からそんな近いところで農業再開しているのかよ！」とか「人住んでないのに農業だけ再開ってどういうこと？」とか色々な反応があるでしょう。中には「また、そうやって国の安全キャンペーンをやってるのか。本当は危険なのに」という声もあるでしょう。

しかし、いずれにせよ、震災から時間が経つにつれて、このような地域で農業が再開し始めているというのは、復興が進んでいることの大きな証左と言えるでしょう。

なぜこのようなことが可能になったのか。これは「地道な努力」があったから、としか言いようがありません。

農業における放射能対策とは、セシウム対策のことである

最初は相当な絶望感がありました。これは、震災直後の福島県内で、何人もの農家の方が自殺したニュースを見たことがある方も多いと思いますが、言葉に言い表せないような絶望感で

した。

その絶対的な絶望感の中から、「地道な努力」をし続けていくと、春夏秋冬と一シーズン回して、もう一回、春夏秋冬と回して……とやっていくうちに、だんだん希望が見えてきました。

具体的に言いましょう。「地道な努力」の一つは、農家も行政も学者もそれぞれの専門性を活かし、様々な試行錯誤をしたということです。そして、その前提としてそれぞれの立場の人々が即座に情報収集やその実践を行いました。

震災直後、日本には、放射性物質が多い土があった時、そこでどうやって安全な作物をつくるのか、ノウハウがほとんどありませんでした。ただ、日本にノウハウがなくても、例えば、チェルノブイリ原発事故の後、その放射性物質による被害が大きかったベラルーシやウクライナには一定のノウハウがあって、そこから学術的知見や機材を輸入しました。１９８６年にチェルノブイリの原発事故はありましたから、25年間のノウハウはなかなかのもので、それは日本の農業でも大きな成果を出してきました。

例えば、「農地でのセシウム対策」がその一つです。

「いかに放射性物質が多い土で安全な作物をつくるのか」と言われた時に、どのような方法をイメージするでしょうか。もしかしたら、「土を剥ぎとって除染をしてから農業再開」というイメージがあるかもしれません。汚れた土を剥がしてそこで農業再開している、と。

たしかに、農業を再開している地域の中には除染をしているところもあります。ですが、実際は「除染をせずに農業再開」しているところが多いんですね。

「本当に？　それで安全なの？　大丈夫？」という人も多いでしょう。これ、大丈夫です。ただし、別な対策をする必要があります。最も代表的なのが、「カリウムを撒く」という方法です。

私たちは今、「放射能と闘っている」わけですけれども、これはもっと具体的に言えば、「福島第一原発事故によってできたセシウムというそれなりに強い放射線を出す物質＝放射性物質と闘っている」というのが正確なところです。

福島第一原発事故によって出たとされる放射性物質はいくつかあるとされますが、圧倒的に多いのがセシウムです。3・11後の農業における放射能対策とは（その多くが）セシウム対策である、と考えていただいていいでしょう。このセシウムを農作物が吸い込みすぎて、基準値超えするのを避けなければならないわけです。

セシウム対策でカリウムを撒くのは、チェルノブイリから学んだ

では、どうやって農作物がセシウムを吸い込まないようにするのか。

一つは、「除染」ですね。土を剥がして捨てる。

ただ、これはあまり合理的ではありません。実際、主流の対策方法ではありません。全ての土を剥ぎとったら量が膨大になって、その保管や廃棄をどうするのか考えなければならなくな

る。

なので、やるとしても「反転耕」と言って、深いところにある土を表面に持ってきて、表面にある土を深いところに埋めて反転させる、という方法がとられたりします。

でも、これもあまりメジャーな方法ではない。それは、田畑の表面の土が貴重だからです。田畑の表面の土というのは、様々な栄養も含まれている「命の源」と言ってもいいくらいのものです。農家的には、この土を何十年にもわたって育ててきたわけで、それを活用しないのはこれまでの蓄積を全てパーにすることに等しかったりする。

でも、セシウムが多い土地で農業をしたら、農作物がセシウムを吸って、法定基準値超えして騒ぎになりかねない。じゃあ、どうするか、というところで出てくるのが「農地にカリウムを撒く」という方法です。

農地にカリウムを撒くと、そこで育つ農作物はカリウムを吸い込み、セシウムを吸いにくくなります。なぜか。カリウムとセシウムは性質が非常に近く、作物も両者を同じように吸収したり排出したりします。作物の中にカリウムが蓄積される割合が増えれば、相対的にセシウムが吸収される割合は減ります。

他にもいくつか方法があるんですが、例えば、カリウムを撒くことで「農地でのセシウム対策」ができるようになるわけです。

こういった方法は、これまでチェルノブイリ原発事故の被災地であるベラルーシやウクライナなどで実践されてきたし、日本ではそれをさらに発展させました。

じゃあ、カリウムを撒くことのデメリット・留意点はないのか、ということもあります。

これはあります。カリウム自体は、自然界に存在する物質ですし、作物にとっては適量であれば肥料にもなります。ただ、カリウムが多すぎると、作物の味が落ちたり生育が悪くなったりします。肥料をあげすぎたらよくない、というのは、小学校の理科の時間に学んだことですので、改めて細かい説明をしないでもいいでしょう。

ですので、「セシウム対策にはとにかくカリウムだ」と、農地をカリウムだらけにしてもだめです。必要な分がどのくらいか見極める力は必要でしょう。

「放射能の話」になると、知識ある人、ない人のどちらに合わせて話すべきかとても難しいんですが、とりあえず、ここでは、福島の農業を考える上で、一応、最低限持っておかなければならない知識を大雑把に説明することにとどめます。


話を戻して参ります。

ここまでは、米の生産高が「2010年が4位、2011年が7位」になったのはなぜかという問いのもとで、「放射性物質による汚染が強くて米の作付けができない」ということが一つの大きな理由であったこと。ただし、それは改善傾向にある。なぜならば、対策方法がわかってきて実践が進んできたからだ。そんな話をしてきました。

では、実際にどのような「改善傾向」があるのか。

福島の米はトップ集団から第二集団に転落

先に、2010年と2011年の数字を示しましたが、その後の2年分も付け足して見てみましょう。

年次	作付面積	収穫量
2010	8万0600ha	44万5700t
2011	6万4400ha	35万3600t
2012	6万6200ha	36万8700t
2013	6万8200ha	38万2600t

この数字の変化に表れているのは、

(1)2011年を底として一応右肩上がりの回復基調である

(2)でも、まだ2010年度水準にはほど遠い

そんな感じでしょうか。

ここまで全国ランキングでの順位について「２０１０年が４位、２０１１年が７位」と言ってきましたが、２０１２年、２０１３年はどうだったのか。

答えは「２０１０年が４位、２０１１年が７位、２０１２年も２０１３年も７位」です。つまり、震災後、ずっと福島の米生産は全国７位をキープ中です。

じゃあ、７位ってどうなんだ、ということで、２０１３年時点での福島県の全国での立ち位置を見てみましょう。２０１３年度の「収穫量」でみた全国ランキングは、１位 新潟66万４３００t、２位 北海道 62万９４００t、３位 秋田 52万９１００t、４位 山形 41万５３００t、５位 茨城 41万４４００t、６位 宮城 39万８５００t、７位 福島 38万２６００t、８位 栃木 36万４５００t……。

本来であれば、福島県は収穫量が44万５７００t、作付面積が８万０６００haぐらい（２０１０年度ベースで）でした。これは、秋田と山形の間、やはり４位ぐらいに食い込んでいけそうなわけですね。

これをマラソンに例えるならば、新潟・北海道・秋田がトップ集団、その後ろ、ちょっと差がついて、山形・茨城・宮城・栃木が第二集団としていることがわかります。福島は震災によってトップ集団についていったところから、第二集団に順位を落とし、いま、この第二集団の中でトップに向かってスピードを再加速させているというようなイメージでしょう。

この「トップ集団から第二集団への降格」というのが、震災によって福島の農業の立ち位置の変化として表れたものです。

「生産」と「消費」だけでなく、「流通」を考えよ

ただ、ここで考えてもらいたいのは、それでもなお、茨城とか宮城とか大都市圏の消費を支える地域＝第二集団の一角に福島がいるということです。もっとわかりやすく言えば、震災後も「福島の米、それなりの量が流通しているよ。みんな食べているよ」ということです。

じゃあ、その流通しているものはどこでどう消費されているのか、という話になってきます。

答えは、「3割が福島県内で消費、7割が県外で消費」という感じです。

例えば、2014年3月に福島県農林水産部農産物流通課が発表した「県産米流通状況調査報告書」には、その推計が載っています。福島県産米の販売先が地域ごとにまとめられています（127頁図表）。

最も多いのが、「関東」で46・0％です。次が福島県内で33・2％、近畿が11・1％と続きます。この結果に「私たちは、知らぬ間に福島県産米を食べていたのか！」と驚く人もいるでしょう。

じゃあ、これはどういうところにどういう経路で流れている結果なのか、ということですが、これはそれなりに複雑です。ですが、「県産米流通状況調査報告書」の中の「販売先（業態別）」と「県産米の主な流通経路図」をあわせて見るとわかりやすいでしょう（129頁図表）。

とりあえず気づくのは「福島県産米の52・6％を県外の卸売業者が買っている」「県外の中食産業、つまり弁当屋とかコンビニとかが8・2％とそれなりの割合」、あと「やっぱり、JAは流通経路として巨大だな」というのと。いくつかポイントがあると思います。

いずれにせよ「生産」と「消費」の部分だけでなく「流通」の部分も含めて考えた時、福島の農業の問題は私たちが認識しているよりも複雑であることに気づきます。

つまり、「福島の農作物の問題」を考える時、私たちは「風評被害だ！」とか「それでも福島の食べ物を食べたくない人はいっぱいいる！」とかいう一般消費者の意思決定の問題として考えがちです。ですが、それはあまりにも問題を矮小化し過ぎなんですね。

実際は、一般家庭での消費のみならず、小売店・量販店や中食・外食事業者も流通の重要な意思決定者として市場を動かしています。消費量が圧倒的な首都圏など都市部での動きが福島の米、あるいはそれ以外の一次産業の動向にとって重要な役割を果たします。実際、福島の米の半数ほどが首都圏で消費されているわけですから。

福島県農林水産部農産物流通課「県産米流通状況調査報告書」

販売地域　　【単位：玄米 t・%】

地域	県内	北海道	東北	関東	北陸	東海	近畿	中国・四国	九州	沖縄	計(割合)
数量(割合)	70,800 (33.2)	830 (0.4)	3,245 (1.5)	97,864 (46.0)	8,062 (3.8)	2,946 (1.4)	23,560 (11.1)	1,009 (0.5)	1,100 (0.5)	3,541 (1.7)	212,957 (100.0)

販売地域

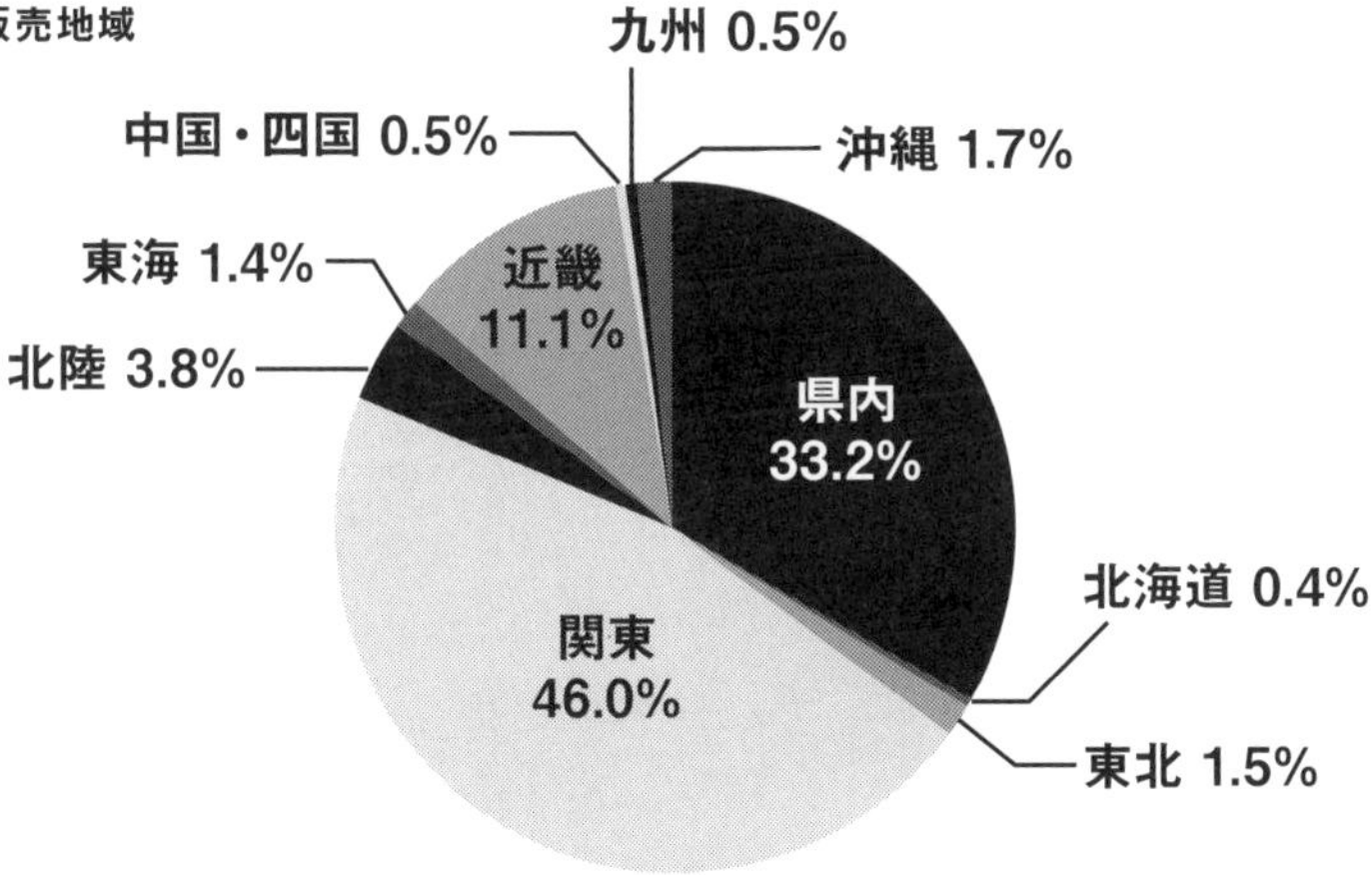

「生産」は回復しつつあるが「価格」が上がらない現実

こんなふうに見てくると、勘の良い方はなんとなくモヤモヤとした疑問を持ち始めるかもしれません。そのモヤモヤをまとめると、例えば、こんな感じでしょうか。

・「福島の農業は大変なことになっているはず」って思っていたけど、順位的には4位から7位への後退にとどまる。生産についての数字を見ても2割減という感じ。っていうことは意外とうまくいってる？

・とは言え、2割減って大きいよなー。これが避難区域とか人が入れないところで農業できなくなったから、っていうのが大きな理由か

・ただ、その2割も回復基調だし、現時点で残りの8割はうまくいっていることも考えると、やっぱり大丈夫なのかも。あれ、そう考えていくと、「風評被害！」とか「放射能を気にする人が買い控えしている！」とか聞いていたけど、それってはたして大きな問題か？　だって、ここまでの話だと、関東圏とか弁当・飲み屋とかで普通に福島の米食べているってことでしょう？　もしかして福島の産業の復興って勝手に進んでいたんじゃないの？

福島県農林水産部農産物流通課「県産米流通状況調査報告書」

販売先（業態別）　　　　　　　　　　　　　　　　　　　　　　　　　　【単位：玄米t・%】

業態	卸売業者		小売店		量販店		外食産業		中食産業		一般消費者	その他	計（割合）
	県内	県外	県内	県外	県内	県外	県内	県外	県内	県外			
数量	51,474 (24.7)	109,374 (52.6)	6,974 (3.4)	4,060 (2.0)	2,545 (1.2)	6,565 (3.2)	1,326 (0.6)	2,945 (1.4)	2,276 (1.1)	17,001 (8.2)	1,471 (0.7)	2,088 (1.0)	208,099 (100.0)

販売先（業態別）

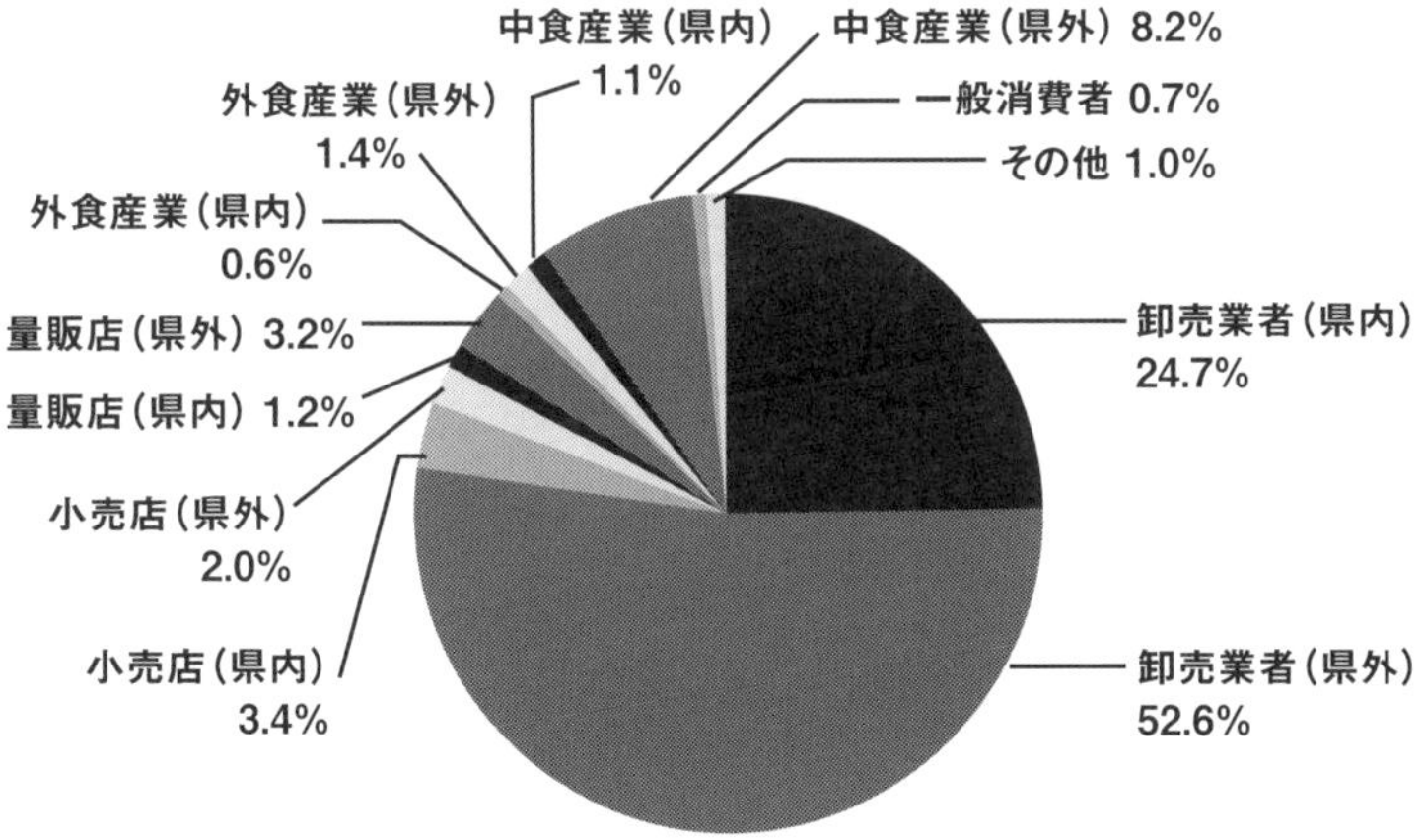

県産米の主な流通経路図　2013年7月末日現在　※数値は、2012年産のもの

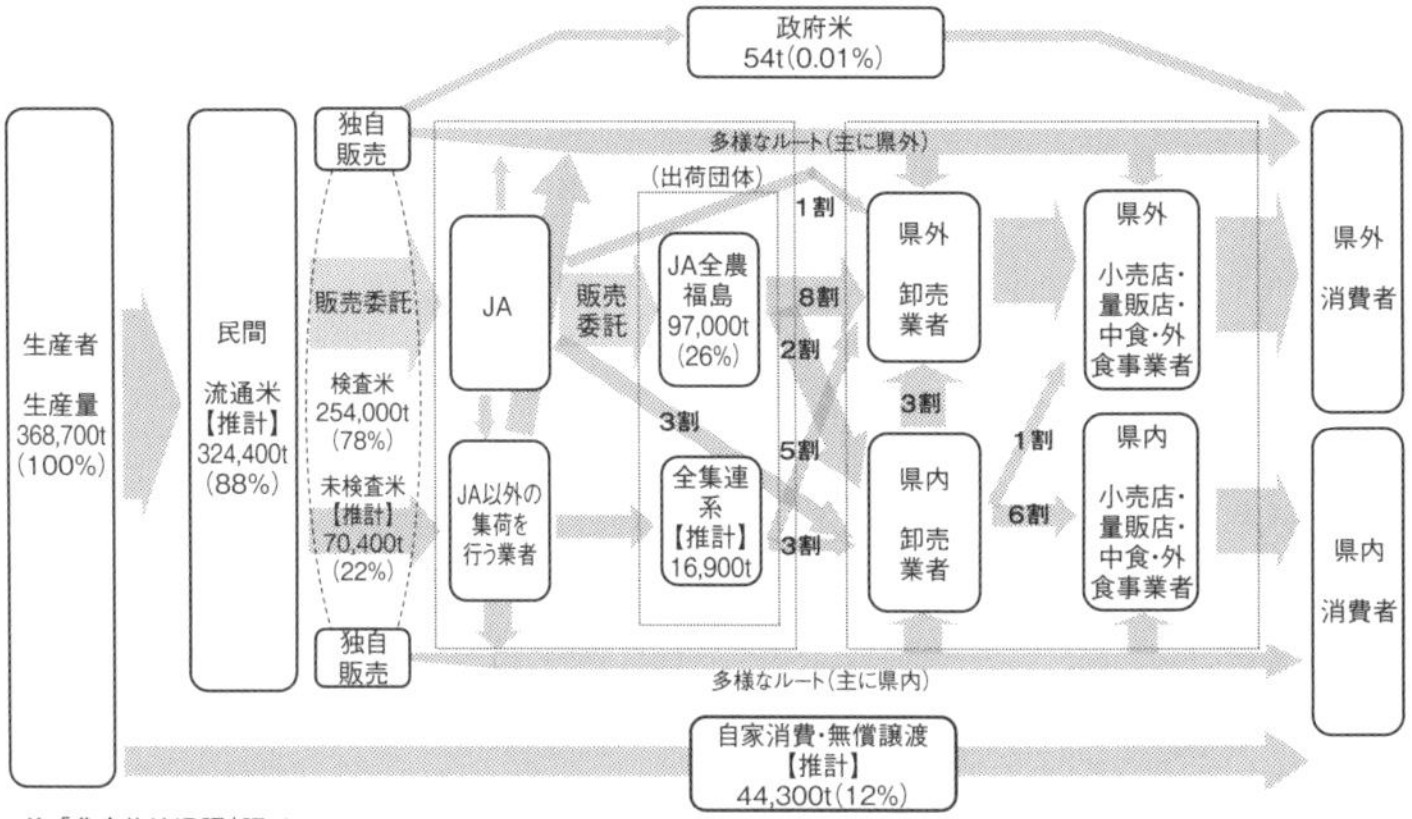

注：「農産物流通課」調べ

さて、「福島の農業の問題って意外とたいしたことないんじゃないの？」ということの認識は、「正しい」側面もあります。

ただ、一方で「風評被害」や「福島の農業の問題」は確実に、深刻に存在します。矛盾したような話で、わかりづらいかもしれません。

話を整理しましょう。結局、「福島の農業の問題」って何なのか？

現在も少なからぬ人が持っている偏見を極端に言えば、「3・11で福島の農業はとんでもないことになった。福島産の作物なんか〝もうだれも買わない〟〝もうだれもつくらない〟状況になっているに違いない」というものでしょう。

ただ、実態は全く違います。ここまで見てきたとおり、それなりにつくっているし、結構みんな買ってる。

「福島の農業の問題」とは何か。一つの「わかりやすい回答」は、「生産は回復しつつある。ただし、価格が上がらない」というところでしょう。

市場メカニズムの中でポジションを見つけた「3・11後の福島の米」

前半部分の「生産は回復しつつある」の部分はここまで述べてきました。後半の「価格が上がらない」の部分について、説明を付け加えておきます。

震災があって最初の1年は、農業だけでなく、あらゆることで、これから福島がどうなるのか、社会の中でどう扱われていくのか、どこに向かっていくのか、だれにも全く見当がつかない状況が続いていました。先にも述べましたが、震災直後の、とりわけ農業関係者の絶望感たるや半端なくありました。

「もう福島では、生産者はみんな生産すること自体諦めてしまうんじゃないか」

「もし作物をつくっても、一切売れないのではないか」

いま色々な状況を把握した上で、あの当時の空気を考えると、「深刻に考えすぎだろ」と思ってしまいますが、実際にそのくらいの雰囲気があった。本当にパニックの状態になると、物事を極端に「白か黒か」「ゼロか100か」と考え、自ら絶望してしまう人も出てきます。

ただ、1年過ぎる頃には、なるほど「意外と社会はそう動いていくのねー」と見当がつくようになってくることもあったことを思い出します。「もうだれも買わない」「もうだれもつくらない」というような極端なことにはなっていないらしい、とだんだん気づいてくるわけです。

例えば、2012年3月27日の日経新聞の記事「福島産米の取引、じわり回復　外食中心に契約率7割超す」は、3・11から1年後の状況を端的に記録しています。その内容を、言葉を補足しながらまとめると以下のようになるでしょう。

・福島のJAが扱う2011年産米の売買契約が7割達成された

・特に原発から近い浜通りの契約が1月末までほぼゼロだったのが、2ヶ月で一気に巻き返して、7000トンのうち4000トンほど契約成立した

それがなんでかと言うと、理由は三つぐらいある。

理由1：放射性物資の緊急調査が年度末になってやっと終わった

当時はいま進んでいる全量全袋検査などの調査体制も未整備だったが、とりあえず、行政や農協などが主体となり、とれた作物から放射性物資の調査を始めて、数値的には安全であることを情報発信していった。

理由2：1月末に出荷価格を値下げした

2012年1月末の時点では、風評被害は実際強く、全国的に米のみならずあらゆる福島産の作物を買い控える動きがあり、「これはヤバい、売れない」ということでJAが値下げをした。例えば、福島県産コシヒカリ・1俵（60kg）あたり1万5200円だったのを1割引して1万3700円に。これは新潟県魚沼産コシヒカリ（2万3000円）や山形県のはえぬき（1万4500円）など57の品種・地域の平均出荷価格である1万5100円を下回る価格。当然、県内外の「とにかく安い食材が欲しい」という卸売業者や量販店・飲食店からのニーズは上がっていくことになる。

理由3：米市場では震災による在庫減で価格が高騰し、2011年産の低価格米が不足している

震災によって宮城や岩手の農地が被害を受けたため、米不足が起こっていた。中でも、新潟県魚沼産コシヒカリみたいなブランド米ではない「低価格米」が不足。低価格米は外食企業などでニーズがあり、福島米の割安感が高まる中で引き合いが増えた。

つまり、「つくったらつくったで買ってもらえる」状況になりました。それが2011年3月11日から1年後までに生まれた状況です。少なくとも、福島産の作物なんか「もうだれも買わない」「もうだれもつくらない」というわけではないことがわかってきたわけですね。

これは一言で言うと、「市場の調整の中でうまくやった」ということです。市場メカニズムのもと「3・11後の福島の米」はほど良いポジションを見つけて、そこに突っ込んでいった。

農業を続けるのは、それが生活の一部だから

一方、「もうだれもつくらない」ことにならなかった理由。こちらは、数字を使ってスパッと説明できるものではありません。例えば、農家の方はこういう言い方をされます。

「農地を一度放ったらかしにしてしまうと、再開しようとした時に大変だから、とりあえず育てる」
「つくって放射能出て売り物としてダメだったら、その分東電に損害賠償を払わせればいいんだから、普通につくればいい」
「3・11の時につくってた葉物（小松菜・ホウレンソウ）の線量を測ったら、線量が出たのもあったけど、場所によって全然出ないのもあったから、とりあえずつくれば大丈夫なやつはできるだろう」

ただ、そのような「合理的な理由」だけでは説明が足りない部分もあるかと思っています。その根底には、専業農家でも兼業農家でも「農業をやることが、ただの仕事ではなく、生活の一部となっている」という価値観があることを感じることも多いんです。

彼らにとって、農業は当然「食べていくためにやっている」生業ではあるけれども、それと同時に「先祖代々受け継いできた義務」であったり、「健康管理のためのほどよい運動」であったり、「親戚や近所とのコミュニケーションの手段」であったり、「郷土愛を具体化したもの」であったりもします。

これは都市化が進んだ地域に住む人には、理解し難い感覚かもしれません。福島県外の人の中には、「なんで放射能の問題を抱えてまで福島の農家は農業をやめないのか？」と軽々しく言う人もいます。ネットでそういう語り方をし続ける人もいます。それがヘイトスピーチ・差別発言化している場合もあります。

良識派ヅラした偽善者の傲慢に付き合うな

大きなメディアでも、それに類するような発言を公然とする人間もいます。

2014年になって私があるラジオ番組に出た際に、コメンテーターが「福島の農地は汚れているんだから、福島の農家は農業やめて賠償請求して暮らせ」と言い出すので議論になったことがありました。「福島の人から抗議が何十件も来たんだけどおかしい」と、あたかも自分が正義であるかのように語り続けていました。

良識派ヅラした偽善者の傲慢に付き合う必要はなく、余計なお世話もたいがいにしろという話でしかありませんし、「おれは福島のことを本気で心配してるんだよー」みたいな顔したパーソナリティーまで同意しているのに閉口しましたが、こういう厚顔無恥なお気楽文化人と実際に被災地で暮らす人々との認識の溝は今でも深いでしょう。

偉そうに「復興が遅れている」とか嘆いてみせますが、こういう無知・無理解を何十万・何百万人に向けて垂れ流す不勉強な人間が適当なことを語っていることのほうが、よほど「復興の遅れ」に直結します。「良かれと思って」なのかは知りませんが、こんなものは、そこで生活する人の尊厳を頭ごなしに否定する差別、ヘイトスピーチでしかありません。

いずれにせよ、福島の農家は「もうだれもつくらない」ことにはならなかった。その背景には、農業が生活と密接に結びついていることがありました。

その点では、双葉郡から避難しているお年寄りが農業をしたいのに、できない状況はとても深刻です。仮設住宅や借り上げアパートだと農作業はできないし、農作業をしなくなった結果、糖尿病や高血圧が悪化したりしている。身体的な病《やまい》だけではなく、精神的にも状態が悪くなっている人もいます。

元々は、毎日朝起きて農作業して、疲れたら近所の人とお茶を飲んで話をして、できた作物を料理したり、親戚に送ったりして生活していた人がそれを奪われている状態が続いています。これは単純に賠償・補償をすればケアできるものでもありません。

産業としての農業の復興だけではなく、生活の復興を考える上で、農業をしたいのにできない人が少しでも農業を再開できるようにしていくべきでしょう。

これまでの「農業で食っていく」方法が通用しなくなった

さて、話を戻して参ります。

先に、福島の米の生産高が「２０１０年が4位、２０１１年が7位」になった背景には、二つの理由があると言いました。一つが、ここまで述べてきた「放射性物質による汚染が強くて米の作付けができない」というパターンです。

そして、もう一つ、「これを機に、農業引退」というパターンもある。これについても触れましょう。

「これを機に、農業引退」とは、そのままですが、「震災と原発事故が起こったから農業やーめた」ということです。これは結構わかりやすい話ですし、しかし、根深い話です。

どう「わかりやすい話」かというと、「日本の農業がどこでも抱えている問題の表面化」なんですね。

日本の農業、近年のニュースではTPPや農協改革の話題が出てくることもあり、詳しい方もそうではない方もいるでしょう。なんでこんなふうに農業の話題が出ているのか。詳しいわけではない方向けにあえて表面的な説明をしますけど、「農業やっていても食えない」世の中になっているからこういう議論になっています。

かつては、日本は農業を中心に一次産業で成り立つ国であった。もう半世紀以上前の話になってしまいますが、産業別就業者構成割合でいうと、農林漁業従事者が半分を占めていた時代がありました。戦後復興期である1950年前後の頃です。

ところが、そこから一貫してその割合は減り、この20年ほどは1割未満を推移しています。

なぜか。一番の理由は、農業をやっていても収入が確保されないから。

日本の農業はより多くの人が農地を持てるように、狭い土地を細かく所有している状況がある。それに対して、近年、米国やオーストラリア、中国など、日本と結びつきの強い国から安くて品質のいい作物が大量に入ってきています。それらの国は広大な土地で効率的に作物を生産し、それをグローバルに流通させる競争力を持っている。さらに、近年、途上国・新興国の中からも同様の力を持つ国も増えてきています。

これまでは政府が、関税をかけるなど色々規制したり、金銭面はじめ生産者をサポートする制度をつくったりしてきました。やはり食糧管理は国を成立させる上で欠かせない要素です。エネルギーもそうですが、それが不安定になると人の命に直接関わります。農作物については、その生産をかなり国が介入して支えてきた実情があります。

国があらゆるものに介入していく力は、ここ数十年で一気に弱まっています。考えてみれば、つい最近まで、日本は何でも国で価格を決めて、生産や流通に規制かけまくっていました。

例えば、米、電車、郵便や電話などの料金の決定は全て、国の権限だったわけです。電気料金も、民間企業が決定しているものですが、国との関係は強いといえたものが、いま自由化されようとしています。

このようなあらゆる側面での自由化の中で、これまでの「農業で食っていく」方法が通用しなくなってきている。例えば、「農家の収入を確保できるように作物の値段を高めに設定する」「国内の農作物が市場競争で負けないように海外産作物に関税をかける」という、農家が農業を続けていくだけの収入を確保する策が無効になってきています。

「潜在的な農業引退者」が3・11後に顕在化した

で、こういうことは日本全体の農業の問題として、3・11前から存在していました。福島だろうと、他の被災地だろうと、それ以外だろうとあったわけです。

農家の中には、既に書いたように「農業は生活と密着しているから儲からなくてもやめない」と言う人がいる一方で、「なかなか続けるのがキツいな、いつやめるかな」と思っている人も多くいます。

農家をまわっていると、こういう話を聞きます。

「子どもは町に働きに出ていて疲れているのに、ゴールデンウィーク全部潰して田植え手伝えと言うのも申し訳ない。自分の体が動くうちだけだ。自分が動けなくなったら小作に出す（＝人に貸して利用料をもらったり、できた作物の一部を譲ってもらうなどする）」

「トラクターの30年ローンが残っているから、それが終わるまでは続けるかな。終わったら自分たちが食べる分だけ趣味程度にやれればいい」

彼らの多くが60代・70代で、跡継ぎがいません。集落全体を見渡しても、「若手」と呼ばれている人が40代後半とか50代だったりということが多くあります。

やはり、先に述べたようなここ20年ほどの変化の中、いくら農業を続ける気持ちがあっても、無理に後継者をたてるよりは自分の代で引退としたほうがいいと考える人も増えてきた状況がありました。

そのような「潜在的な農業引退者」が震災前からいた。そして、震災と原発事故の中で「農業やーめた」となった人が出てきました。

この「3・11による〝潜在的な農業引退者〟の顕在化」とでもいうべき事態について、具体的な数値として、どれだけいる、と示すのは簡単ではありません。「3・11があろうとなかろうと、遅かれ早かれ農業をやめていた」という人も相当な数がいるだろうからです。

一応、大きな傾向を示す数字としてわかりやすいものとしては、例えば、南相馬市で2011年6月に行われた「市民意向調査」の結果があります。「『今後の農地』について」という問いに対して、津波被害地域では44％が「農地としては使用しないため、手放したい」と答えています（141頁図表）。

一方、非津波被害地域ではその数値は13％に過ぎません。

津波被害にあっても、塩分を土から抜いて農業を再開すること自体はできますし、実際にそうやって農業再開している人も多くいます。しかし、実際に被災してみると、「もう再開はしないでいいかな」という思いに至る人がやはり明確に増えます。

南相馬市復興企画部「平成23年度市民意向調査（平成23年6月実施）」

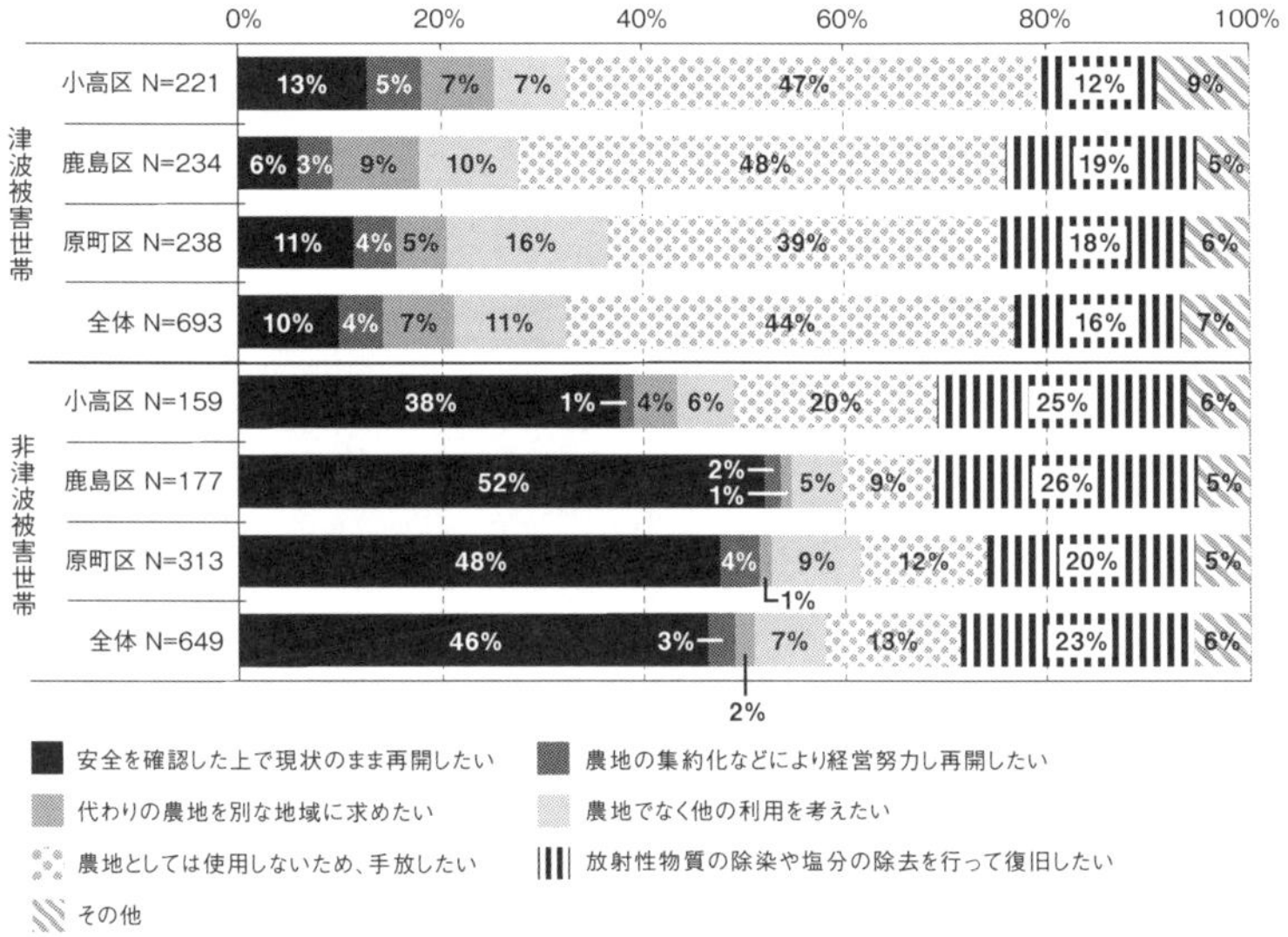

もちろん、農業再開のための土地の整備や機材の調達をする資金がないなど、物理的に再開できない人もいるのでしょうが、それを踏まえても津波被害の中、ただでさえ厳しい農業を続ける気持ちがなくなってしまう人が、この数字に表れています。

もう一つ注目すべきは、非津波被害地域の中で、他の地域が10％程度なのに対して、小高区のみ「農地としては使用しないため、手放したい」が20％と、他の地域より2倍以上増えています。これは、「津波被害によって心が折れた」人に加えて、「原発事故によって心が折れた」人の割合だと言えるでしょう。

小高区は震災直後から福島第一原発か

ら20キロ圏内であるため、立ち入りが制限されてきた地域です。２０１６年春に居住が可能になることを目指していますが、やはり原発事故の影響を強く意識せざるを得ない地域でした。その地域において、他の2地区とは明らかに違った数値が出ているわけです。

一応、この数値は２０１１年6月にとられたもので、実際は現在では色々状況が変わっているでしょう。「やっぱり農業再開しよう」と思い立ち、実際にそうしている人も少なからず存在するでしょう。

また、立ち入りができなかった小高区については「農地としては使用しないため、手放したい」人が「20％しかいなかった」ということは、逆に8割の人は農地を手放さずにどうにかしたいと思っていた、それだけ農家は自分の農地を復活させる意欲が強かったとも読み取れます。もちろん現在までにその意欲が変化している可能性は高いでしょう。さらなる調査が必要なところです。

福島の農業の問題は、日本の農業の問題である

そんなわけで、３・11によって「潜在的な農業引退者」が顕在化したわけです。先に述べたとおり、震災前から日本の農業がどこでも抱えている問題が表面化した。これは結構わかりやすい話です。

一方で、同時に「根深い話」でもあると言ったのは、これは解決策がなかなか見えないんですね。

基本的には「放射性物質による汚染が強くて米の作付けができない」という問題は、時間の経過とともに解決に向かいつつあります。震災直後の絶望感からすれば、価格の低下などを除けば、意外なほどスピーディーに復旧してきているといえるでしょう。

しかしながら、一方にある「これを機に、農業引退」というパターン。こちらのほうがややこしく、根深い。なぜならば、これは震災や原発事故があろうがなかろうが、あるいは福島県内だろうが、他の地域だろうが、普遍的に存在する問題だからです。そして、これは時間の経過とともに悪化している問題でもあります。

そもそも、米の収穫量や作付面積、農業従事者の頭数が減っていく傾向は福島だけに限った話ではありません。

改めて、先に示したデータですが、

年次 — 作付面積 — 収穫量
2010 — 8万0600ha — 44万5700t
2011 — 6万4400ha — 35万3600t

2012　6万6200ha　36万8700t
2013　6万8200ha　38万2600t

全国的に見れば、こんなふうに「収穫量が増加している状態」のほうが異常です。

そして、2010年に44万5700tあった収穫量が、2013年に38万2600tに減った、その差分には、「これを機に、農業引退」という減少分も相当入っているということが意識されるべきです。

つまり、「原発事故のせいで」とか「風評被害が」とかとは別の問題として存在する、震災前からの構造的な問題が顕在化して生産力が弱まっています。

この減少分は実は、遅かれ早かれ減る運命にあったものであったと言えます。ただ、3・11によって「潜在的な農業引退者」が、日本の他の地域に先駆けて顕在化したわけです。

「六次産業化」ってなんだ？

じゃあ、この根深い、「福島の農業の問題」であり「日本全体の農業の問題」にどう対処していくのか、という話をしていきたいと思います。

私自身含めて、農業に直接携わっているわけでもないし、専門家でもない人間は、大きく分けて二つの方向で理解しておけばいいでしょう。

一つは、付加価値をつけるということ。

もう一つは、合理化を進めるということ。

経営学の教科書には、「利益を増やすにはどうするか。それは、収入を上げるか支出を減らすかの二つだ」と、言われないでもわかるだろう、ということが書いてあったりしますが、それと同じような話です。

まず、「収入を上げる」については、付加価値をつけるということです。

例えば、「六次産業化」です。

そもそも「六次産業化」という言葉を聞いたことがあるでしょうか。これは聞いたことがある人は、毎日のように聞いています。地方の一次産業に関わっている人とか、地域おこしをやっている人とか、東北の復興に関わっている人とか、大袈裟ではなく1日5回は耳や目から入ってくるという人もいるでしょう。

私も、結構一般的になっている言葉かなと思ったら、都会での講演で話しても全然通じないので、これはだいぶ認知にギャップが有る言葉だなと思いました。知っている人はものすごく意識せざるを得なくなっているし、知らない人は一切意識しないまま過ごしている、というような言葉です。

で、「六次産業化」とは何なのか。聞いたことない方向けに簡単に説明してみます。

例えば、ご自身がキャベツ農家だと思ってください。スーパーで1玉100円で売っているキャベツをつくったとしましょう。その時、100円がそのまま自分の手元に入るわけではありませんね。農協に持って行くと梱包してくれて、それを流通業者が運んで、スーパーで値札を付けられて販売される。

わかりやすく、そのプロセスの経費が半額の50円だとしましょうか。そうだとすると、ご自身の手元にはキャベツ1玉で50円の利益が入るわけです（厳密に言うと、そんなに利益は出ません。他の原価として肥料とか農薬とかトラクターのローンとか色々引かなければなりませんが、とりあえず便宜上、細かい話は置いておきます）。

ただ、「1玉50円だと1日200玉作って、やっと1万円。利益をもっと増やしたい」と思うかもしれない。そこで、「六次産業化」です。

例えば、スーパーに出せば、1玉100円で売られ、自分の手元の利益が50円になるキャベツがいま目の前にある。これを4分の1にカットして、浅漬けにします。4分の1カットずつプラスチックパックに入れて、「山田さんちのとれたてキャベツ、無添加・手作り浅漬け」とか自分でデザインしたシールを貼ります。浅漬けが4パックできました。それを1パック

200円で、家の近くの通り沿いにつくった直売所で売ります。それが「美味しそうだ」と4つ完売すると、売上が800円になります。

浅漬けの調味料とかプラスチックパック、シール代、あと直売所の運営費などの費用を、いくらぐらいにするかは難しいですが、浅漬けの調味料やプラスチックパックなどパッケージとかについてはかかって数百円とかでしょうか。もろもろ込みで、仮に500円だとしましょう。そうすると、売上が800円の費用が500円ですから、利益が300円です。

ここで何が起こっているかというと、キャベツ1個あたりの利益が50円だったのが、300円と6倍になったわけですね。これが「付加価値をつける」ということです。

「六次産業化」と聞いて、普通は「一次産業、二次産業、三次産業とは聞いたことあるけど、六次産業とはなんだ」と思うでしょう。「六次産業」という特定の産業はありません。ではなぜ「六」なのかというと、「一次（生産）」「二次（加工）」「三次（販売・ブランディング）」を全てカバーしてしまうことで、付加価値をつけているからです。

生産（一次）だけして農協に出して50円もらうのではなく、手間はかかるけど加工（二次）や販売・ブランディング（三次）まで自分で担って「山田さんちのとれたてキャベツ、無添加・手作り浅漬け」をつくって、付加価値をあげて利益を増やす。「一次＋二次＋三次」または「一次×二次×三次」で「六次産業化」と呼ばれます。

この話は「六次産業化」を知っている人には常識すぎる話です。知らない人には「なるほど」という話かもしれません。

「物語」で付加価値をつける

まあ、こういう付加価値の付け方を考えていく、というのが、「日本全体の農業の問題」にどう対処していくのかという問いへの一つの答えです。

ここで重要なのは、味や見た目はもちろんですが、何よりも「物語」です。「物語」があることで、ただ値段が安い、味がいい輸入品に、多少値段が高くても勝てます。

福島県内だと、例えば、「いわきのトマト」。これは色んな売り出し方をしています。例えば、「夜明け市場」といういわき駅前の復興飲食店街では、いわきのトマトを売り出そうと、トマトリキュールで味付けをした「夜明けハイボール」というハイボールを出してくれます。外からいわきに行ったらとりあえず飲んでおきたい気にさせてくれますし、いわきのトマトを買って帰るか、と思う人も実際多い。

あと、「福島市のモモ」が震災後注目されるようになりました。先に書いたとおり、「福島といえばモモ」と認識している人は必ずしも震災前には多くはなかったのではないでしょうか。ただ、震災後、比較的放射線量が高い福島市の果樹農家などが再びモモを盛り上げようと頑張って、知名度も販売量も上がった部分があります。

六次産業化という意味では、ＪＡ新ふくしまが「桃の涙」というモモリキュールをつくって売り出し始めました。ネガティブな事態も、ポジティブな物語に転換して付加価値となった事例だといえるでしょう。

もちろん、このように物語を押し出すことの一方には反発もあります。例えば、２０１４年8月に糸井重里さんが「福島に行ったら、こんなふうに桃を買えるんだよ〜ん」とTwitterに投稿したところ、それは危険なのではないか、と反発を受けた事例もありました。経緯は「糸井重里さん『馬鹿にされたような思いになる』福島の桃への中傷に怒り」（http://www.huffingtonpost.jp/2014/08/23/shigesato-itoi_n_5702206.html）にまとまっています。

３・11関連の話題に絡むと、そういう「向かい風」が発生することは、今でもあります。ただ、そのような反応が、この記事にもあるとおり「不正義」と捉えられてくるようにもなってきました。

付加価値をつけ、市場で生き残る商品をつくり続けていくということが、今後、福島の農業にとってますます重要になるでしょう。

そして、ここまで見てきたとおり、福島の「風評被害」と呼ばれる「向かい風」以外でも、日本全体で農業への「向かい風」が吹いていることにも気づくべきでしょう。

農業の収益性の低下と後継者不足、外国産作物との競争や担い手の不足・コスト の高騰。「向かい風」はいくらでもあるし、少なくとも、ここまで数値を示しながらみてきたような範囲で収束に向かいつつある放射線や風評の問題とは逆に、今後その問題はますます拡大していきます。他の地域に先んじて課題が顕在化し、その対応を迫られてきた福島から、その対応策を考えていく意義は大きいでしょう。

「スター農家」の勝ち組以外に目を向けよ

もう一つ、「合理化を進める」ということについても述べましょう。

「日本全体の農業の問題」に対応する上で、合理化が必要です。六次産業化自体も一つの合理化と見ることができるでしょう。また、後継者がいない土地を集約して大規模な農地で効率的に生産を行う農業にしていくというのもそれです。

ただ、六次産業化をすると言っても、資金や人脈・知恵が必要です。農地の集約といってもここまで述べてきたとおり、土地への思い入れが強くてすぐには土地を手放さないという人も多くいます。農協もスリムに変化していくことになるでしょう。

いずれもすぐに進められることではありませんが、大きな流れとして、これらの合理化は進んでいくことになるでしょう。

その上で意識すべきなのは、合理化は市場化・競争を加速させるという側面を持つということです。大規模集約型農業が進むことで、小規模な農業は市場から「不合理であるから」と排除される。

被災地では、「復興のために」という文脈で、猫も杓子《しやくし》も「六次産業化」を進めることが善とされ「スター農家」も生まれてきていますが、その「勝ち組」は全体から見ればごく一部。大部分はそうはなれないままに置いていかれている。

もちろん、「スター農家」を出していくことは、非常に重要な動きだと思っています。成功事例が出てくることで、それが新たなムーブメントをつくっていくからです。

しかし、それだけでいいのか、ということもまた考えるべき時期になってきているとも思います。勢いある船に乗り遅れた人が必ず出てくる。そこにも目を向けた方策を考えていくべきでしょう。ここでその話をしだすと長くなってしまうので、とりあえず「福島の農業の問題」や「日本全体の農業の問題」への対処策の見通しと、その留意点について述べてきました。

放射線の政治問題化が「普通の人」を去らせる

さて、農業の話を締めくくるにあたり、放射線の問題について触れなおしましょう。

そこで、

問2　福島県では放射線について、年間1000万袋ほどの県内産米の全量全袋検査を行っています。そのうち放射線量の法定基準値（1kgあたり100ベクレル）を超える袋はどのくらい？

の話に移ります。

まず、議論の前提を述べておきます。ここでの「放射線の話」は最低限にとどめます。

放射線の話に触れると、「○○という視点が足りない」「○○に言及がない」というクレームが必ず来ます。そのうち、「安倍政権への批判が足りない」とか「原発再稼働が進もうとしているというのにこんなことを言っている。こいつは原発推進派」とか、放射線と全く関係ない「あんたがそれ言って、したり顔しながら説教したいだけだろう」系のクレームまで始まります。

放射線のことを科学や産業の観点から冷静に語ることを越えて、政治問題化したがる人がいるわけです。

それはそれでいいんですが、問題は、政治問題化すると、普通の人がみるみるうちに去っていくということです。政治問題化しだすと、答えのない神学論争になります。本来の「神学論争」は知的な営みですが、そうではなく、誹謗中傷・罵詈雑言が入ってくる。

そして、「安全」vs「危険」とか、「お前は体制側に都合がいいことばかり言ってる！」vs「〝なんでも反対〟の答えありきで非科学的なこと言うな！」という二項対立構造の中でずっと小難しい議論をしている。

本書は、そういう「放射線の話を意識高く続ける少数者」をターゲットにはしておりません。

3・11から4年経った現在、そういう「放射線意識高い系」の一方には、「放射線の話」と聞いた時点でもう聞く気がなくなったり、聞く気はあっても思考が止まってしまってシャッターを閉じてしまったりする人が出てきている。

これはとても残念なことであり、改善すべきことです。

本来は、「そこに生きる人が実際どうあって、どうなるべきか」という議論こそが大切だからです。

そういう一度はシャッターを閉じてしまった人に、「もう一回だけ軽くシャッター開けてもらえませんか。長居しませんので」とポイントを絞ってお伝えできれば、というのが本書のスタンスです。

詳しい人からしたら「議論がアラすぎる」「こんな視点が足りない」ということもあるかと思いますが、それはあえてそうしているものです。少しだけお付き合いください。

「福島がどうなるかわからない」じゃなく、あなたが福島をわかってない

まずは「放射線の話にどう向き合うべきか」「そもそも放射線の話がなんで面倒くさいのか」という話そのものが必要でしょう。

私は、震災後、数えてみれば２００回以上、全国で講演をしてきました。全国回って色んな方と話をしていて、福島の問題になると、よく出てくる定型句があります。

「福島はどうなるかわからないからね」

これです。100回は聞きました。

「あまり知らないのに前のめりに福島を語りたがる人」ほど、これを言います。そして、会話を続けるほど、うんざりすることしばしば。

パターンは二つあります。

一つは、「だから危険に違いない」と言いたい人。

その定型句の前には「放射能は目に見えない以上……」「チェルノブイリでも○○だったから……」とか色々な前提らしきものが付きます。

「そう仰るからには多かれ少なかれ放射線のこと、チェルノブイリのことについて知識があるんだろうな」と聞いていくと、どうやらそうでもない。基本知識も何もない。

「私の知り合いの知り合いの人が言ってたんだけど」などと言いながら、結局なんの内容もない話を続ける。

さらに、「ではその話って、福島にそのまま当てはめることが可能でしょうか」と詰めていくと、答えられなくなる。「いや、放射能は目に見えないから－」とか「チェルノブイリで起こったことは福島でもそのまま起こるに違いなく－」とかいう話で終始してしまうんですね。

もちろん、まれに実際に放射線やチェルノブイリに詳しい方もいらっしゃいますが、詳しい人ほど、そんな短絡的に「だから危険に違いない」と結論付けるようなことはしません。

もう一つは、「福島の状況を本当に何も知らない」ような人。「福島はどうなるかわからないからね」と悟ったような顔をして言うので、やはり、私も「そう断言するなら福島事情に相当詳しいのか」と話を進めるわけですが、特に何の知識もない。にもかかわらず、「福島の人はー」「知り合いが福島に行った時にー」と空虚に饒舌、根拠なき自信。「福島の人って、200万人いるうちのだれですか?」「あんたの知り合い、知らねぇよ」という話です。

これは、端的に言えば、「福島がどうなるかわからない」のではなく、「あなたが福島のことをどうなるかわかっていない」という話です。自分の知識不足・不勉強をもって「福島の未来は先行き不透明」みたいな話されても困ります。自分が福島をわかっていないだけなのに、福島がわからないという話にすり替えている。

たしかに、3・11直後は「福島はどうなるかわからない」と言わずにはいられない状態があったでしょう。しかし、あれから4年経ち、様々なデータが揃ってきている。

それを「自分でわかろうとする努力をしない」で思考停止しているのは、「福島はわからない」のとは全く違う。自分自身が「わかろうとしない」だけの問題を、「わからない」と相手のせいにしてやり過ごそうとする。大変迷惑な話です。

福島の問題に限らずありがちな思考停止の構造ですが、「わからない」のと「わかろうとしない」の両者を履き違えてはいけません。

「福島難しい・面倒くさい状態」になってしまったワケ

まあ、しかしながら、福島を巡る議論でそのような思考停止が蔓延する理由もわからんではない。要は、福島の問題に触れようとすること自体のハードルが、時間が経つにつれ上がってきている。

たしかに、福島の問題、中でも放射線の問題は勉強することも、勉強したのをどこかでアウトプットするのも、面倒くさすぎなんですね。放射線の問題を語りたくても、まず、いちいちアップデートされてくる前提知識を追いかけ続けなければならない。

2011年の段階では放射線についての本を読んだり、必死にインターネットで情報を調べていた人も、実際のところ、ほとんどが脱落しているでしょう。今からあの時のエネルギーを出す気にはならない人が多いでしょう。

これまで「放射線がわかるQ&A」みたいな本が無数に出ていますが、どれが信頼できるいい本なのかわからないし、それを買ったところで読むのも大変そう。信頼できそうな詳しい人が「いい本だ」って言っている本は、辞書みたいな厚さだったり、学術書みたいな体裁だったりで、完全にとっつきにくそう。

ＷＥＢにも腐るほど情報があるけど、情報ありすぎて、何がなんだかわからない。Twitterとか Facebookとか見ると、学者と専門用語使いながら「ですよねー」とか仲良さそうに呪文みたいな話をしている人たちがいるかと思えば、一方には、ずっと「実は福島はヤバい」って言い続けている人がいる。

そんな中で、今から「前提知識」つけて、そのノリに合わせるのとかは無理。「多様な情報を知って、色々な議論を吟味して考える必要がありそうだけど、今から全部押さえていくのとか無理です」という感覚に、普通の人はなってしまう。

全くそのとおり、ごもっともな話です。


放射線のことを話す上でそういう「前提知識」を押さえて、色々な人と話をしていくと、今度はまた別の壁にぶつかります。

端的に言えば、そこにある「複雑性」に打ちのめされることになる。実態を知ろうとすればするほど、「ああ言っている人もいる」「こういう状況もある」「福島と一言で言っても一枚岩ではない」と情報量が増えていく。

一部の人の言葉を切り取って、「福島はああだ」「福島の人はこうだ」と簡単に、単純化して「代弁」できればいいし、実際に最初の１、２年は乱暴にそういう「代弁」をしようとして、知名度をあげて信者みたいな取り巻きをつけたジャーナリストとか学者とかがいたけど、もうそういう人は消えていってしまった。

まあ結果として、そういう人がきれいに退場していった現状は健全な結果だと思っております。ファクトよりも自己顕示欲や功名心を優先する人の物語が議論に入ってくるのは、芸能スキャンダルとかだったら重要な要素かもしれませんが、科学的な議論には邪魔なだけですから。

しかし、状況の一部改善はありつつも、「福島難しい・面倒くさい状態」は続いています。

なぜ見解が無数にあるように「見える」のか

色々な人と福島のことを話す上でぶつかる壁に、「福島難しい・面倒くさい状態」というのがありますが、そもそもなぜ「福島難しい・面倒くさい状態」となってしまったのか。

それは、「情報がただの情報としてダラダラ垂れ流される状態が続いてきてしまったから」。

それを理解するためには、「情報と知識の違い」を意識する必要があるでしょう。

例えば、「辞書読め！」とか「タウンページ読め！」と言われたらキツイですよね。「フランス語を身につけたいと言ったんだから、まずフランス語辞書を全部読むぐらいするべきだ」とか、「お前、この地域を理解したいと言っただろ！　タウンページは地域の情報を極めて網羅的に押さえているんだ」とか言われても、「たしかに、そうかもしれないけれど、でもたぶんそうじゃないでしょう」というような感覚でしょう。実際、大方の人は、語学の習得・地域の理解という明確な目的があっても、そういう拷問みたいな方法はとらないはずでしょう。

「情報」を「情報」のままに大量に目の前に置かれても、人間は苦痛を感じるだけです。「情報」が存在すること自体は重要ですが、「情報」があるからといって理解が進むわけではありません。大量の情報を入手し、それを俯瞰したところで、その実態・全体像を理解できるわけではない。

むしろ、情報が過剰にあることによって、適切な理解をする可能性が下がることもある。じゃあ、どうするか。バラバラの情報を体系化・構造化し、必要な情報を選び・並べ、「知識」としていく必要があります。バラバラの情報を体系的な知識に変えることではじめて、効率的な理解が進みます。

なぜ、「福島難しい・面倒くさい状態」が続いているかというと、これにつきます。情報は大量に流通してきたけど、「情報の知識化」が進んでこなかったわけです。

もちろん、ある部分ではそれなりに「情報の知識化」が進んできました。

例えば、これまでに見てきたように、(1)農業関係者はじめ一次産業関係者の間では、この事態にどういう対応をすべきかという「農業に必要な知識」が相当共有されてきています。

あと、⑵「TwitterとかFacebookとか見るといる、ずっと〝実は福島はヤバい〟って言い続けている人」はじめ、強く被曝回避を望む人の中でも、これもまた「被曝がどれだけヤバいか」という知識が共有されてきました。「○○先生がこう言っているから」なんていう、その方たちにとってのカリスマ型のリーダーがいたりします。

さらに、⑶早期から福島に入り土地や身体についての放射性物質の状況を丹念に見ようとする研究者や報道関係者などを中心に、「どうやら福島の状況は、広島や長崎の原爆による被曝やチェルノブイリの原発事故後の状況とはだいぶ違ったものとして捉えていかなければならない」などと、「データにもとづいた福島の実態の解明と理解の促進、誤解の払拭を指向する知識」も共有されつつあります。

ただ、これらいくつかの「情報の知識化」をしているゆるいグループのようなものがあるものの、これは「普通の人」からしたらいずれも近づきづらかったりする。

ずっと「ベクレル」とか「シーベルト」とか言ってるし、「セシウムだけじゃなくヨウ素やストロンチウムやプルトニウムやトリチウムもあって」とか、「甲状腺がんが増えてる！」vs「いやいや、甲状腺がん検査での過剰診断・過剰診療のほうが大問題」とかいう対立構造があるらしいが、もはやわけがわからない。

「WBC（ホール・ボディ・カウンター）では出ないかもしれないけどね、尿検査したら出るんですよ」とか言われても、「ＷＢＣって、ワールド・ベースボール・クラシックじゃないんですか？」と言いたくなるけど言えない。なんか、語っている人たち相当マジな感じだから、となる。

その「近づきづらい感覚」というのは真っ当な、普通の感覚だと思います。

そこで交わされている会話は、普通に理系大学院修士課程レベルの議論だったりする。それを老若男女問わず扱わなければならない状況というのは、キツイ状態です。

「放射線については見解が無数にあるように見える」ことも、人を遠ざけている要因でしょう。実際は「見解が無数にある」わけではないんです。見解の相違は、先に述べたとおり、いくつかの「情報の知識化」をしてきたグループに収斂《しゅうれん》されてきているというのが、正確な現状認識でしょう。

ただ、その見解の相違を俯瞰して理解するのには、それなりの勉強が必要です。勉強しないと、「見解が無数にあるように見える」。

その中で、あまり知識がない人にとって「わかりやすい」のは極端な議論だったりして、その結果、誤解が広がりっぱなしになる、みたいなことが続いています。

イスラム教も福島も「ローコンテクスト化」が必要

そんな中で重要なことは二つあります。

一つは、先に出したようなものを含めていくつか存在する、福島の放射線についての議論を牽引してきた「情報の知識化」の動きを軸に、科学的な視点を忘れずに今後も知見を積み重ね、議論を進めていくべきだということです。

科学的な議論が進むほどに知識は洗練されていくことになるでしょう。「洗練された知識」ができていくことで、農業にせよ、健康管理にせよ、具体的な施策が生まれてきます。

もう一つは、逆の方向です。「洗練されすぎていない知識」もつくっていくべきなんです。「洗練された知識」というのは洗練されるほどに、普通の人が参入するハードルが高くなる。「WBCって、ワールド・ベースボール・クラシックじゃないんですか?」と言う人に対し、「いや、普通そう思いますよね。それでも福島の放射線のこと語っていけますよ」と言えるような、「洗練されすぎていない知識」を用意すべきです。

本書は後者を目指しています。それは「福島難しい・面倒くさい状態」を解除するための「ローコンテクスト化」であると言い換えることができるでしょう。そして、3・11から5年目に向かう今、「福島問題のローコンテクスト化」は多くの人が取り組むべき大きな課題です。

「ローコンテクスト」というのは、アメリカの文化人類学者エドワード・ホールが1976年に出版した『文化を超えて』で提示した概念で、対義語は「ハイコンテクスト」です。

「ハイコンテクスト」というと、「難しい文脈」とか「洗練された文脈」っていう意味かと思っている方もいるかもしれませんが、ちょっと違います。

ここまでの文脈にそってわかりやすく言うならば、「ハイコンテクスト」とは、文脈の理解のために「前提知識」や「複雑性」の理解を要求されることを言います。

「ローコンテクスト」とは、逆に、「前提知識」や「複雑性」の理解が必要ないことを指します。

例えば、イスラム教について理解することは簡単ではない。近年、この問題はますます難しくなっている。これは「ハイコンテクスト」になってきているとも言えます。

イスラム教徒は1年に一度、日が出ている間に断食をする期間＝ラマダンを定めています。この習慣を知らない人からしたら「なんで？」という話でしかないが、イスラム教徒にとっては「そういうものだ」という「言わずもがなこと」でしかない。

もちろん、宗教的な理由を突き詰めていけば色々あって、それを理解するのにはかなりの前提知識が必要になる。

少なくとも、ラマダンの時期に日が出ている間にものを食べるのはイスラム教徒的には悪しきことなので、一緒にいたらその習慣に気を使わなければならない。最近は、イスラム教徒の中には、スマートフォンにラマダンのアプリを入れている人もいて、ご飯を食べていい時間になると携帯から音がなったりもします。

彼らと直接関わることで、「なるほど、みんなしっかり守っているんだな」と、彼らの生活についての「前提知識」をだんだんと得ていくことになります。

などと思っていたら、中東ではなく東南アジアのイスラム教徒と話していると、人によって「ラマダンを意識するのは、長くても最初の5日だけですね」とか言って、普通に日中にご飯を食べていたりする人もいる。「砂漠のイスラムと私たちのイスラムとは違う」とか言われる。複雑だな、多様すぎてよくわからないな、と思わされる。これ、「ハイコンテクスト」なわけです。

そういう「イスラム教徒とは○○だ」と一言で、単純化して言えない状況がある。「イスラム教徒の人が○○と言っていた」と言っても、「それどのイスラム教徒の人？」という話で、簡単に「代弁」できないわけです。

その結果、情報が専門的なものか、一部を切り取った単純化したものかに二極化し、大方の人はその実態を適切に理解する機会から遠ざけられてしまう。「イスラム教はよくわからない」と、「イスラム難しい・面倒くさい状態」になり、多くの人がどう理解していいのか無意識の中で混乱する。

「イスラム過激派の怖い組織もあるらしい！　ヤバい！」という過剰にセンセーショナルな側面ばかり強調する「わかりやすい」情報が流れ、一面的な理解・誤解ばかり広まり固定化する。

一方で、普段はハイコンテクストなところばかりで語っている専門家は、冷静に「前提知識」や「複雑性」を示しながら「そうじゃないんですよ」って言っているんだけど、なかなか伝わらない。

それは、専門家の話が、聞き手の非専門家にとっては、「知識」ではなく「膨大な情報」として受け止められてしまうからです。「前提知識」や「複雑性」を踏まえている人にとっては重要な知識も、そうでない人にとってはただの「膨大な情報」になってしまいます。

要は、ここで「ローコンテクスト化」をすべきなのに、失敗しているわけです。

こういう構造はいたるところにあるわけですが、福島の問題もこの「ローコンテクスト化」の失敗の罠にはまっています。

そして、さらにややこしいのは、イスラム教のことだと、外国のことだから「わからない」という前提で語るのに、福島のことや放射線のことだと、国内の話であるということもあってか、「わかっている」ように語りがちです。

ただ、実際は福島の問題もイスラム教ぐらい、「ハイコンテクスト」で理解し難いものとして扱うべきです。

知的体力不足が「ハイコンテクスト化」を招く

福島の問題は、「ハイコンテクスト化」している。3・11から4年経つ中で、相当な「前提知識」や「複雑性」の理解をする知的体力が求められる対象になっています。

知的体力がないとどうなるか。

例えば、学者や復興関係者の中には、情報発信や復興支援をする立場にありながら、放射線のことを理解しようとしても理解できなくなってきている人も、実際多くいます。理解できていないなら勉強するなり、素直に「理解できていない」と言うなりすればいいのですが、そうしない人も多かったりするのがややこしい。とりあえずセンセーショナルな話にいちいち飛びついて、お涙頂戴・感動話や「あれもこれも政府が悪い」と権利要求・体制批判でお茶を濁そうとする。

あまり具体的には言いませんが、そのような人もまた肩書き上は「専門家」「福島の人」であったりして、誤解を広めてしまっている側面もある。

メディアの報道にも同様の事態が起こっていて、あまり理解できていないことまで「わかりやすく」しようとして、実際はただの的外れ、「過剰な危険煽り」のありがた迷惑になっていたりする。このような知的体力不足によって議論が混乱している現状は大変残念です。

ただ、多くの人が漠然と福島のこと、放射線のことを理解したいと思っているのも事実です。そういうときに必要なのは、「前提知識」や「複雑性」の理解を必要としない「ローコンテクスト」なところで知識を再編して語りなおしていくことです。そういう観点で、ここまで復興予算や人口、米の生産の状況からどんなデータが揃ってきて、何がわかってきたのか、ということを明らかにしてきました。

福島の放射線のことについても、「前提知識」や「複雑性」を理解すること自体は、実は難しいことではありません。議論としては、あまりに端折りすぎているものとなってしまいますが、もう少しだけ放射線の話にお付き合いください。

「また基準値超えが！」報道の事態とは

では、本題に入って参ります。

問2　福島県では放射線について、年間1000万袋ほどの県内産米の全量全袋検査を行っています。そのうち放射線量の法定基準値（1kgあたり100ベクレル）を超える袋はどのくらい？

質問の意味がパッとわかる人も多いとは思いますが、聞かれていることの意味自体よくわからない方もいるかもしれないので、少し解説します。

2011年3月に福島第一原発事故があり、その後、福島産の農作物の放射性物質被害への不安が高まりました。「どうにかすっぺした」と対応策を考えた結果、安心感と信頼を取り戻す一つの方法として2012年度から始まったのが、この「全量全袋検査」です。

これはその名のとおり、福島県内で生産された米の全てを袋ごとに検査する体制のことです。2012年度から現在まで、福島県産の米は全て「全量全袋検査」を経て出荷されています。福島県内で生産された米であれば、市場に流通するものはもちろん、そうではなく、自宅や知り合いで消費するものも検査することになっています。

「どれだけの米がこの検査の過程で法定基準値超えして引っかかっているでしょうか」というのがこの問いです。当然、この検査で法定基準値に引っかかったものはそれ以上、流通させることはできず、人の口に入ることはありません。

全量全袋検査では、米の入った袋を一袋ずつ機械に通して検査を進めます。実際にどうやっているのか見てみたい方、動画（https://www.youtube.com/watch?v=lehOzhY7Hfk）がありますので御覧ください。

これが2012年度から始まったんですが、だいたい1年間で1000万袋ほど検査をします（2014年12月25日時点で、2012年度が検査点数1034万6071点、2013年度が1100万6502点、2014年度が1067万7199点）。

さて、年間1000万という数がどのくらいかというと、日本の全人口が1億2000万人ほどなので、その10分の1弱ぐらいという膨大な数です。これだけの数の袋を1年間で検査して来たわけです。

その中で、法定基準値を超えるのはどのくらいでしょうか、と講演で問いを投げかけると、

「1年間で1万袋くらい？」

「数％？」

「1000万の1％が10万だから数十万袋ということ？」

「いや、そんなにはいっていないはず。1000とか500とかの単位でしょ」

大体こんな答えが返ってきます。テレビ・新聞で定期的に流れてきた「福島でまた基準値超えの農作物が！」みたいな報道を記憶している人も多いでしょうからね。

そこで、改めて答えです。

「福島県産の米、年度ごとに約1000万袋のうち、2012年度生産分で71袋、2013年度生産分で28袋。2014年度生産分については、2014年度末時点で0袋」

ということで、1000万という数に対して、100未満、しかも毎年数は減っている。一言で言えば、「法定基準値超えは出ていない」「しかも、状況は確実に良い方向に向かっている」結果だと言っていいでしょう。これは、意外なほど少ない数ですし、福島の農家はじめ、

農業関係者の多大な努力があってこそのものです。

「いやー出てるじゃないか！　ゼロじゃないじゃないか！」と強弁されてもよいですが、だとしても、それは市場に流通しておりません。

一方、「そんなの知ってるし、常識だし」という方もいるでしょう。

ただ、実際は、多くの人にこのレベルの知識が共有されておらず、むしろ、漠然とした不安と誤解が広まっている現状があります。先にあげたような、実態とかけ離れた間違いをするか、あるいは「全然想像もつかない」というリアクション。知っている人にとっては言わずもがなレベルの知識ですが、そうではない人にとっては見当もつかないような状況です。

検査の対象は「玄米」であることに注意すべき

このデータはいつでもＷＥＢでリアルタイムに進捗状況が確認できます。「ふくしまの恵み安全対策協議会　放射性物質検査情報」（１７１頁図表）に、その結果が掲載されています（「ふくしまの恵み安全対策協議会」というのは県やＪＡ・消費者団体、さらに、市町村、農業団体、集荷団体などが協力しあってつくっているものです）。

はじめて見る方、まず、「スクリーニング検査」と「詳細検査」とが出てきて、少しわかり

ふくしまの恵み安全対策協議会「放射性物質検査情報」
（https://fukumegu.org/ok/kome/）

集計結果　平成26年産
検査点数　10,765,816点

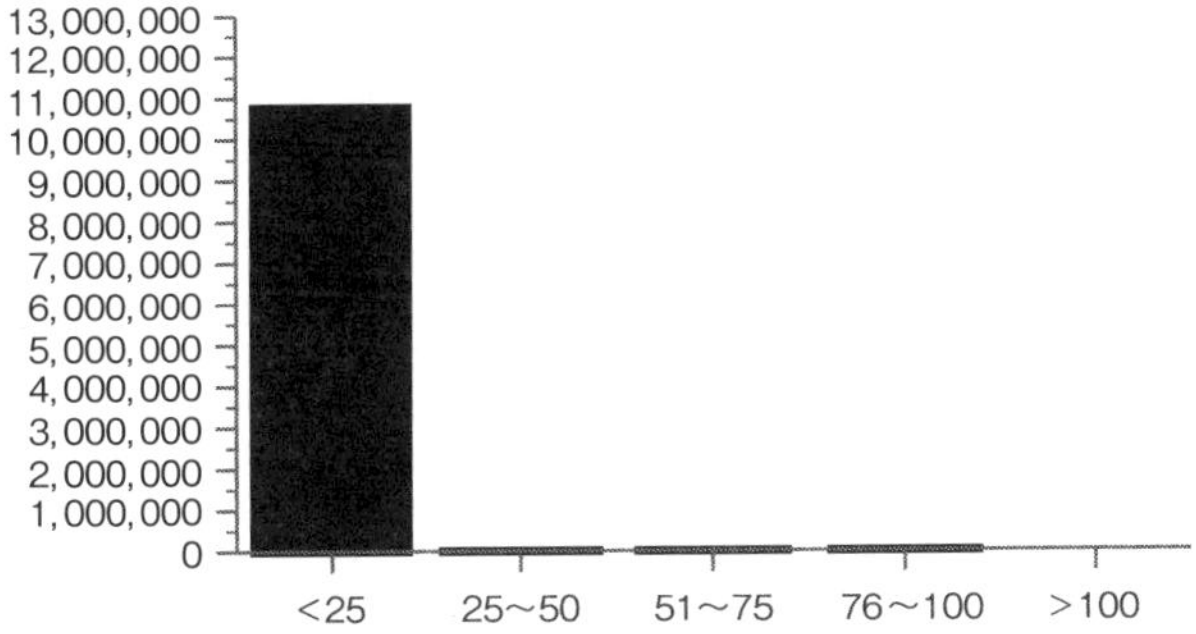

<スクリーニング検査>

	測定下限値未満（<25）	25～50ベクレル/kg	51～75ベクレル/kg	76～100ベクレル/kg	計
検査点数	10,763,921	1,854	11	1	10,765,787
割合	99.98%	0.02%	0.0001%	0.00001%	100%

<詳細検査>

	25未満ベクレル/kg	25～50ベクレル/kg	51～75ベクレル/kg	76～100ベクレル/kg	100ベクレル/kg超	計
検査点数	27	0	1	1	0	29
割合	0.0003%	0%	0.00001%	0.00001%	0%	0.0003%

・このグラフは、便宜上、スクリーニング検査と詳細検査の結果を合算しております。
なお、詳細検査を実施したものは、その結果を反映させています。
・放射性セシウムは、セシウム134とセシウム137の合計値。
・割合は、スクリーニング検査と詳細検査の合計点数に対する割合であり、小数点第2位、第4位及び第5位未満を四捨五入しています。

づらいかもしれません。要は「スクリーニング検査」という「大きな網目のザル」で一度検査をして、そこで「明らかに法定基準値を超えてないもの」を外した上で、「小さな網目のザル」＝「詳細検査」をする、という2段階チェックをしているというものです。

ただ、「大きな網目のザル」＝「スクリーニング検査」で「法定基準値超えしてるかも」と引っかかっても、必ずしも「小さな網目のザル」＝「詳細検査」で法定基準値超えして引っかかるわけではないことにご注意ください。

なんでこんなことをするかというと、スクリーニング検査は先に示した動画にあるとおり、流れ作業でスピーディーにできるものなのに対して、詳細検査は一袋あたり何分間単位で、結構時間がかかるためです。

まずは、大量の袋を短時間で、一袋あたり数秒単位でこなせる「スクリーニング検査」をして怪しいのを抽出して、厳しい取り調べをする、というわけですね。

そんな2段階チェックをして、効率よく安全性を確保できるような検査体制にしているわけですが、検査の仕組みの細かいことは、「ふくしまの恵み安全対策協議会」ページ内に書いてありますので、興味ある方はご覧ください。

ただし、「たしかに、１００ベクレル／kgという法定基準以上の数値は出ていないにしても、51－75ベクレル／kgとか25－50ベクレル／kgとかはそれなりに出てるじゃないか！」という反応もあるでしょう。

中には「どうしてくれるんだ！　99・99ベクレル／kgとかでも市場に流通してもいいってことだろ！　安全キャンペーンか！」というリアクションもあるかもしれません。
実際は、よくデータを見てもらえればわかるとおり、99・99ベクレル／kgなんてものは、現在までになくなってきています。

さらに言えば、この検査は、「玄米」を検査していることにも注意すべきです。玄米が白米になるにあたり、精米が必要なことは詳しく説明するまでもないでしょう。精米すると、この放射線量は大幅に減ると言われています。

もっと詳しく言うと、玄米を精米し、洗い、炊いて私たちがそれを口にする際には、セシウムの量が玄米の時の1割ほどに減っていると言われています。

どういうことかというと、セシウムは米のヌカの部分に蓄積しやすいことがわかっています。そのヌカを削って、玄米は「白米」になるわけです。

さらに、白米を研いで表面部分を水に洗い流すことで、なおさらセシウムが落ちます。

その結果、玄米に含まれていたセシウムの9割が廃棄されるんですね。細かい検証は、例えば、「玄米、白米、炊飯米の放射性セシウム濃度の解析」（http://www.naro.affrc.go.jp/org/tarc/seika/jyouhou/H23/suitou/H23suitou012.html）にあります（175頁図表）。

放射線が気になる人の「選択の自由」も確保されている

ですが、「法定基準値以下であっても、一定の数字が出たら気になってしまって食べたくない」という方はいらっしゃるでしょう。それは当然尊重されるべき価値観の一つだと私も考えています。

実際、現在までに、食べない方法、その「選択の自由」を行使する手段が、ある程度確保されてきました。

例えば、国の基準よりも厳しい、独自基準を決めて流通・販売を行う方針を持つ販売者が出てきています。

国が定める米や野菜の法定基準値は１００ベクレル／kgです。米が１kgあったらそこに１００ベクレル以上ある状態だと、アウトになるわけです。

それに対して、一部の生協や小売店、ＥＣサイトでは、「うちは20ベクレル／kg以下のものしか取り扱っていません」「うちは０・５ベクレル／kgまで測っていて、それ以上のものは売り物にしていません」などと独自に厳しい基準をつくり測定・販売を行っているところもあります。国の基準では不安だ、という人はそういうところで食材を買うことができるわけです。

そのような販路を選ばなくても、そもそも、全量全袋検査は、検査を終えた米に識別用のラ

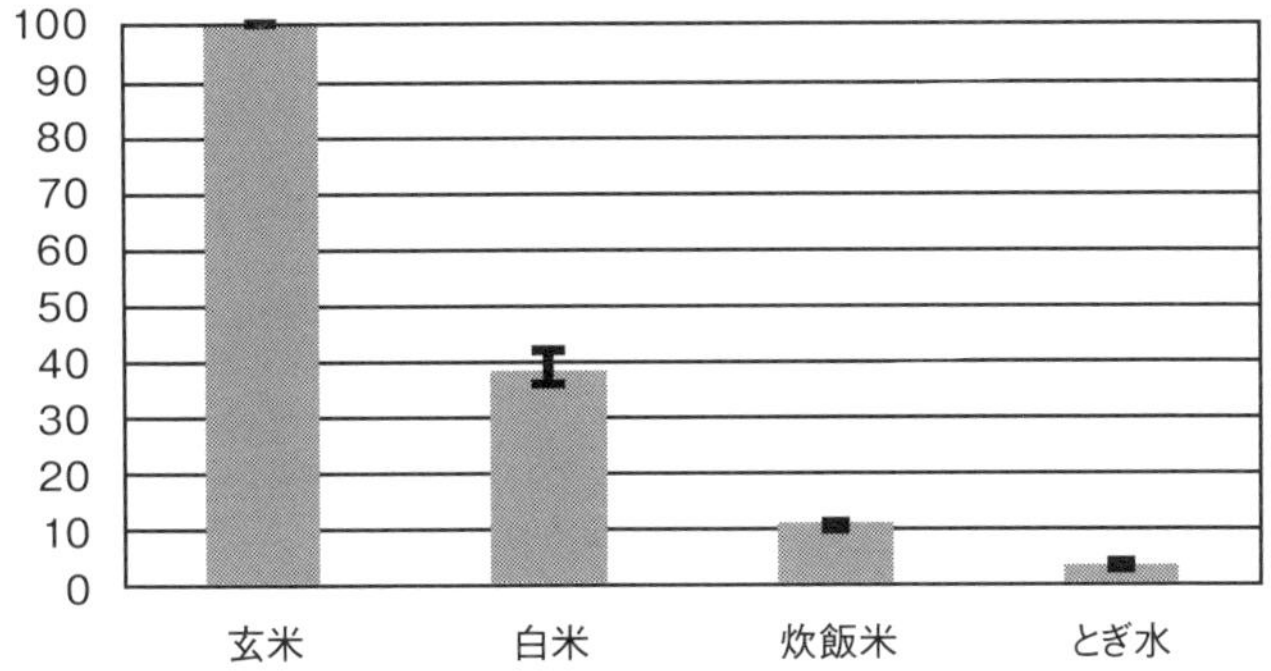

放射性セシウム濃度の相対値

注：玄米を100として場合の相対値、バーは標準偏差を示す　（福島県）

ベルがついていて、検査結果のデータを追えるようになっています。そこで選んでいくこともできるような仕組みにはなっています。

「法定基準値以下であっても、一定の数字が出たら気になってしまって食べたくない」という消費者の選択の自由は、一定程度確保されてきていると言っていいでしょう。

なお、「学校給食で福島県産の米を使うって聞いたぞ！　子どもは選択できないのか！」なんていう疑問もあるかもしれません。これも基本的には国の基準よりも厳しい基準を定めた上で、「選択の自由」を行使する手段が用意されています。

例えば、いわき市の事例ですが、学校給食で２０１４年度のいわき産米を使うことになりました。ここでは、

・国は１００ベクレル／kgといっているが、独自に

より厳格な20ベクレル／kgを基準にして、それを超えたものは給食に使わない
・「いわき産米」を食べるのが不安な場合、「学校給食等停止申出書」を提出して家から弁当を持参したり、「学校給食用ご飯持参届」を提出して家からご飯のみを持参したりは可能
　ということが定められました。

保護者に配られたプリント「学校給食における「いわき産米」の使用について」(http://www.iwaki.gr.fks.ed.jp/?action=common_download_main&upload_id=13772)には、その旨が書かれています。

福島産を避けても放射線のリスクは残る

こんな話を聞いている中で、根本的なことで疑問に思っている方もいるかもしれません。「そもそも放射性物質を避けたいならば福島の米を全部避ければいいんじゃないか？」ということです。

実際、生協やオンラインの野菜宅配サービスの中には、「北海道・西日本セット」などという名前で、福島だけでなく本州の東日本産の野菜を避けた食材セットも売っていたりします。

これについては気持ちは理解できますが、残念ながら「それが一番安全です」と手放しにおすすめすることはできません。別に福島や近県の農家の肩をもっているからとか、政府の安全キャンペーンに加担しているとか、そういう陰謀論的な話ではありません。

多くの方がご存じのとおり、福島県外にもセシウムはじめ放射性物質は飛んでいっています。福島第一原発からかなり遠いところにも、それは及んでいます。

また、土地によっては、米ソを中心に１９５０年代から１９６０年代前半にかけて行われた大気圏内核実験をはじめ、中国などの近隣国を含めた他国の核実験で発生した放射性物質が残っています。当然、そこにもセシウムなどが含まれています。

なので、福島県外の米や野菜にも、福島と同様にセシウムが含まれている場合があります。もっと言ってしまえば、福島で実施しているような対策や検査を行っていないために、福島以上にセシウムが含まれている場合もあり得ます。ですが、大規模な検査をしていないので、それがどのくらいなのかは判断がつきません。

なので、「福島の米や野菜を全部避けるのが一番安全です」とは言えません。「距離に比例してリスクは下がるはずだ」というのは、実際に調べてみないことには何とも言えないことです。

もちろん、実際は、福島の米の全量全袋検査の結果と同様に、全体から見たら「ほとんど数値は出ない」と言ってよいレベルでしょうが、「法定基準値以下であっても、一定の数字が出たら気になってしまって食べたくない」という立場に立つならば、科学的には当然こちらも気にする必要があります。

誤解していただきたくないのは、「だから福島、あるいは東日本産の作物が安全だ」という話ではありません。それ以外の野菜にも同様のリスクはあり得るということを意識しなければならないということです。

さて、しばらく「放射線の話」を続けてしまいましたので、ここで少し、話のトーンを変えましょう。先に、データを用いながら、

・「福島の食べ物ヤバい派」は全体の2割程度。「ある程度の放射線量がある食べ物も気にしない」人は、全体の過半数

という話をしました。

つまり、大きな声が聞こえるほうを見ると、「福島の食べ物はヤバい派」、いま言ってきたような「法定基準値以下であっても、一定の数字が出たら気になってしまって食べたくない」という「厳格派」が目立つかもしれません。

ただ、冷静になって全体を俯瞰してみると、そういう厳格派ばかりではなく、「ある程度の放射線量がある食べ物も気にしない」という「穏健派」も多数存在するわけです。

ここまでは厳格派の方向けの話でしたが、ここからは、「ある程度の放射線量がある食べ物も気にしない」穏健派の方向けの話をしてみましょう。

日本の基準値は欧米の10倍厳しい

とりあえず、はじめに議論しておくべきなのは「ある程度の放射線量」ってどのくらいなのか、ということでしょう。

以前、「ある程度の放射線量がある食べ物も気にしない」という人の中には、「漠然とした不安」を抱えている人がいるという話をしました。「漠然とした不安」の背景には、まさに、この「ある程度の」というところの「漠然さ」があるでしょう。

つまり、「ある程度って、どの程度よ？」っていう「ものさし」が定まりきらないまま放置されている。そのことが不安を継続させているのではないか。

じゃあ、数字を見ながら、漠然とした「ある程度」を、より具体的に「この程度」と判断できるように、それぞれの「ものさし」を持てるよう考えていきましょう。

その「ものさし」をどうつくっていくか。簡単なのは、既に存在する基準との比較をすることです。

例えば、海外との比較です。海外の状況がどうなっているかを見ると、日本の１００という数字が相対化されて「ものさし」が見えてくるでしょう。

先ほども触れましたが、生協は食の安全には比較的敏感な組織です。それを統括する組織である「生協連」のＷＥＢに「海外の基準と比べて、日本の基準値はどうなのでしょうか」と、セシウムの基準値に関する国際比較の表がまとまっているので見てみましょう（１８１頁図表）。

例えば、米を含む野菜の場合、ＥＵが１２５０ベクレル／kg、米国は１２００ベクレル／kgです。日本が１００ベクレル／kgなので、日本の基準は欧米より10倍厳しいということです。

つまり、欧米では道路の速度違反が１０００キログらいなのに、日本は１００キロ出したら捕まる、というような状態です。

背景にある考え方は、ＥＵと日本とで共通しています。どちらも「年間の内部被曝が１ミリシーベルトにならないように」ということで設定されている数字です。日本は原発事故があったからより厳格に数値の設定がされています。

しかし、日本で色々データをとってみたら、やはりこの１００ベクレル／kgという基準設定自体が厳格すぎたこともわかってきました。「生協連」のＷＥＢにもこう書いてあります。

「ただ、これまでの食品のモニタリング結果からは、日本の食品の汚染率は50％よりもはるかに低い値になっています。たとえば、厚生労働省が公表している検査結果では、２０１２年２月は、約１７０００件の検査が行われており、そのほとんどが検出限界値未満でした（90％以上）」

ここの説明を細かくしだすとキリがなくなるのですが、簡単に言うならば、欧米の基準に近づけていっても年間の内部被曝が１ミリシーベルトにはならない状態を保てることがわかって

日本生協連・食品のQ&A
「放射線・放射能・食品中の放射性物質問題についてのQ&A」より
Q12　海外の基準と比べて、日本の基準値はどうなのでしょうか
(http://jccu.coop/food-safety/qa/qa03_03.html#q12)

(単位:ベクレル/kg)

	コーデックス(国際機関)	EU	米国	日本　新基準(2012年4月〜※)
基準値(放射性セシウム)	乳児用食品　1000 乳児用以外の食品　1000	乳児用食品　400 乳製品　1000 飲料水　1000 その他の食品　1250	1200	飲料水　10 乳・乳飲料　50 一般食品　100 乳児用食品　50
設定の考え方	被ばく限度は年間1ミリシーベルトまで。食品中10%までが汚染エリアと仮定。	被ばく限度は年間1ミリシーベルトまで。食品中の10%が汚染されていると仮定。	被ばく限度は年間5ミリシーベルトまで。食品中の30%が汚染されていると仮定。	被ばく限度は年間1ミリシーベルトまで。一般食品は50%、牛乳・乳製品と乳児用食品は100%が汚染されていると仮定。

※一部品目は経過措置を適用

きたということです。

とりあえず、「ものさし」を持つ上で理解しておくべきなのは、以下です。

・日本の基準値が欧米の基準値の10倍の厳しい値に設定されていること

・100ベクレル/kgという法定基準は「1年間の内部被曝を1ミリシーベルト未満にすること」を目指して計算されていたが、現状では、この基準を守る限り、実際に内部被曝が1ミリシーベルトになるかというとそんなことはなく、極めて低い値になること

3・11後に日本は基準を5倍厳格化した

厳格派の中では、「いや、ヨーロッパでは日本の基準よりも厳しい基準を定めている」という議論もあります。

例えば、「ドイツ放射線防護協会」という団体が8ベクレル／kgという基準を定めていて、日本のメディアの一部が「ドイツは8ベクレルなのに日本は100ベクレルとか言っている」と報じたことがありました。

これは公的機関のような名前をしていますが、反原発・被曝回避を掲げる民間団体であり、「ドイツが国として8ベクレル／kg」というのは明らかに誤報です。詳しくは「ドイツ　8ベクレル」などで検索してみてください。

たしかに、そういう団体は欧米には複数あるでしょうし、先ほど触れたとおり、日本にも10ベクレル／kg以下とか0・5ベクレル／kg以下に基準を置いて活動する団体もいます。

しかし、少なくとも公的機関のレベルでの相場は、「EUが1250ベクレル／kg、米国は1200ベクレル／kg、日本が100ベクレル／kg」位のものと考えていただいて問題ありません。

じゃあ、さらに「ものさし」の目盛りを明確にするために、国際比較ではなく、日本の国

日本生協連・食品のQ&A
「放射線・放射能・食品中の放射性物質問題についてのQ&A」より
Q10　2012年4月からの食品の放射性物質の基準値を教えてください
(http://jccu.coop/food-safety/qa/qa03_03.html#q10)

放射性セシウムの暫定規制値
(2012年3月まで)

食品群	規制値
飲料水	200
牛乳・乳製品	200
野菜類	500
穀類	
肉・卵・魚・その他	

→

放射性セシウムの新基準値
(2012年4月から。一部品目は経過措置を適用)

食品群	基準値
飲料水	10
乳・乳製品	50
一般食品	100
乳児用食品	50

単位:ベクレル/kg

の立場としてこの基準値ってどうなのっていうことも同時に見てみましょう。国際比較は空間をずらして比較しましたが、時間をずらして比較してみましょう。

どういうことかというと、この日本の100ベクレル/kgという基準ってはじめからそうだったのか、というと実は違う。元々、日本の基準は、米・野菜ならば500ベクレル/kgでした。

細かい表は、先ほどの「生協連」のWEBの「2012年4月からの食品の放射性物質の基準値を教えてください」(183頁図表)にあります(ちなみに、生協連は政府・生産者・大学からフェアな消費者寄りの立場で、色々な情報をまとめていますので、細かい勉強をしたい方はこのページの他の問いもじっくりお読みください)。

3・11から1年後に一般食品では5倍基準を厳格化していたわけですね。欧米の10倍厳しい基準だと言いましたが、こういう経緯がありました。

ということなので、この100ベクレル/kgというのは、厳しく定めなおした基準値であることがわかります。

自分の「ものさし」を持って、「ある程度」を判断する

さて、「ものさし」を持った上で、改めて意識すべきなのは、そういう「相対的に見て厳しい基準値」の中でも、「実際に基準値に触れるような作物はほとんど出てきていない」という現状です。ここでは詳しく述べませんが、野菜・果物についても、同様の状況が続いています。

まずは、この現状をより多くの人が理解する必要があります。その上で、それでも存在する「漠然とした不安」に向き合っていくべきでしょう。

例えば、「ある程度の放射線量がある食べ物も気にしない」という「穏健派」の方の中にも、「100ベクレル／kgとか怖い！　100とか言われちゃうとなんかやだ！」と思う方はいる。そういう方には、ここまで見てきたような「ものさし」を持って、もう一度「ある程度」が「どの程度」か、考えていただく必要があります。

ここでいう「ものさし」とは、改めて指し示すとこうなります。

・日本の「100ベクレル／kg」の基準値自体、国際的にも国内的にも、相対的に見てかなり厳しいものであること

・基準値自体は１００ベクレル／kgだけど、実際には１００ベクレル／kgに近いような作物自体はほとんどなく、大方は検出限界値未満であること

・検出限界値以上のものでも基準値以内のものなら食べても、内部被曝が年１ミリシーベルトを超えることはほとんどないこと

たとえるならば、日本は国際的に厳しいスピード違反の基準を設定していて、３・11後にさらにそれを厳しくした。にもかかわらず、大方の人はそのスピードすら出さず、実際に事故もほとんど起こっていない。そういう感じです。

なるほど、そんな感じで考えればいいのかと理解していただけた方も、そうでない方もいるでしょうが、漠然とした「ある程度」をより具体的に「この程度」と判断するための、自分の「ものさし」をつくる参考にしていただければと思います。

ただし、厳格派の中には「セシウムだけじゃなくてストロンチウムとかも出ているんだと聞いた」とか、「検出限界値以下でもセシウムは入っているんだから危ないはずだよ」とか、穏健派の人が「そんな話もあったのか？　じゃあ、やっぱり危ないのでは？」と、再度「漠然とした不安」を感じそうな小ネタを出してくる方もいます。

ここまでの議論はそういった初歩的なレベルの議論は全て織り込み済みです。何を言っても、「自分の立場から不利になりそうな議論を意図的に排除して自分に有利になるように話を進めている」などという批判になっていない批判をする人がいますが、そういうことを言う人にはその言葉そのままお返しします。

では、そういった厳格派の一部から出てくる議論をどう織り込み済みか。

厳格派とも大きな見解の相違がないストロンチウム

まず、「セシウムだけじゃなくてストロンチウムとかも出ているんだと聞いた」について。

例えば、ストロンチウムは、ここまでの米に関する議論では考慮する必要はありません。

たしかに、福島第一原発事故によって、ストロンチウムはセシウムと同じくらいできたとも言われています。しかし、大気中に放出されたストロンチウムは、そのセシウムの量に比べればごく微量であったことは実際に様々な調査から検証されてきました。

そういう結果になったのはなぜか。ストロンチウムがセシウムほど空気に乗って飛散する性質を持ってないからです。具体的に言うと、セシウム137に比べて、多い場合は数百分の1、少ない場合は4000分の1ぐらいしか飛散していないという検証結果が出てきています。

例えば、2011年11月時点で、日本原子力研究開発機構が「放射性セシウム‐137と放射性ストロンチウム‐90の経口摂取による内部被ばくについて」(http://www.jaea.go.jp/fukushima/pdf/gijutukaisetu/kaisetu/kaisetu09.pdf)という文をまとめていますので、もし詳細を知りたい人はご覧ください。

例えば、原発の爆発によって赤と白の風船が飛んだとイメージしてください。原発の建屋の中には赤の風船と白の風船が半分ずつ入っていたとしましょう。

赤の風船はヘリウムガスが入っていて飛んでいきやすい。白の風船はヘリウムガスが薄くてあまり飛ばない。赤の風船は爆発と同時に一斉に風に乗って飛んでいった。赤の風船に混じって白の風船も飛んでいってないことはないんだけど、白風船が1個あったら、そのまわりには赤風船が数百個から4000個ぐらいある状態です。

逆に言うと、白風船だけ100個飛んでいる場所に、赤風船が数個しかない、みたいなことはあり得ません（もしそういう状況が、つまりストロンチウムだけ濃度が高くて、セシウムがほとんどないような場所が見つかったら、これは福島第一原発事故由来のストロンチウムとは単純には考えられません。何らかの別の理由でそこにストロンチウムが蓄積された可能性を含めて原因を検証すべきでしょう）。

ということは、そもそも、セシウムの量がわかっていて、それ自体が少ない状態（＝赤風船の数自体が多くても数十個しか見当たらないくらいに少ない）なのであれば、ストロンチウムの量は極めて少ない（＝白風船はほとんどないかあっても1個程度）ということです。

セシウムと同様にストロンチウムにも毒性はありますが、極めて微量でほとんどその毒性が身体に影響を与えることはないと考えられます。

米や野菜・果物のような田畑でとれる作物に限れば、この「ストロンチウムの割合」や「ストロンチウム自体への注意の仕方」については、立場を問わず、一定の科学的な合意がとれていると考えていいです。つまり、厳格派が信頼するような専門家でも、そうでないような専門家でも、データをもとに思考する科学者である限り大きな見解の違いは出ていません。

ストロンチウムについて、気をつけるとするならば、その水に溶けやすい性質の部分です。ストロンチウムは空には飛ばないけど、水には溶けやすい性質があります。

では、水にどのくらい溶けているのか。特に、現在、福島第一原発の周辺にある汚染水の中にどのくらい入っているのかという問題があります。これがわからないと、廃炉作業がなかなか進まない原因にもなります。

なので、最近もストロンチウムを効率よく測っていくための測定器が開発されて、2014年11月の日本経済新聞の記事「放射性物質ストロンチウム、20分で測定　福島大が汚染水分析」(http://www.nikkei.com/article/DGXLASDG27H8C_X21C14A1000000/)でも報道されたりしています。

現在、福島第一原発では汚染水を汲み上げてタンクに詰めて、そこからセシウムやストロンチウムなどの放射性物質を取り除く「ALPS(アルプス)」という機械を動かす作業が続いています。まだこれは不安定な状態が続いていますが、今後の動きが注目されます。

検出限界値ギリギリの物を食べ続けても、セシウムはたいして増えない

あともう一点、「検出限界値以下でもセシウムは入っているんだから危ないはずだ」という話。

これも「ものさし」を持っていない状態で「危ないはずだ」と断定して、「漠然とした不安」を抱き続けるのは不毛です。

これまでわかっているデータから読み取れる範囲で言えば、仮に検出限界値ギリギリの食べ物を摂取し続けても、その人が摂取する放射性物質が3・11以前の日常的な範囲を超えて飛躍的に増えるということはありません。

既に多くの人が聞く定型句になっているでしょうが、私たちは日常的に内部被曝も外部被曝もしています。世界平均で、内部被曝は、1・5ミリシーベルト、外部被曝は0・9ミリシーベルト、合計2・4ミリシーベルトと言われています。

当然、これは原発事故がなくても、普通に生きていれば受ける被曝量です。

内部被曝をするのは、

- **空気中にあるラドンなどの放射性物質を呼吸しながら取り込んでいること**
- **あらゆる食品の中に入った様々な放射性物質を食べ物から取り込んでいること**

という理由があります。

私たちは、放射性物質が入った食べ物も毎日必ず食べています。

例えば、パン・バナナ・牛乳の朝食があるとしましょう。

これにも必ず、放射線を出す「放射性カリウム」という放射性物質が含まれています。放射性カリウムの摂取量の目安はだいたいこんな感じです。

・食パン（スライス2枚140g）：4ベクレル
・バナナ1本（120g）：13ベクレル
・牛乳コップ1杯（200ml）：10ベクレル
合計27ベクレル、朝から食べていることになります。

ごはんだって同じように、放射性カリウムが入っています。
・ごはん茶碗1杯（200g）：6ベクレル

では、放射性セシウムがこのごはんにどれだけ入っているのか。

仮に、放射性セシウムが全量全袋検査の検出限界値よりも低い20ベクレル／kgの米（玄米）だとしましょう（実際は、20ベクレル／kgギリギリの米など、全体から見たらほとんど存在しません。ほとんどが数ベクレル以内だと考えていいです。無理に20ベクレル近くある米を探そうとしても大変な苦労をすることになるでしょう）。

「20ベクレル／kg」というのは、１kg＝１０００gあたりで20ベクレルだということです。なので、２００gだとするならば、放射性セシウムの量は4ベクレルになります。

ただし、これは玄米をベースにした値です。先に述べたとおり、白米になり炊飯された時点でセシウムが10分の1になるので、０・４ベクレルです（これ、実際は水を加えているので茶碗１杯２００gよりも増えて２５０gとかになります。なので、２００gとするならば、さらにベクレル数は減りますが、ここでは話がわかりにくくなるので無視します）。

ということなので、この場合、放射性カリウム：放射性セシウム＝６：０・４＝15：１です。

つまり、放射性カリウムのほうが15倍含まれていることになります。「被曝量が日常的な範囲を超えて飛躍的に増えるということはありません」という意味は、そういうことです。

食事に含まれる放射性物質や被曝の量はゼロにならない

ただ、それでも不安を持つ方はいるでしょう。例えば、こういう指摘をする人もいます。

「でも、たとえ、カリウムがセシウムの15倍だとしても、セシウムは危ないと聞きました。なぜなら、カリウムは元から体内にあるけど、セシウムは震災後に出てきたものだから」

たしかに、このものの見方は間違いありません。「だから、私はセシウムを限りなく減らすように食事に工夫したりしています」という方が多くいるのもよくわかっています。先の言い方だと、厳格派の方ですね。それは一つの選択です。

一方で、こういう説明をしてくると、「なんだ、元から体内にあるカリウムに比べれば、セシウムって、断然少ないのだー。じゃあ、気にしないでいいかな」。

こういう見方もあります。穏健派や容認派の方です。

それで、ある時、聞いたことがあります。「じゃあ、どのくらいなら気にしますか」と。そしたら「元から体内にあるカリウムの量を超えるぐらいになったら」と言うのですね。たしかに、10倍になっているとかだとヤバそうですが、別にカリウムがあってもなんともなかったのだから、それと同じくらいの量が増えてもまあいいか、という感覚は理解できます。

これについて、考えてみましょう。

関連するデータや参考になるテキストは少し検索すればいくらでもでてきますが、例えば、「食品中のセシウムによる内部被ばくについて考えるために」(http://www.gakushuin.ac.jp/~881791/housha/details/CsInBody.html) という文書がまとまっていたので、これを参考にしてみます。放射性カリウムと放射性セシウムの関係が詳しく出ていて、「わかりやすくて正確な解説」と書いてあるもののやはり難しいかとは思います。

それで、「元から体内にあるカリウムの量を超えるぐらいになったら」の答えの部分がポイントですが、こう書いてあります。

「一日平均で30ベクレル程度の放射性セシウムを摂り続けると、体内の放射性セシウムの量と放射性カリウムの量が（ベクレルで測って）だいたい同じになる」

つまり、先ほどの「ごはん茶碗1杯200gあたり、放射性セシウムが0・4ベクレル」という例で言えば、30ベクレルに至るためには、毎日ごはん茶碗75杯分を食べる必要があります。現実的にはあり得なそうですね。

現在、福島で生産され、検査をされているものを食べ続ける限りでは、元から体内にある放射性カリウムが出す放射線の量をセシウムの量で超える状態にするのは、極めて不可能に近いといえるでしょう。

いずれにせよ、放射線を巡る議論の中で「ゼロベクレル」「ベクレルフリー」という言葉が使われることがありますが、仮にセシウムを限りなくゼロにしても、その食事に含まれる放射性物質や被曝の量がゼロだったりすることはない、ということも含めて理解しておくべきです。

さて、ここまでは「放射線の検査体制」や「放射線量の基準の考え方」「日常にある放射線との比較」など、いわば「行政側・測る側」について触れてきました。

ここからは視点を「現場サイド」に持ってきて、「じゃあ実際、福島ではそれが、〝日常の食事〟とか〝体への影響〟はどうなっているのか」ということを、データを用いながら簡単に触れていきましょう。

日常の食事に含まれる放射線量を知る

まず、実際に「日常の食事」の中にどのくらいの放射線量が含まれているのか？

日本生協連が「家庭の食事からの放射性物質摂取量調査」というのをやって、その結果を公表しています（195頁図表）。結果は明確です。ポイントは以下のとおりです。

・435サンプルのうち、放射性セシウムで1ベクレル／kg以上が検出されたのは7サンプル

・最大値が3・7ベクレル／kg、平均値が1・8ベクレル／kg

・1ベクレル／kg以上検出する食事を継続して食べ続けている可能性は、極めて低い

さらに、先に触れた放射性カリウムについても、言及があります。

・放射性カリウム（カリウム40）は、全てのサンプルから検出され、8・8～68ベクレル／kg、1年間の内部被曝線量は0・034～0・39ミリシーベルト

・放射性セシウムの最も高かったサンプルは3・7ベクレル／kgだったが、仮にこの食事を1年間継続して食べ続けた場合、食事からの内部被曝線量は0・032ミリシーベルト

つまり、基本的には、普通に調理した食事を食べていても、放射性セシウムは1ベクレル／

日本生協連「家庭の食事からの放射性物質摂取量調査の結果について（2013年度）」2013年度の調査結果の概要と、過去2年間の調査との比較

（http://jccu.coop/topics/radiation/intakeresult.html）

都県別サンプル数と調査結果概要

都県	2013年度調査			2012年度調査			2011年度調査		
	実施数	検出数	測定結果（Bq/kg）	実施数	検出数	測定結果（Bq/kg）	実施数	検出数	測定結果（Bq/kg）
全体	435	7	検出せず～3.7	671	12	検出せず～4.2	250	11	検出せず～11.7
岩手	20	0	検出せず	40	0	検出せず	10	0	検出せず
宮城	54	1	検出せず～1.8	107	2	検出せず～1.4	11	1	検出せず～1.0
福島	200	6	検出せず～3.7	200	9	検出せず～3.7	100	10	検出せず～11.7
茨城	15	0	検出せず	30	0	検出せず	10	0	検出せず
栃木	15	0	検出せず	27	0	検出せず	10	0	検出せず
群馬	15	0	検出せず	30	0	検出せず	10	0	検出せず
埼玉	10	0	検出せず	22	0	検出せず	10	0	検出せず
千葉	15	0	検出せず	30	0	検出せず	11	0	検出せず
東京	10	0	検出せず	21	1	検出せず～4.2	10	0	検出せず
神奈川	10	0	検出せず	20	0	検出せず	10	0	検出せず
新潟	20	0	検出せず	40	0	検出せず	9	0	検出せず
山梨	10	0	検出せず	20	0	検出せず	9	0	検出せず
長野	10	0	検出せず	20	0	検出せず	10	0	検出せず
岐阜	2	0	検出せず	4	0	検出せず	2	0	検出せず
静岡	10	0	検出せず	20	0	検出せず	10	0	検出せず
愛知	6	0	検出せず	14	0	検出せず	5	0	検出せず
三重	3	0	検出せず	6	0	検出せず	3	0	検出せず
福岡	10	0	検出せず	20	0	検出せず	10	0	検出せず

2013年度調査で検出した7サンプルの放射性セシウム濃度と内部被ばく線量

検出したサンプルNo.	食事の量（kg/日）	放射性セシウム（Bq/kg）		内部被ばく線量（mSv/年）
		セシウム134	セシウム137	
1	1.153	検出せず	1.6	0.017
2	1.412	検出せず	1.1	0.017
3	1.747	検出せず	1.1	0.021
4	1.596	1.1	2.6	0.032
5	2.698	検出せず	1.6	0.039
6	2.978	検出せず	1.4	0.040
7	3.306	検出せず	1.8	0.051
			年間許容線量	1.000

kg未満。一方、放射性カリウムは通常は毎食その何十倍も体内に入ってきているということです。

もちろん、「それでも、放射性セシウムが嫌だ」という気持ちを抱く人もいるでしょう。放射性カリウムのような日常的にあるものはいいが、日常的にない放射性セシウムは微量でも嫌だと。

たしかに、放射性カリウムだけなら、生まれた時からあったが、それと同時に、放射性セシウムまで体内にとどまるようになることは避けたいという声も実際にあります。

ただ、実際の「日常の食事」の中における放射線量は、福島の食材を使っている家庭も含めて、限られたものだと言わざるを得ません。このような状況がデータからわかってきたのは事実としてご理解ください。

大規模調査では県民99%から放射線が検出されず

では、このような食事をとった「体への影響」のデータはどのようなものがあるでしょうか。最も大規模な調査は、東京大学理学部の早野龍五さんらによる調査で、論文にまとまっています（https://www.jstage.jst.go.jp/article/pjab/89/4/89_PJA8904B-01/_pdf）。ただし、英語なので、無理に読まないでいただいて大丈夫です。

ポイントは、以下の2点です。

・ホール・ボディ・カウンターで福島県民約2万4000人の内部被曝の状況を調べた結果、99%の人が検出限界値以下だった

・福島第一原発から西約50キロの福島県三春町の小中学生1383人を同様に調べた結果、1人も検出されなかった

まず、福島県民2万4000人規模の調査で、99%から放射性セシウムによる放射線が検出されなかったということです。この時の検出限界値は300ベクレル／人です。

これがどのくらいの値か。例えば、放射性カリウムは常に4000ベクレル／人ほど存在すると言われています（体重60kgの成人男子の場合）。ちなみに、その場合の年間内部被曝量は0・17ミリシーベルトです。

それと比べても10分の1以下の小さい値であることがわかるでしょう。その300ベクレル／人のホール・ボディ・カウンターで検査をしても、300ベクレル以上の人は99%いなかったということです。

もう一つが、三春町の話ですが、なぜ、これがわざわざ2万4000人の福島県民とは別に書かれているかというと、「網羅性があるから」なんですね。

2万4000人の調査のほうは、どうしても「放射線への意識が高い」人であったり、ある地域であったりに偏りが出てしまう部分もあった。例えば、「ものすごい食事に気を使っている人が多かったからみんな検出限界値以下だったのだろう」というツッコミを入れる余地もあったわけです。

しかし、三春町の小中学生をまとめて測ることで、意識高い人も、全く気にしていない人も、家の前でできている野菜食べている人も、ネット宅配で食材買っている人も、全部同じ土俵にのせられるわけです。それで調査をしてみても、やはり、検出がなかったということです。

ちなみに、三春町は比較的山間の土地にあり、農業も盛んですので、自分の家や近所の家でとれた作物を食べることも多い。地元産・自家産を、米の場合は約60％の家庭が、野菜の場合は約20％の家庭が食べていると、この調査をした早野龍五さんは明らかにしています。

それで、当然くるのが「99％が大丈夫って言っても、1％が引っかかっているじゃないか！安全キャンペーンか！　御用学者か！　原発マフィアの一員か！」という威勢のいい声です。残念ながら、安全キャンペーンでも、御用学者でも、原発マフィアの一員でもございません。

この1％の人。大体どういう人が引っかかるかわかっています。高齢者で山間に住んでいて、自分でとった食べ物を食べる習慣が元からあった人です。

話を聞いていくと、大体典型的なパターンが、自分の家の山などでとった天然キノコや山菜、そしてイノシシなど野生動物、川魚を日頃から食べている人たちです。

なぜ、これらの食べ物を常食したらだめなのか、少し遠回りしながらになりますが、解説しましょう。

米と野菜・果物では、ここが違う

ここまで、米の話を中心にしてきました。それは、あえて話をシンプルにして、前提知識がない人にもわかりやすくするためでした。

そして、野菜や果物についても、ほぼ「米と同様の考え方」をしていけば、福島の農業と放射線の問題は理解できると思ってもらって構いません。セシウムに注目すること、国際的に見た際などの基準値の位置づけのことなど、ここまでの説明を大体当てはめて考えていただいて問題ありません。

ただ、米と野菜・果物では違う点が3点あります。

(1)測定の体制が違う

米は全量全袋検査をして、基準値以下のものを出荷、そうでないものを廃棄していると説明してきました。

一方、野菜や果物は、出荷前に地域・品目ごとにモニタリング検査を行います。そして、基準値を下回っている地域・品目のみが出荷することが許可されます。さらに、モニタリング検査で出荷可能となったのちも、産地ごとにスクリーニング検査を行って安全性を確認しています。

野菜や果物も、米のように全量全袋検査をすればいいのではないか、という議論もないわけではありませんが、「袋に詰めてベルトコンベアに流す」という方法に適さないものがあったりするので、このような方式をとっていると考えてください。先ほど紹介した、「ふくしまの恵み安全対策協議会」のＷＥＢにその検査体制の詳細が載っています。

また、その検査結果も、リアルタイムでＷＥＢから結果を見られるサイト「ふくしま新発売。」(http://www.new-fukushima.jp/monitoring/) にあります（農家の声や地元グルメなど、コンテンツも充実しているので、読み物としてもお勧めです）。

(2)米のように「一つの地域・品目のものを毎日必ず一定量食べ続ける」ことが想定されづらい

米やパン、うどん・そばなど主食は、多くの人が毎日必ず一定量食べます。一方、野菜や果物はそうではありません。

例えば、「干し柿から基準値超えの放射線量が！」みたいな話があったわけですけれども、じゃあ、ほぼ毎日、数百グラムの干し柿を１年間とおして食べ続ける人がいるでしょうか。いるかもしれませんが、極めて稀でしょう。

野菜や果物は「一つの地域・品目のものを毎日必ず一定量食べ続ける」ということはありません。なので、詳しい方の中には、相対的に見て、米ほど厳密に放射線量を気にしない人もいたりします。

あくまで例ですが、例えば、オクラとかミョウガとかイチゴから基準値超えの放射線が出たとしましょう。「1kgあたり200ベクレル」になったとして、じゃあ、オクラを1kg食べる人がいますか、イチゴを通年で毎食食べ続ける人がいますか、という話です。せいぜい数十グラムを食べても、ベクレル数で言ったら1桁だったりする。

だったら、旬の食材の美味しさや栄養価の高さを重視して食べる、という選択もあるわけです。

(3)放射線の移行の割合のメカニズムが違い、移行係数に反映されている

最後、これが一番重要です。「作物が土から放射性物質をどれだけ吸収するのか」というのは、実は、作物・品種ごとに決まっています。

つまり、「土に1000ベクレルあるなら、作物Aにはそのうち10移行します、作物Bには3移行します、作物Cには1くらいしか移行しません」という割合が、これまでの研究からわかっているわけですね。

これを「移行係数」といいます（一応、式で表すと以下のとおりです。「移行係数＝農作物中のセシウム１３７濃度（ベクレル／kg）÷土壌中のセシウム１３７濃度（ベクレル／kg）」）。

移行係数が高いと、土に含まれているセシウムが移行しやすく、低いと移行しにくいわけです。

一例として、農林水産省が２０１１年5月末に移行係数の表を公表しています。「農地土壌中の放射性セシウムの野菜類及び果実類への移行の程度」の表を見ると（２０３頁図表）、ホウレンソウやキャベツ、メロンなどの移行係数が低く、ソラマメやサツマイモなどの移行係数が高いことがわかります。

この移行係数の高低から言えるのは、「移行係数が高い作物は放射線対策を念入りにする必要があり、低い作物はそうではない」ということです。

例えば、セシウムの量が多い畑では移行係数が高い作物ではなく、移行係数が低い作物をつくったほうがいい。高い作物をつくる場合はカリウムによる対策などを念入りにする。

逆に、移行係数が低い作物はセシウムの量が多い畑でつくっても、作物がセシウムを吸収する可能性が低いので、あまりケアしないでも大丈夫。

移行係数を意識することで、適切な対応が可能になります。

農林水産省
「農地土壌中の放射性セシウムの野菜類及び果実類への移行の程度」
(http://www.maff.go.jp/j/press/syouan/nouan/pdf/110527-01.pdf)

農地土壌中の放射性セシウムの野菜類及び果実類への移行係数

1　野菜類

分類名	農作物名	科名	移行係数		備考
			幾何平均値	範囲(最小値ー最大値)	
葉菜類	ホウレンソウ	アカザ科	0.00054	ー	1論文に記載された幾何平均値を転記
	カラシナ	アブラナ科	0.039	ー	2論文から得られた2個のデータから算出
	キャベツ		0.00092	0.000072ー0.076 [指標値: 0.0078]	5論文から得られた58個のデータから算出
	ハクサイ		0.0027	0.00086ー0.0074	2論文から得られた5個のデータから算出
	レタス	キク科	0.0067	0.0015ー0.021	2論文から得られた14個のデータから算出
果菜類	カボチャ	ウリ科	ー	0.0038ー0.023	1論文から得られた4個のデータから算出
	キュウリ		0.0068	ー	1論文に記載された1個のデータを転記
	メロン		0.00041*	ー	1論文に記載された算術平均値を転記
	トマト	ナス科	0.00070	0.00011ー0.0017	3論文から得られた8個のデータから算出
果実的野菜	イチゴ	バラ科	0.0015	0.00050ー0.0034	1論文から得られた7個のデータから算出
マメ類	ソラマメ	マメ科	0.012	ー	1論文に記載された幾何平均値を転記
鱗茎類	タマネギ	ユリ科	0.00043	0.000030ー0.0020	2論文から得られた13個のデータから算出
	ネギ		0.0023	0.0017ー0.0031	1論文に記載された各値を転記
根菜類	ダイコン	アブラナ科	ー	0.00080ー0.0011	2論文から得られた2個のデータを転記
	ニンジン	セリ科	0.0037	0.0013ー0.014	2論文から得られた13個のデータから算出
	ジャガイモ	ナス科	0.011	0.00047ー0.13 [指標値: 0.067]	6論文から得られた49個のデータから算出
	サツマイモ	ヒルガオ科	0.033	0.0020ー0.36	3論文から得られた14個のデータから算出

* 算術平均値

天然キノコや山菜を食べる習慣ある人が検査で引っかかった

福島でのWBC（ホール・ボディ・カウンター）による調査の結果、放射線が検出された1％未満の人の話に戻ります。

この選ばれし人々が、高齢者で山間に住んでいて、自分でとった食べ物、特に自分の家の山などでとった天然キノコや山菜、イノシシなど野生動物を日頃から食べる習慣のある人たちであることを述べました。

「天然キノコや山菜」を「常食」する習慣を持つ人は、先の「⑶移行係数」や、「⑵一つの地域・品目のものを毎日必ず一定量食べ続ける」的に問題が出ます。

まず、「天然キノコや山菜」の移行係数は極めて高いんです。ものによって違いますが、3～5ぐらい。1を超えるものが多いんですね。

先の農林水産省の「農地土壌中の放射性セシウムの野菜類及び果実類への移行の程度」の表だと、普通の野菜・果物の移行係数は、0・01とか、0・001とか、いずれも小数点以下であることがわかります。そんな中、1を超えるわけです。

移行係数が1を超えるっていうのが、どういうことかというと、土壌よりも作物のほうの濃度が高いということです。

「天然キノコや山菜」は、よくセシウムを吸う性質を持っています。それをたまに食べるぶんにはたいした問題はありません。松茸を年に何回か食べても、せいぜい数百グラムとかの話だからです。

ただ、自分で家の近くに生えている、とってきた天然キノコ・山菜を定期的に食べる習慣がある人は、毎日のように食べていたりする。

あるいは、「WBCで検査する時期がたまたまそのキノコがたくさんとれた時期で、ここ1週間毎日キノコを食べてました」なんていう人がいたら、これは法定基準以上の放射線が出て引っかかります。

「イノシシなどの野生動物」もどうしてダメかというと、イノシシは線量が高いものを毎日食べ続けてるわけです。木の芽とか山菜類とか、土についているようなものを食べ続けている。

これを「イノシシとれたからさばいて、ここ1週間、毎日煮たり焼いたりして食べてきました」なんていう状態でWBC検査を受けたりすると、やはり検査結果に出てしまう場合があります。

あえて、不謹慎な話をしますが、こういう食生活をしている、山間に住んで自分で農業やっているお年寄り同士の雑談で、「お前、出たか。オレ出たぞ」「うぁーオレは出なかったぞ」と、出なかったほうがちょっと残念そうに、「オレ負けた」みたいに話しているのを聞いたことがあります。

どういうことかというと、そういう生活している人の間ではキノコ、山菜、イノシシがよくない、という知識は散々聞かせられているわけです。

それを知った上で食べている人も、もちろん少数ですがいます。「やっぱり旬の山菜はうまいんだ」とか「オレは年取っているからいいんだ」という言い方をします。

これは極端な例かもしれませんが、知識を持った上で気にしない、という人もいます。

「チェルノブイリで起こったことが日本でも起こる」と言うのは無知の極み

ちなみに、原発事故のあったチェルノブイリ原発が位置するウクライナでは、郷土料理にキノコをよく使います。そして、キノコをはじめその土地でとれたものをあまり検査せずに常食してしまった時期があったのが、被曝を進めてしまったといわれています。

ウクライナ料理というのは、私たちが認識しているロシア料理をイメージしてもらえればいいんですが、ボルシチ（スープ）とかピロシキ（揚げ餃子）を食べます。そこにキノコや根菜が入ります。

地形的には、日本のように山があって川が流れている風景ではなく、起伏の少ない土地、湿地帯が広がる風景が続きます。畑でカブとかイモのような根菜類を育て、牛や豚なども います。

今は、検査体制が整ってきているので問題はありません。

私もチェルノブイリに行った際には、原発で働く方々が食事をする食堂や、首都のキエフの若者も来るようなレストランなどでウクライナ料理を食べましたが、日本人の口にも合うとても美味しいものばかりでした。

それで、チェルノブイリと福島を並べて考える語り方がよくされがちです。たしかに原発事故が起こったという意味では共通しています。ただ、そのまま重ねあわせて考えて「チェルノブイリで起こったことが日本でも起こる」というような認識を持っている人がいますが、だいぶ状況が違うことを認識すべきでしょう。

3・11から4年経った現在において、「チェルノブイリで起こったことが日本でも起こる」というような安易な語りをするのはあまりに不勉強、無知の極みです。

原発事故があった頃のチェルノブイリでは、家の近くでとれた作物をそのまま消費するような「自給自足生活」をしている状況がありました。

事故があった当時は1986年、冷戦下でソ連が存在した。ウクライナもソ連の一部でした。チェルノブイリの近くは、プリピャチ市など原発作業員のための人工都市はありましたが、基本的には農村です。そこで生産されたものは外に出ていくことはあっても、外から食材が入ってくるということはあまりなかった。まさに、日本ではまれな「家の周りのキノコ・山菜・イノシシ毎日食べてます」みたいな人だらけだったわけです。

ソ連が崩壊していって、国内外の情報の交流が盛んになり始めるのは、事故から5年経った

1991年頃からのことです。そこまで、十分な検査体制も築かれずにいました。経済状況が急激に悪化して、失業や犯罪が急激に社会問題になっていき、行政の手が回らない状況もあった。

チェルノブイリの状況を、端的に言えば、線量が高いものも含めた地場の作物を自給自足し、行政もその作物の検査や健康管理に手を回す余裕がなかった。そんな放射線対策に手が回らない状態が、特に最初の5年間続いたと言われています。

その後、ソ連が崩壊し、ウクライナや、その北部にありウクライナ同様に放射線の被害が出たベラルーシでは、他国の研究機関などと協力しながら対応策を蓄積してきました。そこから20年経った時に、福島第一原発事故が起こり、その知識が日本にも輸入されて、今に至っているわけです。

8日で半減期を迎えるヨウ素は、もうほぼ存在しない

キノコと同様に、日本とチェルノブイリの状況を区別する上で理解すべきなのが、乳製品です。ウクライナやベラルーシでは、牛乳やチーズなど乳製品が、日本以上に食卓にのぼります。チェルノブイリ原発事故直後、住民たちは情報がない中で牛乳を飲み続けてしまっていました。

この牛乳の中に入っているのが放射性のヨウ素です。「ヨウ素ってなんだよ！　セシウムだ

けじゃないのかよ！　また増えるのかよ！　だから福島の話わけわかんねえ」と思われた方、申し訳ありません。大丈夫です。とりあえず、もう増えませんので。福島の放射線の対策については「セシウム」とこの「ヨウ素」の二つを中心に考えていただければ、だいたい問題ありません。

ここまでセシウムの話を中心にしてきましたが、セシウムとヨウ素は話が全然違います。どう違うかというと、放射性のヨウ素は、現在ではもうほぼ存在しない、というところが違います。

なぜならば原発事故によって多く出る「ヨウ素１３１」は、８日で半減期を迎えるからです。半減期とは、知っている方も多いとは思いますが、半分が放射線を出さないものに変わるということです。つまり、８日経つと１００のうち50だけが放射線を出すものとして残る。

さらに８日ずつ経っていくとどうなるかというと、「50→25→12・５」と、24日後には、８分の１ぐらいになります。２ヶ月経ったら、もう１％以下になっています。なので、放射性ヨウ素は、最初の数日から数ヶ月ぐらいで人体に悪影響を与えきり、それ以後は姿を消します。

このヨウ素を扱った番組がＮＨＫスペシャルであったんですが、「空白の初期被ばく～消えたヨウ素１３１を追う～」というタイトルでした。「消えた犯人を追う」みたいな、サスペンスドラマみたいなタイトルですが、そういうことだったんですね。

チェルノブイリでの知見があったから、福島は対策がとれた

こう言うと、「たいしたことなさそう」「セシウムとか何年間も対策必要なのに、ヨウ素はもうないなら考えなくてもいいじゃないか」と思う人もいるかも知れませんが、そんなことはありません。

ここで出てくるのが、よく新聞・テレビのニュースで取り上げられる「甲状腺がん」です。放射性ヨウ素はすぐになくなっていくのですが、人間の体内に入ると甲状腺にたまると言われています。そして、短い期間で集中的に放射線を出します。

これが原因でチェルノブイリ原発事故の後、甲状腺がんが増えたと言われています。チェルノブイリでは放射性ヨウ素が、牛乳など乳製品から体に蓄積されたと言われています。牛乳にだいぶ含まれていたわけです。

じゃあ、そもそも牛が放射性ヨウ素をどう体に取り込んだのか。空気や水もゼロではないでしょうが、それよりも、牧草からくるものが大部分だと言われています。牧草に積もった放射性ヨウ素を事故直後、毎日牛が食べて、その牛乳を人間が飲んでいました。

当時チェルノブイリはソ連の下で情報も十分に伝わらない状況があったし、科学的な知見が足りないというのもあり、普通に牛乳を飲み続けていたわけですね。

一方、日本はその知見があり、事故直後から、牛乳などはヨウ素やセシウムの検査をしてそれらが検出されるものを廃棄していました。浄水場などで飲料水の中に含まれるヨウ素・セシウムの検査もしていましたから、体内に入るということは相対的に見て極めて少なかった、というのがチェルノブイリとの違いと言えるでしょう。

ですので、「セシウムを吸いやすい野生キノコ」や「事故直後のヨウ素が入った牛乳・水」という、チェルノブイリでよくなかった要因は、福島では早期から対策がとられ、避けられてきたというのが実状です。

もちろん、だからと言って「日本、安全だから気にしないで！　問題ない、何もなかったことにしよう！　検査とか、風評被害を煽るだけだからやめよう！」という話ではありません。むしろ、チェルノブイリとは違って、知見もあるし、検査体制、調査のしやすさも明らかにある中で、できるだけ細かく、継続的にデータを集めて、状況を見ていく必要があるでしょう。そして、もし、問題が出てきそうであれば、「安全神話」であったり、逆に過剰に情緒的に危険を煽るような話、恐怖心に便乗したエセ科学に惑わされないように注意しながら、冷静に対応していく必要もあります。

ここまで放射性セシウムと放射性ヨウ素という二つの「福島の放射線を考えるならば知っておくべきこと」を説明してきました。「こんなのは初歩的すぎて物足りない」という人もいるでしょうし、「やっぱり放射線の話わけわからない」という人もいるでしょうが、最低限、どのような立場から議論を深めるにせよ、「福島の放射線の問題」を語る上では知っておくべき話をぎゅうぎゅう詰めにしてお伝えしました。

「福島の問題＝放射線の問題」に矮小化するな

その上で、ですが、「福島の放射線の問題」を語る上では、「放射線の話」だけをしていては不足があるなとも考えています。

例えば、私たちは日常的に「検出限界値以下のセシウム」以外の放射性物質を摂取しているし、放射性物質以外の身体に害があると思われる物質を摂取しているということにも目を配るべきでしょう。

しかし、既に述べた放射性カリウムの話もそうですが、こういう話をすると「放射線の危険性から目を背けさせようとしている！　安全寄りの議論だ！」という批判もあるかもしれません。

たしかに、震災直後に、タバコのリスクと放射線のリスクを比べて「安全ですよ」と言う科学者に対して、放射線を心配する小さな子を持つ親たちが「子どもはタバコ吸わねーし」とツッコミ入れていた。これは全くそのとおりのツッコミで、科学的な説明としてあまりにも安直で、かえって不信と不安を増大させて混乱を招いたことだと思います。

ただ、過剰に「放射線の話」をモンスター化して、「それだけが、特別に怖い、危ない。それ以外のリスクは放射能に比べたらたいしたことない」という「被曝回避原理主義」も、また問題を起こします。元にある「福島の放射線の問題」が「危ないはず」なのか、「必ずしも危なくない」のかは、そういったものも考慮した上で判断する必要があります。

例えば、先に触れた「元からある放射性カリウムは仕方ないけど、3・11後にできた放射性セシウムが微量でも入っていることが気になる」という話ならば、それはそれで尊重されるべき感覚です。実際に、そういう方の中にはセシウムが限りなくゼロに近いものをネット通販で買うなどの対応をしている方もいます。

ただ、それだけが食の安全・安心にとって重要なのかというと、そうではないことも認識すべきでしょう。

食の安全・安心や選択の自由を支える仕組みは、放射線の話を越えて重要なテーマです。そもそも、3・11前から、放射性物質に限らず食品の安全・安心に気を使う人はいました。農産物の輸出入の自由化が進み、外食・中食産業が急速に発達する中で、「遺伝子組み換え作物」や「輸入食品の農薬」など食品に関する問題が断続的に報じられてきました。

そんな中で、産地や栽培方法などを消費者も把握できるようにする「トレーサビリティ」の考え方が広まり、スーパーや飲み屋でも産地・生産者の名前などを表示することが一つの付加価値になってきました。

有機農業・低農薬農業などを積極的に選ぶ消費者の意識も少しずつ高まってきて、「パルシステム」とか「らでぃっしゅぼーや」「オイシックス」みたいな、安全・安心を確保した食品の宅配サービスも広がってきていました。これは3・11前からの動きです。

「3・11で目覚めた」系ではなく、そういう「元から意識高い」系からしたら、例えば、「米にはヒ素とか、農薬とか入っているから、そもそもリスクがいっぱい」というような議論もあります。これはこれで、「ほとんど毎日食べる米から体に摂取され蓄積されたら人体に多大な害を及ぼすかもしれない」と言われ続けてきた「大問題」です。

そこらで売っているパンや麺類、スナック菓子など色々な食品に入っている、小麦とかトウモロコシとかは輸入に頼る部分も大きいですが、はたしてこれは安全なのか、という疑問も常にあった。

そういう中で、「元から意識高い」系の中でも、「微量のセシウムは気にならない。むしろ、安全・安心意識高い福島の農作物を食べて応援！」という人も、「微量であるとしてもセシウムが気になる！　やっぱり、福島の食べ物ヤバいでしょ！」という人も両方います。

特に、福島県内で有機農業や低農薬農法をして作物を全国の消費者に直販してきた農家は、やはり震災後、一時は客が離れたところが大部分でした。

わざわざ直販の米・野菜を買うくらいのお客さんですから、その多くが「元から意識高い」

系だったと言ってもいいでしょう。

ただ、データを集めて、説明を尽くすことで、元のお客さんの中で納得して戻ってきてくれる人も出てきた。また、3・11前までは福島の農業に関心を持ったことなどなかったけど、3・11後に福島の農家を応援したくなったという新規顧客をうまく取り込んでいたりもします。二本松を中心に活動する「福島県有機農業ネットワーク」や、須賀川市の「ジェイラップ」など、全国的に有名な農業者グループもあります。

福島第一原発から20キロほどのところにある広野町では、アヒルを使った珍しい米作りを行う「新妻有機農園」などがいちはやく農業を再開し、そこでできた米を中央省庁に送ったところ、宮内庁に届き天皇からお礼の一報があったりもしました。

繰り返しになりますが、「福島の農業の問題」というと、「福島の農業の問題＝放射線の問題」と等号で結ぶ傾向がありますが、それは極端な矮小化です。

流通やブランド化、後継者や農薬、そして、そもそも食べ物ですから「おいしいかどうか」という話も忘れるわけにはいかないことです。そういう問題まで含めて目を配りながら状況を整理し、改善策を出していくべきでしょう。

厳格派も穏健派・容認派も、互いの価値観は守られるべき

ここまで色々見てきましたが、改めて繰り返しておきたいのは、厳格派の方の価値観は守られるべきだということです。また、実際、そういう選択を支える仕組みもできてきています。同時に、穏健派や容認派の方の「なるほど、この程度ならばいいのではないか、許容できる」という価値観も守られるべきでしょう。

なぜ「守られるべきでしょう」などと改めて言うのかというと、厳格派の中には、穏健派・容認派を、相手の認知がどのような状態にあるのか配慮することなく、一方的に攻撃・誹謗中傷したり、「あいつらは無知だ」と、自らが知的に優位な立場に立ったかのように非難する「過激派」化する傾向があるからです。

「過激派」にも2種類あって、自分自身も完全に無知なのに「あいつは無知だ」と言う場合と、理論武装しまくっていて「あいつは無知だ」と言う場合とがあります。

後者は議論のしようがありますが、前者は議論になりません。「相手が無知だと決めつけている自分自身」こそが無知であるという自覚がないからです。先に述べた「福島はどうなるかわからないからね」と知ったかぶりして、その価値観を押しつけようとする人たちもそうですね。

「セシウムだけじゃなくてストロンチウムとかも出ているんだと聞いた」とか「検出限界値以下でもセシウムは入っているんだから危ないはずだよ」みたいな聞きかじり知識も、こういう人から出てくる話です。

これを「すり抜けツッコミドヤ顔論法」と呼んでいます。

「こういう条件のもとで、こういう検査をして結果がこうです」とデータを示すと、「いや、きっとこういうこともすり抜けているはずだ」としたり顔・ドヤ顔をする。

「こういうデータにもとづけば、こういうことまでは言える」と科学的手順にもとづいた立証をすると、「でも、こういう話も聞いたことある。あなたの話からはこれがすり抜けてるだろう」としたり顔・ドヤ顔をする。そして、「だからこいつは間違っている、嘘を言っている」と最上級のしたり顔・ドヤ顔をする。

全て、聞きかじった知識、そのレベルのことは科学的に既に疑問が投げかけられているのにもかかわらず、何度も同じような「すり抜け」を突っ込んで、悦に入る。

「すり抜けツッコミドヤ顔論法」を使った人が、虚ろな優越感と自己承認欲求の充足を得られるという以外には何も生産していない、極めて不毛な議論の構造です。

「科学では語れない」と開き直るのは、ただの知的怠慢

よく「放射線の問題は、不確かな部分が多すぎて、科学では語れない」という言い方がされてきました。たしかに、初期においては私もそのような言い方をしてきました。

しかし、それは初期の話です。4年経った現在において、「科学では語れない」などと開き直っているのはただの知的怠慢です。

初期において、科学的に不確かだったことの大方が科学で語れるようになり、その対応策・処方箋も用意されてきた。未だ「不確かな部分」もあるが、時間はかかるにせよ、可能な限り詳細にデータを蓄積し続けることで、遠くない未来に科学的に明確に説明できるようになってくることも多い。それが現在までに見えてきていることです。

その現状を認識することなく、「福島を理解しているふり」「福島に寄り添っているふり」をするのは、ただの迷惑につながっていくことを理解すべきです。

今後必要なことは、明確です。

・空間・土・水・木・作物・人体について細かくデータを測り、蓄積していくこと

・それをいちいちセンセーショナリズムの中で消費しようとする、無知で下衆《げす》なエセジャーナ

リズム・エセアカデミズムは常に出てくるだろうが、「議論の核心は何か」を追求し続ける姿勢を忘れないこと

それこそが必要となってきます。「すり抜けツッコミドヤ顔論法」を続けている時期ではありません。

残念ながら、いまだに3・11直後のままの「福島はどうなるかわからないからね」「放射線の問題は科学では語れない」という認識に固執する人は絶えません。その中で不毛な議論の構造が再生産されているわけです。

「過剰反応」でもなく「無視」でもなく

ハーバード大学ロースクール教授のキャス・サンスティーンという法学者がいます。インターネットなど情報化の動きにも非常に詳しい。彼の『最悪のシナリオ――巨大リスクにどこまで備えるのか』という本の中に、「過剰反応と無視」という一節があります。

巨大な危機が起こった時に、人々がどう反応するかというと、まさに「過剰反応」するか「無視」しとおすか、という二極化した反応を示す、という。

3・11以後の状況を振り返るならこう言えるかもしれない。最初は大方の人が「過剰反応」

する。「無視」できる人は少なかった。

ただ、時間が経つと、だんだん「過剰反応」に疲れてくる人が「無視」する側に流れてくるようになってくる。

いまだに「過剰反応」する人は、そういう人同士でコミュニティをつくって群れあい、しかし「無視」する人が増える中で、孤立感を深め、過激派化していく。

そして、「過剰反応」している人も、かつてしていた人も、3・11直後のままの「福島はどうなるかわからないからね」「放射線の問題は科学では語れない」という認識フレームのもとでしか考えようとしない。

ここですべきなのは「過剰反応」ではないし「無視」でもありません。アップデートされたデータ・知識を取り入れながら、「適切な反応」をしていくことです。それが何なのか、本書を読みとおした時に、少しでもつかめるようにできればと考えています。

「科学的な答えに終始」もコミュニケーションの失敗の一つ

もちろん、これまでも「適切な反応」を促そうと、様々なコミュニケーションが試みられてきました。ただ、その多くが失敗してきたと言わざるを得ないでしょう。

ダメな答えの典型的なのは、十分な説明や根拠がないままに「とりあえず、普通にしていれば大丈夫です。安全です」と言い切るパターン。

最初の1年は結構多かった。わかりやすい根拠もなく、行政が安全宣言したり、食べて応援キャンペーンしたりした結果、逆に不信感を増大させてしまった。

その増大した不信感が、今にも響いていることは間違いないでしょう。立場を問わず、一部の人の「行政、専門家が言っていることは信じられない！」という思いは根強い。

もちろん、「役所が大丈夫だって言ってんだから大丈夫だっぺ」という（厳格派でも穏健派でもない）受容派の人も、サイレントマジョリティ的に存在します。それは以前に数字で見たとおりです。ただ、厳格派はじめ、表で色々発言したい人ほど「私はもうだまされない！」という思いが強い傾向もあるでしょう。

科学技術社会論・科学コミュニケーションと呼ばれる学問分野がありますが、そこでは「知識の欠如を埋めれば、人々は抵抗感を示していた科学技術を受け入れる」という科学者がやりがちなパターンを「欠如モデル」と言います。

「知識」未満のフワッとした話をしながら、「とにかく大丈夫」と言い続ければ理解を得られるだろうという態度があったのは、「欠如モデル」のものすごくダメなパターンだったと言えます。

当然「適切な反応」などにはつながらない、逆効果でした。

もう一つは、ダメな答えではないんですが、「科学的な説明に終始してしまうパターン」にも、「適切な反応」を導くという意味では限界があった。

例えば、色んな話をしてきましたが、自分で説明しておいてですが、ここまでの話、「科学的には」甘すぎます。

甘すぎるというのは、嘘をついているとか、データが間違っているとかではなくて、学術論文として成立するような説明をするためには、もっと細かいことを学問の作法に従って書き連ねたり、難しい抽象的な概念を使って高度な議論をしなければなりません。本当は、ここまで出してきたデータの10倍ぐらい、手元にはネタ（データとか理論）があるんですが、それを全部封印しています。

ただ、それは、科学者たちの間や、データの扱いに慣れたメディア関係の人とかの間では、必要な話なのかもしれませんが、そうじゃない「普通の人」にとっては、現時点でも「かなりお腹いっぱい、もう食べられないよ」感があるぐらいのテーマとデータの数だったのではないかと思います。科学者にとっては情報過少でも、普通の人には情報過多なわけです。

本書は後者に向けて書いていますが、これまでは、この両者のギャップに向き合ってくることが足りなかったのではないか。「放射線の問題」を理解してもらう努力を地道に続けてきた科学者も、「科学的な説明に終始してしまう」パターンに陥ってきたのではないかと考えています。

もちろん、私が指摘するまでもなく、情報の発信の仕方を工夫する動きは少しずつ出てきています。文章をわかりやすくしたり、絵にしたり、あまり知識がない人と一緒に話すのをみせる形式にしたり。

これからは、「伝える方法」を工夫すべき時期です。「伝える内容」は、ここまで示してきたとおり、様々に蓄積されてきましたから。

ある問いに対して膨大なデータを示しながら「科学的な説明」をする。これは、文系・理系問わず、データと論理を駆使して物事を理解するトレーニングを積んでいる科学者や、そういう思考に慣れている報道関係者とか編集者とかにとっては、日常業務の範囲でしょう。

ただ、そうじゃない人にとっては、わけがわからない、呪文を読まされるようなものです。その結果、例えば、放射線に不安があるお母さんたちの中には、「結局、難しいこと言って煙《けむ》に巻こうとしている」というメタメッセージしか受け取らない人も出てくる。そういう方にとっては、先に例に出した、「辞書とタウンページを全部読め」みたいな苦行でしかない。

なので、そういう意識がなくても陥ってしまいがちな「科学的な説明に終始してしまうパターン」も、改善されていくべきポイントです。

もはや「両論併記」型は百害あって一利なし

最後に、「適切な反応」を促すためにしておくべき課題は、「判断は任せます」型・「両論併記」型の結論付けをどう崩していくかということです。

「福島の問題」「放射線の問題」について、よくあるのが、「それぞれの判断を尊重して判断・行動していくべきだと思います」という話法です。これは、知識も良識もある人がよく結論に持ってきがちです。

一方、新聞・テレビなどでセンセーショナリズムに走った報道が、「安全だと思っている人も危険だと思っている人もいます」などと、「多様性を反映しました」というポーズをとるパターンもあります。

もちろん、その全てを否定するつもりはありません。そういうもの言いが必要な場面もあるでしょう。ただ、その上でも、わかってきていることは明確に、毅然と言うべきです。

後者の例で言えば、例えば、

・全量全袋検査をして、1000万袋のうちの、2012・2013・2014年の法定基準値超えが「71袋→28袋→0袋」と明らかにごくわずか&減少傾向にある

・福島県民2万4000人規模の調査で放射性セシウムによる放射線が99%検出されなかった。

１％の理由もわかっている

という中で、「福島では、今も不安に怯え続ける人がいる」とか、「また福島で高濃度汚染発見」とか、これまでも繰り返されてきたトピックを再生産しているだけなのに、「また新事実発見！」みたいなことをやりたがる研究者・メディアはよくいます。

地元でも、それをいちいち真《ま》に受けて不安になってしまう人もいます。

ですが、そこで問うべきなのは、「これだけのデータが出てきているのに、不安なのはなぜでしょう？」「そもそも、こういうデータの周知が足りないのか、周知されていてもそれでも嫌だというのか？」であったり、「これだけのデータが出ているのにもかかわらず、この高濃度汚染が今さら出てきたのはなぜでしょうか？」「そういう原因があるならどんな対応が必要でしょうか？」という一歩先の話です。

それを「ネッシー大発見！」みたいに面白おかしく拡大コピーして騒いで、「どうです、危ないでしょ～怖いでしょ～」とメタメッセージをつけているのに、表面上は「安全だと思っている人も危険だと思っている人もいます」「それぞれの判断を尊重して判断・行動していくべきだと思います」みたいな結論付けをする。

これは、情報発信する側のテクニックとしてはありがちなパターンですが、もうそういう２０１１年と同じような枠組みで福島の問題を語り続けるのは、百害あって一利なしの時期になってきています。

「科学的な前提にもとづく限定的な相対主義」に移行せよ

もちろん、そういう悪質なものではなくても、知識・良識がある人が、知識・良識があるからこそ、色々なバランスを気にしすぎて、歯切れ悪く「それぞれの判断を尊重して判断・行動していくべきだと思います」という場合もあります。

いずれにせよ、「こういう人もいれば、逆の人もいる」「それぞれの判断を尊重して」というのは便利な言い回しです。

これは相対主義的なもの言いだと言ってよいでしょう。「Aという考えも、Bという考えも、Cという考えも尊重されるべき」というのが相対主義です。

逆に、絶対主義は「Aという考えのみが尊重されるべき。BやCの考えは許容されない」というものです。

「それぞれの判断を尊重して」というのは前者です。

そして、これからは、「科学的な前提にもとづく限定的な相対主義」に移行すべきです。

「限定的な相対主義」というのは、絶対主義のようにほかの可能性をはじめから排除するようなことはしないが、明確にわかってきていることは前提におきながら議論の精査をすることです。なんの精査もせずに「Aという考えも、Bという考えも、Cという考えも尊重されるべき」と言い続ける時期ではありません。

しかし、センセーショナリズムに陥るメディアや論者は別にして、知識も良識もある人までが、なぜ「科学的な前提にもとづく限定的な相対主義」に移行できず、「それぞれの判断を尊重して」と相対主義的なもの言いを続けるのか。

これは、端的に言えば、少しでも「問題ない」とか「過剰に危険を煽るのは間違っている」と言うと石を投げられる状態が、3・11後、ずっと続いてきたからです。

「石を投げられる」というのをもっと具体的に言えば、主張の内容のいかんにかかわらず何十通と「人殺し」とメールが届いたり、実際にそうなのかどうかにかかわらず「御用学者」として誹謗中傷・罵詈雑言をネット上に書き連ねられたり、身の危険を感じるような脅迫状や不幸の手紙が職場に届いたり、仕事先に「あいつ使うな・関わるな」としつこくクレーム電話をいれられたり、といったことをされます。これ、全部具体的にどの方がどんなふうにされたのか、私も直接見聞きしています。

逆に、「問題があるに違いない」「危険を煽る必要がある」という立場に立つことで、「正義」「倫理」の側にいる者として、カリスマ視される傾向もあります。一度カリスマになれば、信者がつき、常に相互に承認を与え合う共依存関係が生まれる。とても心地いい空間がそこにでき、安住する人も出てくるでしょう。

私は、そこにコミュニティを求める人がいること自体は否定しません。しかし、本人たちが意識せぬ間に、それがカルト化し、違う価値を力ずくで潰すようなことまで始めると、それは問題があります。実際、そうなってしまっている人たちも存在します。

これは、福島で現に暮らす人々やそれを支える努力を続けている専門家たちのためにならないのはもちろんのこと、その「カルト」内部の人にとっても具体的な利益はなく、大きな損失となっていきます。

いずれにせよ、ここでは、それぞれが具体的にどんな人がどうで、という話はしません。知っている人は知っているでしょうし、知らない人は知らないでも、福島問題の理解を深める上ではほぼ問題ありませんので。

現状は、「それぞれの判断を尊重して」という言い回しが多いですし、それも仕方ない側面もあります。ただ、そろそろ、「実際はこうあるべきだ」という知識も発信していく必要があるでしょう。

それは決して、安全か危険かというような二項対立のどちら側に立つか、という話ではなく、「適切な反応」をするための「ものさし」となる知識であるべきです。

さて、ここまで福島を考え続けることの難しさ、福島における放射線の実態、そこで起こる議論の構造について考えてきました。

次から、農業以外の産業についても見ていくこととしましょう。

漁業・林業

04

漁業は震災前と比べてどれだけ回復しているか

ここからは、農業以外の一次産業の話をしましょう。農業以外の一次産業と言えば、漁業と林業です。漁業が長め、林業が少しだけになってしまいますが、まずは少し前置きです。ここまでは農業だけで長々と話をしてきましたが、それには二つの理由があります。

一つは、農業にこそ、「3・11後の福島の問題」が象徴的に表れているからです。

例えば、既存産業の衰退とその構造の根本的な改善の必要性、抗いがたい過疎化・高齢化、食の安全・安心の確保。3・11後、福島が強く突きつけられている問題です。

そして、これらは、「福島の問題」ではありますが、「福島だけの問題」ではありません。「これまでの産業がダメになっている」「少子高齢化している」「医療/福祉システムが崩壊している」というのは、東京だろうが他の地域だろうが聞く話です。

深堀りすればするほど、それは「日本全体の問題」につながり、連動していることに気づく。「福島だけの問題」として考えていては、その解決策は見えない。

逆に「福島の問題」を理解し、その解決策を見出そうとする試みは、「日本全体の問題」、さらには「他の先進国や近い将来の新興国・途上国の問題」にも直結していく。そういう問題として見えてくることに気づくはずです。

そういった意味で、ここまでの話は「福島の問題」――「日本全体の問題」を理解する上で押さえておくべき基本的な問題構成だったと言えます。

もう一つは、農業の話をすることで「福島復興の来し方・行く末」が見えやすいからです。3・11以降、農業ほどめざましく状況改善が進んできた分野はないといっても良いかもしれません。現時点でも、かなり明確に先行きが見えてきたと言っていいでしょう。データも揃ってきたし、そこから導き出された理論にもとづく実践活動も活発になってきている。その点で、農業は、「福島の復興の状況」の全体像を語る上では良いサンプルだったと言えます。

そんなわけで農業の話をしながら、福島の問題とその解決の方向性の根幹を話してきました。ここまでは、読者の方には、いわば「木の幹」を理解していただいたわけですが、ここからは、そこに「木の枝葉」をつけていく段階になります。

最初の「木の枝葉」として漁業と林業を見ます。その上で、新たに二つの問いを示しましょう。

問1　福島県の漁業の水揚量は、震災前の2010年と比べて2013年までにどのくらいに回復しているか？

問2　福島県の材木の生産量（※林産物素材生産量）は、2010年と比べて2013年までにどのくらいに回復しているか？

まず、問1から見ていきましょう。福島の漁業の現状です。これは、どのくらい回復しているというイメージでしょうか。

「〝試験操業が云々〟というニュースも聞くし、それなりに動いているのかな」という見方もあるでしょうし、「宮城、岩手はそれなりなんだろうけど、やはり福島は原発があるから全然でしょう」「汚染水のこととかあるから、仮に水揚してもだれも買わないだろう」という、全然ダメなんじゃないか、という見方もあるでしょう。

こちら、大枠を先に言うならば、

- **意外と回復してきている部分はある**
- **ただし、ここまで見てきた「人口」や「農業」「放射線」の問題の回復に比べれば、時間がかかっている**

という状況です。

回復は「57％」「9％」——なぜ答えが二つあるのか

問1を質問されたら、

「5％とか？」「いや、試験操業とか言っているぐらいだから、まだ0％が続いてるんでしょ」

「でも、東京のスーパーでも福島県産の魚介類見たことあるから、意外と回復していて20％とかいっているんじゃないの？」

そんなイメージでしょうか。

いきなり混乱させるようですが、実はこの問いには二つの答えがあります。

「57％」と「9％」です。

なぜ答えが二つあるのか。ちょっと謎ですね。その詳細を見る前に、それぞれのデータを示してみましょう。

まず、「57％」の説です。

例えば、2014年4月の日経新聞による記事「岩手・宮城の2013年漁獲量、10年の8割に回復」(http://www.nikkei.com/article/DGXNASFB2507Y_Q4A430C1L01000/)には、岩手、宮城について「2013年の漁獲量が震災前だった10年の水準の8割前後まで回復」とした後に、「福島第一原子力発電所事故の影響が長引く福島県も漁獲量の回復が遅れている。13年は4万5千トンと10年の57％にとどまった」と書いてあります。

これを見ると、「なるほど、福島の漁業なんて、津波もあれば原発事故の影響もあり壊滅的な打撃を受けたのかと思ったが、意外と回復しているんだな」と思う方もいるでしょう。

この根拠となるデータは、農水省がまとめた「平成25年漁業・養殖業生産統計」です(http://www.maff.go.jp/j/tokei/kouhyou/kaimen_gyosei/pdf/gyogyou_seisan_13s_141010.pdf)。この中の「（参考）東日本大震災の被災県の状況について」には、「福島県の海水面漁業の生産量」について、「2010年に7万8900トン」だったのが、「2013年に4万5300トン」になっている数字があります。

これは、なるほど57％回復だな、と思うわけです。

ところが、全然違うデータが同時に存在します。それが、「9％」です。6倍違う。どういうことだと戸惑う方もおられるでしょう。でも、こちらもちゃんと新聞記事にもなっています。

2014年9月の時事通信の記事（http://www.jiji.com/jc/zc?k=201409/2014091100601）では、「東日本大震災から3年半が経過し、岩手、宮城両県では魚介類の水揚量が震災前の7割まで回復した」とした上で、「福島県では本格操業できず、13年の水揚は3500トンと震災前の1割弱」と書いてます。

「日経新聞の記事と時事通信の記事で半年の時差があるから、それが原因か」とも一瞬思うが、違う。記事を読んでも、具体的に違いが読み取れるわけでもない。

ところが、これも、根拠となるデータがあるんですね。福島県が出す「福島県海面漁業漁獲高統計」では、海面漁業の水揚数量として「2010年が3万8657トン」だったのが、「2013年に3461トン」となっています。

こちらの数字には、「たしかに、福島の漁業が3・11後に抱える問題考えたら、こんなふうにもなるだろうな」とか「10分の1ってすごいな。漁師さんたち、どうやって生活しているんだろう」と思う人もいるでしょう。

しかし、「57%」説とは全然違うわけです。2010年の数字は7万8900トンだったのが、3万8657トンになっている。2013年は4万5300トンが3461トンと、10分の1以下にズレている。

どちらも「福島県の漁獲量」ということで出てきている数字なわけです。どちらかが計算ミスしているようにも思えない。

なんで農林水産省と福島県という二つの公的機関が出す統計データに、こんなズレが出るか。

実は、ここに福島の漁業の問題の理解を進める上で重要なポイントが隠れています。

色々な漁港に水揚する故、数字の違いが出てくる

3・11後、3年間での福島県漁業の水揚量回復が、「57％」と「9％」という二つの数字が出てくるのはなぜか。

事情を専門家に聞くと、漁業統計には「属人」か「属地」かの2種類あると言うんですね。わかりやすく言えば、Aさんという人によって水揚されているなら属人、Bという地域に水揚されているなら属地です。

ただし、ここでの属人というのは、「福島県に所在地をおく漁業経営体」のことを指します。漁業経営体とは、「漁業で収入を上げる会社や個人」というぐらいの意味で捉えていただければいいです。

これが、どれだけ水揚量を回復しているのか、というと「57％回復している」というわけです。福島県所在地をおく会社や個人の漁獲量は半分以上回復しているわけです。

一方、属地のほうは理解しやすいでしょう。「福島への水揚量が9％回復している」というわけです。

つまり、両方並べた時に、どう違いを認識すべきかというと、前者は「福島県に所在地をおく漁業経営体が福島県外に水揚しているものも含む」わけです。後者は「福島県に水揚されて

いるものだけ」の話です。

何となくわかってきたでしょうか。漁業と農業・林業との明らかな違いがあります。特定の場所に拠点をおいて、特定のエリアで生産や出荷をするのが農林業の基本。それに対して、漁業は特定の場所に拠点をおいていても、色んなエリアで漁をする場合があるし、色んな漁港に水揚をする可能性があるということです。

土地は「ここは私の農地・山」というのがあります。もちろん、海にも漁業権などで区切られた範囲はあります。ですが、農業・林業に比べるともっと移動しながら利益を出すようにまわっているという性質があります。

例えば、漁師の方からこんな言い方で説明してもらったことがあります。「魚とってきて、今日はよくとれたな、貴重な魚もあるな、となったら洋上で船から無線で港に問い合わせるんだ。〝この魚は今日はどのくらいの値段だ〟って。それで、一番高い港がわかったら、そこに向けて船動かす」

私のような漁業の素人からしたら、漁業といったら、「大漁旗掲げて、音楽でもかけながら、ゆっくりと仲間たちが待っている所属する港に優雅に帰ってくるようなイメージ」があったりもしますが、そういうのばかりではなくて「どこに何をどのくらい水揚するのが一番高く売れるか」という高度な情報戦やスピード感ある金勘定が求められるものです。商売だから当然ですが、「魚市場のセリの風景」とかはそういうシビアな現実を反映した場でしょう。

そんなわけで、この「57%」と「9%」という二つの数字が出てきます。

まだ良くわからないという方もいるでしょう。この二つの数字から言えるポイントをまとめると、以下のとおりです。

・「福島県に所在地をおく漁業経営体（会社や個人）」が水揚している量で見れば、57%回復している

・しかし、福島県の漁港への水揚量は9%しか回復していない

・理由の一つには、「福島に揚げても高い値段がつかないから他の県に水揚する傾向」がある

ということです。この二つの全然違う数字の意味を読み解くには、少しだけ、漁業の仕組みを意識する必要があります。そして、その仕組みの中で、福島を避ける傾向が高まっていると言えるでしょう。

そんなわけで、

問1　福島県の漁業の水揚量は、震災前の2010年と比べて2013年までにどのくらいに回復しているか？

への答えは、**「57%」「9%」**の二つです。

ただし、「もし、どちらかに絞れ」と言われるならば、私は「**9%**」と言うべきだと考えています。それは「57%」という数値が、多くの漁業者の実感とは乖離したものだからです。

「57%回復」という数字で、状況は把握できない

ここまでの話を聞くと、「漁師さんたちは漁業で生活できるようになってきているんじゃないの？ 水揚量ベースでは57%回復しているんでしょ？」と思う人もいるでしょう。

これは、残念ながら違います。どう違うかと言うと、「この数値には一部の大規模な漁業関連企業のみしか反映されていない」ということがあるからです。

先ほど、「福島県の漁港への水揚量は9%しか回復していない理由の一つが〝福島に揚げても高い値段がつかないから他の県に水揚する傾向〟だ」と言いましたが、それよりももっと大きな、根深い理由があります。

説明します。

漁業には、農林水産省が行う「漁業センサス調査」という5年に1度の大規模な実態把握調査があります。国勢調査のようなものですね。直近の調査が２０１３年（http://www.maff.go.jp/j/tokei/census/fc/2013/2013fc.html）、その前が２００８年です。その結果のうち、漁業者や漁船の数

をまとめた表があり、福島の漁船隻数の変化が出ています（２４１頁図表）。「２００８年が８６５」だったのが「２０１３年には32」と、96・３％減っています。

漁業経営体の数も見てみましょう。「２００８年が７４３」だったのが「２０１３年には14」と、98・１％減っています。

さらに、その内訳を見ると、個人経営体が「２００８年が７１６」だったのが「２０１３年には０」に全て消えている。それに対して、会社は「２００８年が19」だったのが「２０１３年には14」と、26・３％しか減っていません。

つまり、「全体のうち多数を占めていた個人の漁業者（個人経営体）は全く漁業再開できていない。一方で、再開できているのは少数の大会社」ということが明確にわかります。個人経営体が７１６あったのが０で、大規模に漁業を展開する企業が19ほどあったうち14は営業継続しているわけです。

これは、数字だけ見ていてもイメージがわかないでしょう。「２０１３年漁業センサス調査結果概要（概数値）海面漁業調査」からより具体的な話が見えてきます（２４３頁図表）。

まず、「動いている船は大型船」「一つの経営体あたりの売上は大部分が１億円以上」になったことがわかります。

・２００８年には10トン未満の動力漁船や養殖などで８割占めていたのが、２０１３年には１００トン以上の動力漁船で８割以上になっている

農林水産省「2013年漁業センサス調査結果」のうち
福島県内分のデータを福島県企画調整部統計課が公表
(http://www.pref.fukushima.lg.jp/uploaded/attachment/81373.pdf)

		2008年(H20)	2013年(H25)	前回比(%)
漁業経営体数		743	14	▲98.1
	うち個人経営体	716	0	▲100.0
	うち会社	19	14	▲26.3
漁業従事者数		1.773	409	▲76.9
漁船隻数		865	32	▲96.3

・漁業経営体別漁獲販売金額も、2008年には5000万円未満が9割以上だったのが、2013年には1億円以上が8割5分ほどに

これは、本来は多くの漁業者が従事していた「沿岸漁業（陸から数十キロ以内の日帰り程度の漁業）」が再開できず、「沖合漁業（数泊以上かけて行う漁業）」や「遠洋漁業（他国の海に出て行くなどして数ヶ月〜1年ぐらいかけて行う漁業）」が継続していることを示します。

それはデータにも表れています。

・主とする漁業種類別に見ると、さんま棒受網とはえ縄が2008年には4%ほどだったのが、2013年には7割以上になっている（245頁図表）

例えば、さんまは時期によって漁ができる場所が変わってくるので、県境を越えて数百キロ単位で移動しながら漁をします。はえ縄は太平洋・インド洋でのマグロ漁などで用いられることで知られます。

つまり、

・福島の港では、比較的小さな船で港から近場で漁をする漁業に従事

する人が多かった
・しかし、福島第一原発事故の影響がある近場での漁業を再開できていない
・その結果、大きな船で港から遠いところに出て漁をする漁業が中心になっている
・それによって「57％回復」とも捉えられるが、これは福島に所在地を置く漁業経営体が福島県外に水揚している分によって成立する数字
・福島に水揚されているかという視点で捉えると、9％の回復にとどまる

という状況があります。

なお、この9％、つまり、「福島に水揚されている」ものの内訳は、

(1)サンマ・カツオなど遠くでとったもの
(2)近い海でも操業自粛がない茨城沖など県外でとったもの
(3)少しずつ始まっている試験操業によるもの

が主です。

また、付け加えておくと、この57％を構成する大型漁船の乗組員は、必ずしも福島県に在住の漁師だというわけではありません。船の拠点自体は福島県の港にあっても、その労働力は、色々な場所から集まってくる。小名浜港など大型漁船がとめられるところに船と会社、社長などの雇用主がいて、雇用される漁師の方は色々なところから集まってきたりしているわけです。

農林水産省「2013年漁業センサス調査結果」のうち
福島県内分のデータを福島県企画調整部統計課が公表

(http://www.pref.fukushima.lg.jp/uploaded/attachment/81373.pdf)

経営体階層別経営体数

区分			2008年（平成20年）		2013年（平成25年）		前回比
			経営体数	構成比(%)	経営体数	構成比(%)	(%)
総数			743	100.0	14	100.0	▲ 98.1
漁船非使用			7	0.9	0	0.0	▲ 100.0
漁船使用	無動力漁船のみ		5	0.7	0	0.0	▲ 100.0
漁船使用	船外機付漁船		87	11.7	0	0.0	▲ 100.0
漁船使用	動力漁船	3トン未満	51	6.9	0	0.0	▲ 100.0
漁船使用	動力漁船	3トン以上　5トン未満	260	35.0	0	0.0	▲ 100.0
漁船使用	動力漁船	5トン以上　10トン未満	175	23.6	0	0.0	▲ 100.0
漁船使用	動力漁船	10トン以上　30トン未満	56	7.5	1	7.1	▲ 98.2
漁船使用	動力漁船	30トン以上　100トン未満	10	1.3	1	7.1	▲ 90.0
漁船使用	動力漁船	100トン以上　500トン未満	7	0.9	5	35.7	▲ 28.6
漁船使用	動力漁船	500トン以上	6	0.8	7	50.0	16.7
定置網漁			4	0.5	0	0.0	▲ 100.0
海面養殖			75	10.1	0	0.0	▲ 100.0

漁業経営体別漁獲販売金額

区分	2008年（平成20年）		2013年（平成25年）		前回比
	経営体数	構成比(%)	経営体数	構成比(%)	(%)
総数	743	100.0	14	100.0	▲ 98.1
販売金額なし	4	0.5	0	0.0	▲ 100.0
100万円未満	69	9.3	2	14.3	▲ 97.1
100万円以上500万円未満	226	30.4	0	0.0	▲ 100.0
500万円以上1,000万円未満	171	23.0	0	0.0	▲ 100.0
1,000万円以上2,000万円未満	130	17.5	0	0.0	▲ 100.0
2,000万円以上5,000万円未満	94	12.7	0	0.0	▲ 100.0
5,000万円以上1億円未満	23	3.1	0	0.0	▲ 100.0
1億円以上10億円未満	24	3.2	10	71.4	▲ 58.3
10億円以上	2	0.3	2	14.3	0.0

さらに、福島の大型漁船は、元から、気仙沼とか銚子とか、大型漁船が水揚をすることで有名な港に水揚する傾向もありました。「気仙沼産○○」とかつくと、ブランド価値があるので高値で売れるからです。

そして、津波があった際も、港にいなかった船も多かったので、船や機材が被害を受けていなかったということもあります。福島に限らず、宮城・岩手でも、大型漁船はほとんど復旧が済んでいる状況があります。

ここらへんの専門的な話は、漁業とは何かという複雑な話が絡んでくるので深入りしませんが、とりあえず「大人数で大量にとって、売上規模も大きい大型漁船。たしかに福島に所在地のある船の数字によって〝57％回復〟と言えなくはないが、これは福島や他の被災地の漁業の状況を把握する上では必ずしも適さない数字だ」ということだけ押さえていただければと思います。

水産加工業はスピーディーに回復傾向

そんなわけで、今度は「福島の漁業は9％の回復」という見方の上で、ここからの議論を進めて参ります。

この数値でも、やはり「意外に再開しているんだ」という人も多いでしょう。

主とする漁業種類別経営体数

区分	2008年（平成20年）		2013年（平成25年）		前回比
	経営体数	構成比(%)	経営体数	構成比(%)	(%)
計	743	100.0	14	100.0	▲ 98.1
底びき網	120	16.2	2	14.3	▲ 98.3
船びき網	163	21.9	0	0.0	▲ 100.0
まき網	2	0.3	2	14.3	0.0
刺網	175	23.6	0	0.0	▲ 100.0
さんま棒受網	7	0.9	5	35.7	▲ 28.6
はえ縄	21	2.8	5	35.7	▲ 76.2
釣	51	6.9	0	0.0	▲ 100.0
潜水器漁業	21	2.8	0	0.0	▲ 100.0
採貝・採藻	25	3.4	0	0.0	▲ 100.0
定置網	4	0.5	0	0.0	▲ 100.0
その他の漁業	79	10.6	0	0.0	▲ 100.0
海面養殖	75	10.1	0	0.0	▲ 100.0

注：「主とする漁業種類」とは、経営体が過去1年間に営んだ漁業種類のうち販売金額1位の漁業種類をいう。

「福島の漁業は完全に無理！　原発事故の収束作業も30年以上続くとか言うし、もう潰れるしかないでしょ！」みたいな認識の方は、まず実状をご理解ください。

先に申したとおり、

(1)サンマ・カツオなど遠くでとったもの
(2)近い海でも操業自粛がない茨城沖など県外でとったもの
(3)少しずつ始まっている試験操業によるもの

などが再開しています。

実は、この数字には反映されていませんが、もっとスピーディーに回復しているのが水産加工業です。

水産庁が2014年4月に「水産加工

業における東日本大震災からの復興状況アンケート」を行っていて、その結果を「生産能力が8割以上回復した業者は、岩手県で57％、宮城県49％、福島県24％」とまとめています（247頁図表）。

水産加工業といえば、干物や缶詰、カマボコなどを思い浮かべる人も多いでしょう。

福島県では、北側の相馬原釜などを中心に地元の魚介類を加工して販売する産業があり、こちらは津波被害や沿岸漁業が再開できないことなどによって未だに復旧できずにいる部分も多いですが、一方で、南側のいわき市の小名浜などを中心に発達している缶詰やカマボコなどは工場への被害が小さかったところも多く、無事に生産を再開しているところも多いです。

「原料は大丈夫なのか！　放射能の影響は！」と思う人もいるかもしれませんが、例えば、カマボコの原料は、ほとんどが北米産などの輸入品です。タラなど白身魚を大型船でとって、その船の上で片っ端からすり身にして冷凍する。そういうものを使ったりしています。

缶詰類も、もちろん地元産の原料を使ったものもありますが、そうでないものもあるので、そういうのは問題なく再開しているわけです。

改めて考えていただければと思いますが、そもそも「日本の食糧自給率をどうする？」と、さんざん問題視されてきていたわけです。

「日本は食糧自給率が4割切る水準になっている！　大丈夫か？」と、3・11以前から喧しい議論が繰り広げられてきていたわけで、そういう前提は当然意識した上で議論しなければなり

水産庁「水産加工業における東日本大震災からの復興状況アンケート」
（http://www.jfa.maff.go.jp/j/press/kakou/pdf/anke-to1.pdf）

生産能力の復旧状況

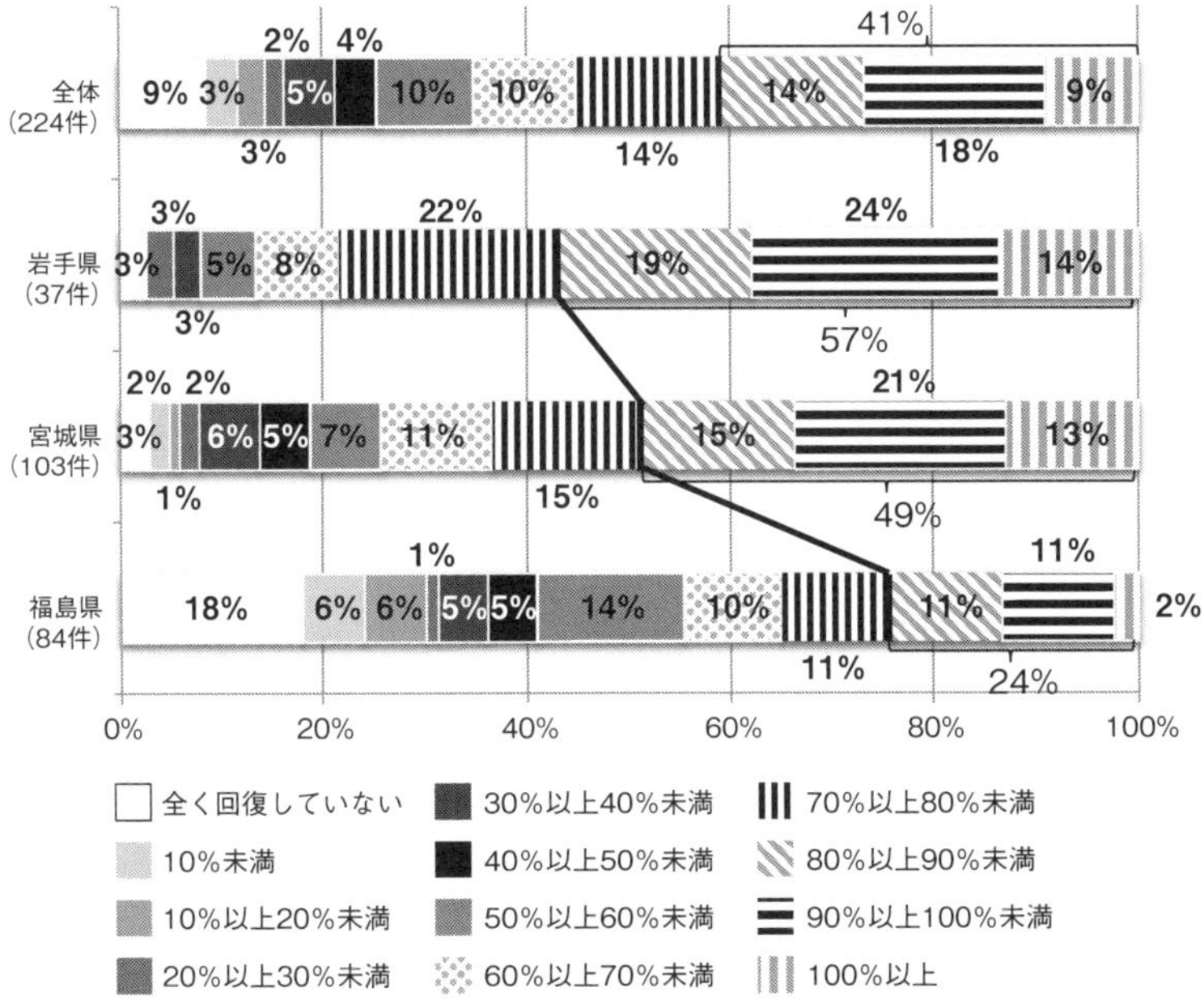

ません。

北米産、南米産、東南アジア産やアフリカ産などの魚介類も大量に日本に入ってきています。私たちが意識していないうちに、既に食のグローバル化は進みまくっているわけです。

そういう前提もない中で、「福島の漁業は終わった」とか「回復してきているなら大丈夫」とか言っていても仕方ありません。「放射線のことをはじめとする食の安全の確保」という文脈でも「自給率の向上」という文脈でも、もっと複雑な背景を理解すべきです。

話を戻しまして、「じゃあ、9%回復しているが、ここにはどんな問題があるのか」という議論をしていきましょう。

風評被害による価格低下が続いている

ここまでの話を踏まえるならば「9%回復しているのは、大型漁船でサンマやカツオをとったり、他県でとったり、試験操業したりしている」ということは理解いただけたと思います。

ただ、それで「めでたしめでたし」という話なのかというとそんなことはありません。

なんの問題があるのか。これは風評被害の問題です。

本書では、ここまで「風評被害」という言葉を安易に使わないようにしてきました。普段、人に話す際にも「いわゆる風評被害」などと慎重にこの言葉を使うようにしています。なぜかというと、空間線量や農作物を測れば、実際にそこに多かれ少なかれ、3・11由来の放射線がある場合もたしかに存在するからです。

一方で、放射線の問題だけがあるわけでもない。例えば、「福島で起こっているのは、風評被害ではなく実害だ」というもの言いがありますが、これも極端です。「全てが風評被害ではないし、全てが実害というわけでもない。風評被害も実害も両方起こっている」というのが持つべき認識です。

ただ、そういう認識の上でも、漁業に関しては100%明確な偏見・イメージにもとづく風評被害が起こっていると指摘せざるを得ません。

どういうことか。

サンマやカツオなど沖合・遠洋でとれたものが福島で水揚されたからと言って、科学的なリスクが上がるということはありません。にもかかわらず、福島で水揚されただけで、買い控えが起こっています。

ここまで説明してきたとおり、当然ですが、サンマ・カツオのような遠い海で漁をする魚について、福島に所在地や水揚の拠点をおいていようがいなかろうが、その放射線の問題に大きな差異はありません。

放射線にセンシティブな方たちの中には「震災後、海産物を一切食べなくなった。アフリカや南米の魚介類も同じ。なぜならば海はつながっているから」というような考えの方は少なからずいます。

そういう立場に立ったとしても、福島に所在地や水揚の拠点をおいているか否かは放射線の問題の差異にはつながりません。

しかし、実際には市場では価格の低下が起こっています。

例えば、カツオの場合、２０１１年に小名浜で水揚しても、例年の半値以下、サンマも三陸等の６～７割ほどの値段しかつきませんでした（http://www.city.iwaki.fukushima.jp/dbps_data/_material_/localhost/07_norin/1011/16-isc-syoren.pdf）。この傾向は、改善されつつも、現在まで続いています。

漁業者は行政や大学とともに、放射線検査と情報公開を進めていますが、背景にある消費者の偏見、買い控え傾向が続く限り、価格低下は続きます。これは明確な風評被害です。

価格低下が続くと、３・11以前なら福島に水揚していた船も、福島県外に水揚する傾向が続きます。それは、漁港やその周辺に存在する加工業・小売などを含めた経済システムの停滞を持続させることになります。

この点の復興はまだまだ途中段階だと言わざるを得ないでしょう。

根本的な問題は「３・11以後も、とれていないわけではないが、価格低下が続いている」ということです。

これは、農業でも同じ話でしたね。この中で、農業同様に、漁業の担い手が漁業をやめてしまう動きも続くでしょう。

イオンなど、大手スーパーがこれらの魚を買い支えしている状況があります。これは「福島のものを買って応援」という見方もできますが、あえて、「安全性を主張できるのに安価に入手できるから、と合理的に商取引をしている」というドライな見方もできる。

そういった点では、風評被害の中で福島産魚介類に太い流通経路が開かれるこういった動きは重要なものではありますが、過渡的な動きであるとも見るべきです。

3・11前から衰退していた漁業

今後のあるべき方向性は、農業について述べた方策と同様です。

いかに、検査体制を持続的なものとし、安全性をデータをもって示しつつ、流通網の中で福島県産の魚介類のポジションを再度確立していくかが必要です。ブランドづくりをしていったり、これを機に合理化を進めていく部分も重要になってくるでしょう。

次に、「回復した9％」ではなく「回復していない91％の側の問題」も見ましょう。

「回復していない91％の側」とは、「沿岸漁業」を中心とした、３・11以後、通常の操業の停止などを余儀なくされている漁業者側のことです。こちらは、本書をわざわざ手にとる読者には詳しく説明する必要がないかもしれませんので、手短に参りましょう。

現在、福島県の多くの漁業者が仕事を再開できずにいます。津波によって漁港、漁船や器具に被害が出たり、原発事故によって漁獲物から放射性物質が出たりするのが理由です。

前者については、行政などから資金的なサポートがないわけではありませんが、もう再開を諦めてしまう漁業者もいます。

そもそも、３・11以前から、漁業自体が儲からない産業になってきて衰退していたことや、高齢化が進んでいたことなどが主な理由としてあげられます。これは農業と共通することです。

漁業の衰退については、「東北沿岸域環境情報センター」による漁獲量の推移のグラフをご覧いただくと、それがいかに急激なものだったのか、ご理解いただけるでしょう（253頁図表）。

「試験操業」で再開しつつある福島の漁業

一方、後者の、「原発事故によって漁獲物から放射性物質が出る」ことについては、以下が基本的な流れです。

漁獲量の推移
「東北沿岸域環境情報センター」が公表する図より作成
(http://www.pa.thr.mlit.go.jp/tohokukankyoweb/info/info01-04-02.html)

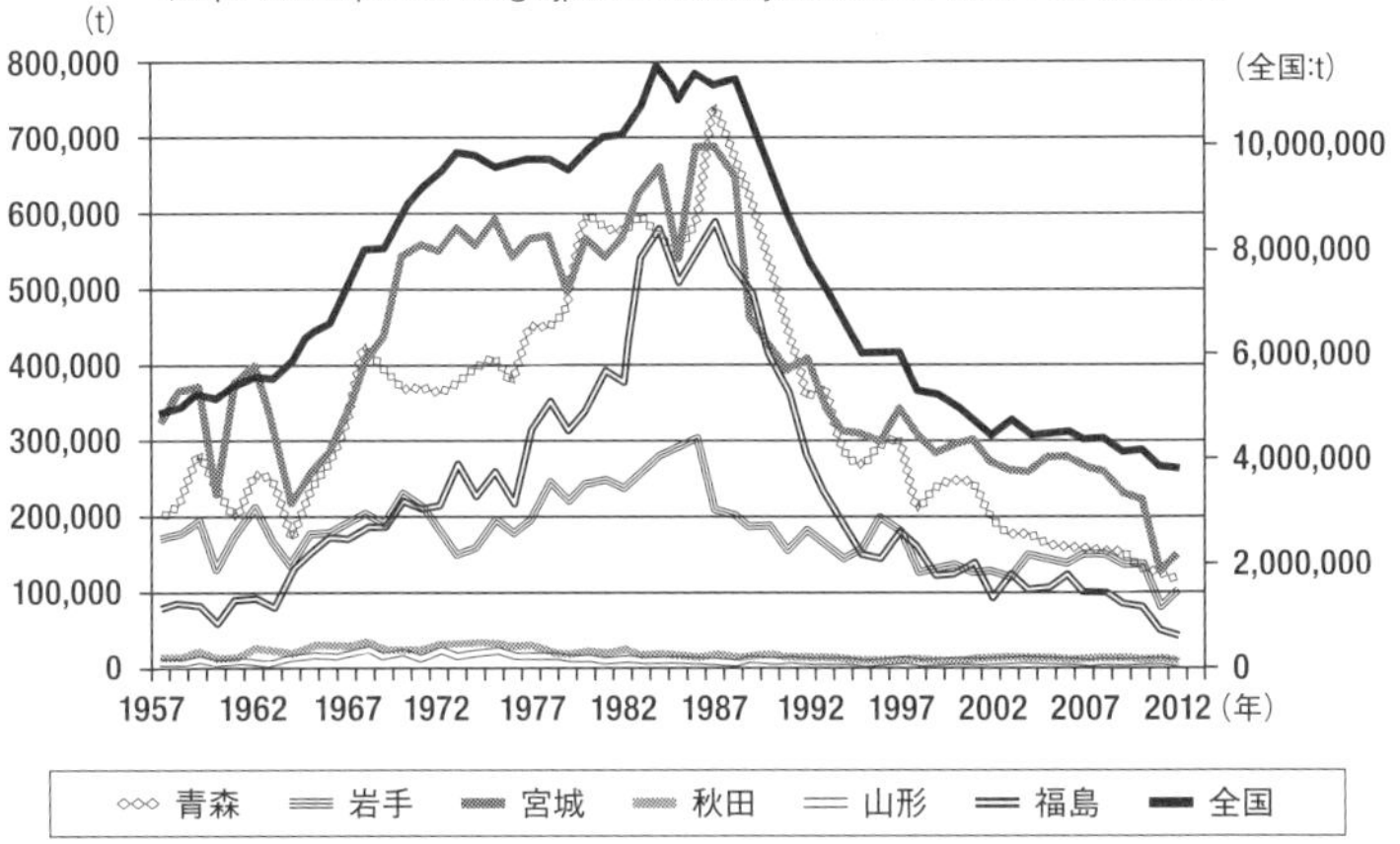

(1) 福島県沿岸でとれる魚についての出荷制限、操業自粛

原発事故後、コウナゴなど一部の魚介類から高濃度の放射性物質が検出され、国が出荷制限。操業自粛が始まり現在まで続く。

(2) 同時にモニタリング検査を行い、約180種類の魚種について放射線量を継続調査

当初は高い濃度の放射線が検出される魚もあったが、モニタリング検査を続けることで、魚介の種類によって放射線が検出されるものと、そうではないものの違いがわかってきた。

放射線が出やすいのは、ヒラメ、アイナメなど沿岸にいて狭い範囲に定着する魚。中でも、震災直後に福島第一原発の近くにいた魚。

逆に出にくいのは、水深の深いところにいる魚や回遊性の魚。イカやタコ類もセシウムを吸収しにくい性質があるため出にくい。また、世代交代の早い魚などからは、時間の経過とともにほとんど放射線が検出されなくなった。

(3)モニタリングの結果わかってきた「汚染されにくい安全な魚種」から試験操業

２０１２年６月から試験操業開始。試験操業は、量を限定してとってスクリーニングし、実際に一般消費者向けに流通させながら、漁業再開に向けた準備をするのが目的。

既に、どれだけとってもほぼ不検出の魚種はわかってきているので、そういうものから対象海域、漁法を限定して漁を再開。当初、対象魚種はタコなど3種に限られたのが、２０１４年末には55種までに拡大している。

そんなわけで、「試験操業」という限定的な形ながら、福島の漁業は再開しつつあります。ただ、３・11前に比べると、まだ復興は始まったばかりであることはたしかです。

一つは、試験操業対象の「55種」という少なさ。これでも、まだまだ足りないということです。かつて福島県では、２００種ほどの魚介類がとれていました。時間の経過とともに、試験操業の魚種は拡大しつつありますが、まだ半分にも至っていません。

もう一つは、漁獲量。３・11前に比べて、極めて少ない。現在、試験操業による漁獲量は年間５００～６００トンほどのペースです。しかし、２０１０年の漁獲高は8万トンほどで、そのうち、沿岸漁業が2・5万トンでしたので、現状は、震災前の2〜3％程度という状況にあります。

そして、試験操業の水揚があるのは、北部では相馬原釜市場、南部では小名浜魚市場のみです。今後、他の港にも拡大していく予定はありますが、まだまだです。

そんな中で、漁に出られない漁師の方々は、補償金をもらう一方で、様々な仕事を行いながら生活を続けてきています。

船を海に出す、という意味では、モニタリング調査やがれき拾い、洋上風力発電の警戒などの仕事がありますが、いずれも現状は、行政が仕事を発注する形のものばかりです。

今後は、試験操業を持続的に拡大していく必要があります。そして、言うまでもなく、福島第一原発から放射性物質を含んだ汚染水が海に流れないような対策が同時並行で進み続けなければなりません。

「不幸中の幸い」を生み出すために

ちなみに、そのような大変な状況の中でも、興味深いことが起こっています。2014年4月の日本経済新聞の記事「網にかかる魚の量3倍に　操業自粛の福島県沖」(http://www.nikkei.com/article/DGXNASDG2100W_R20C14A3CR8000/)にもあるとおり、沿岸漁業でとれる魚が明らかに増えている状況があります。

かつては、現在の何十倍もの量の魚をとり続けていたわけですから、それをやめれば一気に魚が増えるのは当然です。先に触れたとおり、日本では、漁業が乱獲などにより衰退する傾向がありましたが、これを機に取り戻された資源を軸に新しい漁業の形をつくっていくべきという議論も生まれています。

「福島の漁業の問題」を解決していく上で、こういう「不幸中の幸い」のようなことを他にも生み出していくことは重要です。

そのためには、ここまで述べてきたことを含めて、私たちのような素人が漁業や海の実状をもう少しだけ詳しく知り、支えていくような活動を進めていくべきです。

例えば、「いわき海洋調べ隊・うみラボ」（http://umilabo.hatenablog.com/）はその重要な実例の一つです。NHKなど大手メディアでも度々取り上げられているのでご存じの方もいるかと思いますが、実際に福島第一原発付近の海に行って、地元の普通の会社員や釣り好きの人が魚を釣り、どのぐらいの線量になっているのかを測る活動などを行っています。

これは、いくら行政や東電がデータを出しても、多くの人はわざわざ見に行かないし、信頼していないという現状を踏まえて、そういう公的機関とも漁業とも直接的な関係がない自分たちでデータを調べ、発信していこうという動きです。

私も、うみラボの調査活動の船に乗せてもらいましたが、福島第一原発から1・5キロの海上の空間線量は0・03マイクロシーベルト毎時ほど。東京でも放射線量は0・05〜0・15マイクロシーベルト毎時ほどのところが普通にありますので、漁業の作業を洋上ですること自体は問題なくなってきていることを改めて実感しました。

また、まだ試験操業の対象となっていないヒラメ、アイナメなどをその場で釣って、後でその線量を測るんですが、これも放射線量が検出できないものが多く、検出されても20〜50ベクレル／kgほど。検出されるものは、原発事故時に生まれていた60センチ以上のもので、それよりも小さいものならばほとんどが検出されないということもわかりました。

こうやって、漁業とは何か、海の実態はいかなる状況かということをこまめに理解し、情報を社会に流通させていく中で、相対的に進展が遅れてしまっている福島の漁業の問題も少しずつ改善していくことになるでしょう。

住宅需要により林業は97・7%回復

最後に、手短に、林業についても触れておきたいと思います。

問2　福島県の材木の生産量（※林産物素材生産量）は、２０１０年と比べて２０１３年までにどのくらいに回復しているか？

答えから言うと、**「2013年は2010年と比較して97・7％回復している」**状況です。

農林水産省が毎年行っている「木材価格統計調査」の「木材需給報告書」には、年ごと・県別の「素材生産量」が掲載されています。製材用・合板用・木材チップ用にわけて、木材が福島県でどれだけ生産されたのかまとめられているわけです（259頁上図表）。数値を拾い震災前後での変化を見ていくと、2011年の落ち込みが2013年までに持ち直してきていますね。

ただ、ここで「全体で97・7％」という他に、注目すべきポイントが二つあります。

一つは「製材用」という部分。こちらは、102・9％回復、つまり、震災以前よりも製材用の木材の生産量が増えています。

理由の一つに、震災後、住宅需要が増加したことがあげられます。

先に触れているとおり、郡山市やいわき市では地価が上がるほどに不動産市場が活性化しています。

具体的にデータを見てみましょう。福島県が発表している「建築着工統計」（福島県新設住宅着工戸数）の年別着工戸数の変化です（259頁下図表）。

2010年度（8912戸）と2013年度（15954戸）で比べると、約1・8倍。これ

農林水産省「木材価格統計調査」より作成
素材生産量

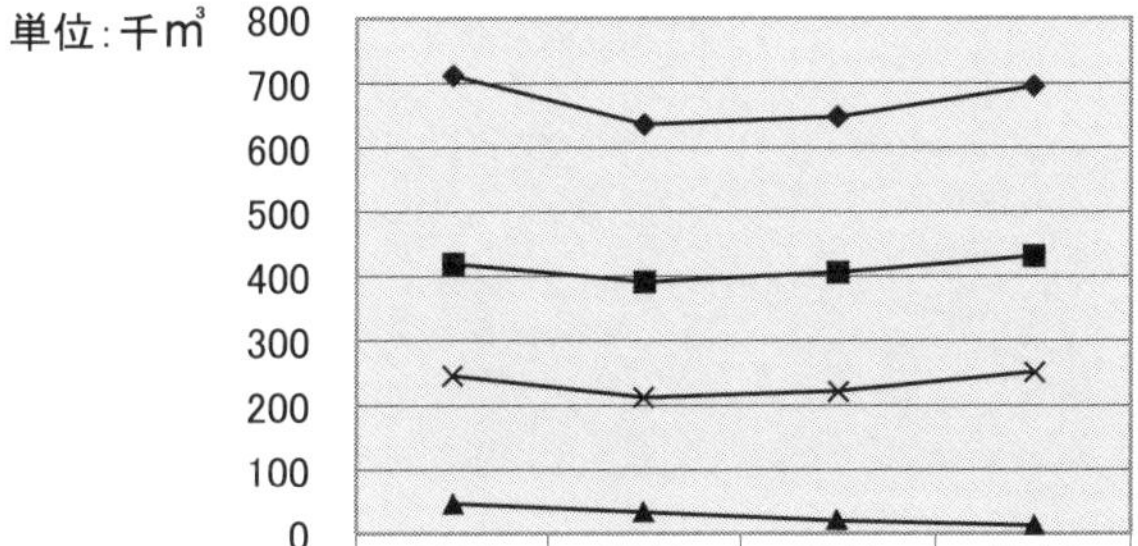

	2010	2011	2012	2013
計	711	636	647	695
製材用	419	391	405	431
合板用	47	33	20	12
木材チップ用	245	212	222	252

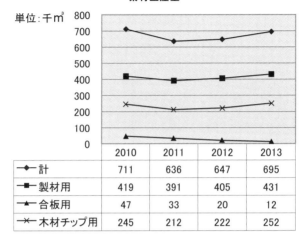

福島県の集計より作成
「建築着工統計」

年別着工戸数	
2009年度	9604
2010年度	8912
2011年度	8093
2012年度	12421
2013年度	15954

は木材需要が当然伸びるわけです。結果、製材用木材の生産量が増える一因となった。それは、県外産の木材の需要にも響いています。

ここまでは「素材生産量」を見てきましたが、「素材需要量」（製材工場、合単板工場及び木材チップ工場への素材の入荷量）を自県・他県・外国とまとめてみました（261頁図表）。

自県材と同時に他県材も伸びていることがわかるでしょう。

一方で、外国材が伸びていないのも気になる方がいるでしょうが、これは円安や中国など新興国での需要増の影響が大きいです。よく、「日本の林業は安い外材におされて衰退している」という話を聞くかと思いますが、円安や中国などの需要増の結果、外国材の値段が急騰して国内産が張り合えるようになったことがありました。

もう一つ、注目すべきポイントは、「木材チップ」も伸びていることです。製材用と同様に102・9％の回復。木材チップは製紙工場などで使ったり、燃料になったりしますが、こちらも、円安要因やバイオマス発電への注目などで需要過多になってきました。

そんなわけで「福島県の材木の生産量は、2010年と比べて2013年までに97・7％回復した」わけです。

農林水産省「木材価格統計調査」より作成
素材需要量

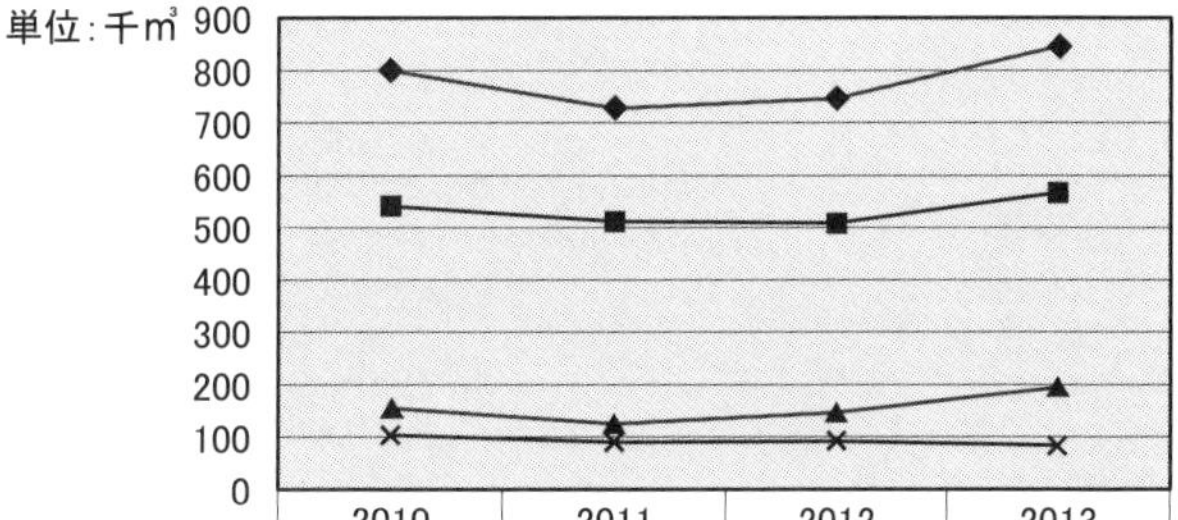

	2010	2011	2012	2013
◆ 計	800	727	747	845
■ 自県材	542	512	509	567
▲ 他県材	155	125	147	194
× 外国材	103	90	91	84

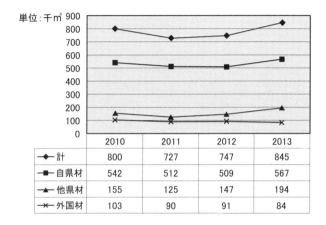

放射性物質が固定化された山林とどう付き合うか

しかし、ここには農業・漁業と同様の構造があります。

つまり、この明るい数字の裏側には、放射性物質による汚染のため、旧警戒区域をはじめ、生産を再開できない地域があります。福島県では９０００ヘクタールの除染が必要ということになっていますが、これは日本の全県の年間の素材生産量に匹敵する膨大な面積です。

その森林の実態については、２０１４年9月に日本学術会議農学委員会林学分科会がまとめた報告書「福島原発事故による放射能汚染と森林、林業、木材関連産業への影響──現状及び問題点──」に詳細があります。

日本学術会議は学術界が政府に提言などを出す際の最高機関と言える団体です。ここにあるポイントを5点ほどかいつまむと、以下のとおりです。

(1)立木の中に蓄積された放射性物質の量は、事故後10~20年後にピークを迎える

(2)はじめ葉や枝についた放射性物質は、3年以上経過し、土壌に吸着されたり、イノシシ・シカ、キノコ類など動植物に取り込まれ始めている

(3)ただし、これは森林生態系の中で循環し、その後、外へ流出するのは、1年間で総沈着量の

1％にも満たないことがこれまでの研究結果からは明らかになっている。大雨による土砂の流出などの場合にそれが起こる

⑷信頼回復のために木材の検査体制とトレーサビリティシステムの確立が重要

⑸放射性物質による汚染には濃淡がある。長期モニタリング調査のデータにもとづいた「森林ゾーニング」をして、土地利用の計画を住民参加のもとで策定する必要がある

よく「除染をしても新しい放射性物質が山から流れてくる」というイメージを持っている方がいますが、放射性物質が土壌に吸着されて固定化されてきた今後は、そのようなことは優先的に懸念すべきことではないといえるでしょう。むしろ、放射性物質が固定化された山林と数十年単位でどう付き合うかという方策が求められています。

その点で、モニタリングやトレーサビリティ、あるいは森林とその周辺で暮らす住民との関係性を科学的に明示していく努力が必要になってきていると言えます。

最後に、蛇足的な情報です。

問2　福島県の材木の生産量（※林産物素材生産量）は、2010年と比べて2013年までにどのくらいに回復しているか？

ここでなぜ「林業の生産量」と言わずに「材木」の話に絞ったのか。ここにはちょっとした理由があります。

林業というと、山に入っていった人がスギとかヒノキとかを切り出している「木こり」のイメージを持っている人が多いかもしれません。木を植えて、30年、50年と大切に育てて出荷する。最近も、２０１４年に公開された映画『ＷＯＯＤ ＪＯＢ！～神去《かむさり》なあなあ日常～』で描かれた林業の姿はそれでした。

しかし、実は、林業はそれだけではありません。

森林でとれるキノコ・山菜・タケノコなどは「特用林産物」といって、林業の生産品に加えられます。これについては、既に農業のパートで放射線の話とあわせて説明してしまったので、ここでは材木に話を絞りました。

農業のパートで触れたとおり、キノコ・山菜は放射性物質を吸収しやすい作物です。そこまで含めて、林業の問題は農業・漁業と違った、より長い時間で事態の推移を見ていくべきものということもできるでしょう。

モニタリング、ブランディング、ターゲティング

ここまで、福島の一次産業の問題を俯瞰してきました。簡単に三つのキーワードを使いながら、今後必要な方策をまとめます。

「モニタリング」「ブランディング」「ターゲティング」です。

モニタリングとは、検査体制を確立し、データを集め続けていくことです。放射線量を空間・土壌・水や作物・調理品・身体など、できる限り詳細に、持続的に測り、蓄積していく。線量があるところはもちろん、無いところでも、モニタリングを続けていくことで信頼が少しずつ回復していきます。

ブランディングとは、一次産品の付加価値をあげて、市場の中で存在感を示していく。「福島のものを避けるか、否か」という二項対立的な軸でばかり語られてきた福島の一次産品でしたが、もうそういう軸ではないところで勝負する。「福島のものは美味しいか否か、欲しいか否か」という軸に話を移していく。

三つ目のターゲティングは、ここまであまり触れられなかったので、少し詳しく説明します。ここでいうターゲティングとは、一次産品を届ける相手を具体的に定めることです。その相手とは、福島の一次産品について「漠然とした不安を持っているが、信頼できる情報を求めて変わっていきたいと思っている層」です。

この層と、相互にコミュニケーションをとり、それを可能にするデータを集めるためのモニタリングをしていく。特定の層にターゲティングしていくというのが重要です。

なぜ、改めてそのようなことを言うのかというと、「全体に効く薬はないから」です。

これまで「全体に効く薬」ばかり求めてきてしまった部分がありました。モニタリングもブランディングもその一つであり、これはうまく効いてきた薬の一つです。ですが、それだけでは解決しない問題もある。そこで必要なのがターゲティングの考え方です。

例えば、「モニタリングしようがしていまいが、どちらでも全く気にしない層」がいます。情報を必要としていないのならば、無理に情報を押し付けることはできませんし、そうする必要もないでしょう。元から福島の一次産品を買っている人は買い続けるでしょうし、そうではない人には「福島のもの美味しい、欲しい」という情報を出していけばいいでしょう。

科学では越えられない「宗教」的な壁

一方で、どれだけモニタリングをしても「絶対に福島のものはヤバい！　やだ！」という層は一定数います。これは、「けがれ」とか「呪い」と呼ばれる感覚にも似た「宗教的なタブー化」と言える。

ここに向けた情報の発信は不要ではありませんが、過度にする必要もありません。「馬を水辺に連れて行けても水を飲ませることはできない」ということわざがありますが、本人が心底嫌悪感を抱いているものを無理強《じ》いしても、あるいは、無理強いなどしているつもりはなく、科学的な事実関係を淡々と説明するだけでも反発を招くことがあります。実際に、そのような事態は色々な形で起こってきました。

この問題について、どうしても、アツくなったり、センシティブになってしまったり、あるいは高度な科学的な議論に持ち込んでしまったりするパターンをよく見てきました。「話しづらいんですが、どうすればいいでしょうか」とも何度も問われてきました。

答えは明確です。「科学的な問題だと思うな。これは宗教的な現象として見るべき問題だ」ということです。

例えば、イスラム教徒は豚肉を食べません。また、ラマダンと呼ばれる期間には、日が出ている間に食事をしません。

そこに対して、「豚肉って美味しいよ」「ビタミンも豊富で」とか「やっぱり三食食べないと健康に悪いよ」「科学的には、ラマダンの時期、夜に一斉に食いだめすることで、肥満になる人が一定数出ると言われている」と言うことにいかなる意味があるのでしょうか。

イスラム教の宗教的なタブーの話ほど、私たちから遠い話ではなくても、例えば、「神社で買うようなお守りをハサミで切り刻め」と言われたら、抵抗感がある人は少なくないでしょう。たとえ、それが「物理的には布と紙を切っているだけだ」と説明されても、「おカネあげるよ」と言われても。

私たちは、普段意識しづらいかもしれないが、社会の中に科学では越えられない壁を確実に持っています。

先ほど、「宗教的なタブー化」と、「宗教」という概念を持ちだしたのは偶然ではありません。宗教というと、仏教・神道・キリスト教、あるいはオウム真理教のようなカルト団体を思い浮かべる人が多いでしょう。

ここでいう宗教的なものを定義するならば、「科学で解決し切ろうとしても、そうできない残余」です。

私たちは科学の問題ではなく、かつては宗教が担っていた範疇《はんちゅう》まで、科学的に解決しようとする。そこに過度に固執する故に、熱狂の中で問題の傷を広げてしまう。

例えば、大惨事が起こった時にデマにもとづく虐殺が起こったり、難病にかかった人がエセ科学に大枚をはたいて何の効果も得られなかったり。

不条理に向き合うのに、科学的な問題として掘り下げても何も出てこないどころか、事態を悪化させることは多々あります。これは、社会学的には、古典的な話です。

近代以降の社会を生きる私たちは、自分が「科学で覆われていて、何でも科学で解決できる社会」を生きていると勘違いしてしまいがちです。しかし、実際は、科学で解決できない不条理なものを様々に抱えて生きている。

それに向き合う機能を持っていたのは本来、宗教、あるいは宗教的なものでした。「病の苦しみ」や「死への恐怖」が、ここでいう不条理の代表的なものです。

3・11直後の福島の状況は、少なからぬ人にとっては不条理そのもので、そこに、正統な科学で向き合える範疇を超えるものがあったのは事実です。

ただ、時間の経過とともに、データが揃い、理論が整理されて科学的な対応が可能になってきた。それが、現在多くの人が持つべき、そして、本書を読んでいるような少なからぬ人が持ち始めている認識です。「科学的な問題」としての議論が可能になってきたわけです。

しかし、まだ「宗教的な現象」の中を生きることを余儀なくされている方も一定数いるのは事実です。このような方に対して、科学的なデータや理論はいくら言っても効きません。むしろ、「あいつが敵だ」「こんな悲劇が起こっている」と煽り立てることで、人々の恐怖心を煽る「カリスマ」への依存心を深め、あるいは「私に盲従すれば救われる」という「救済論」を探し求め続ける。

このような状況を生んでしまった背景には、先にも述べたとおり、初期対応における根拠なき安全論はじめ、良かれと思っての部分もあったんでしょうが、行政や科学者が信頼を失う策を打ちまくってしまったことがあるのはたしかです。

その上で、この「宗教的な現象」の中を生きることを余儀なくされている方は、残念ながら「一次産品を届ける相手」にはなり得ません。そうではなく、これまでにわかってきた科学的な知見とともに、「漠然とした不安を持っているが、信頼できる情報を求めて変わっていきたいと思っている層」に向けて一次産品を届けていく努力が必要になっていくでしょう。

以上が、今後必要な「モニタリング」「ブランディング」「ターゲティング」でした。

福島の一次産業の問題だけにかなりの分量を使ったのには理由があります。先に述べたとおり、一次産業には福島が抱える問題の様々な要素が象徴的に、凝縮して表れているからです。少子高齢化・担い手不足、産業の行き詰まり・改革の必要性、安全・安心の確保などがそれです。

これは、日本全体が抱える問題に直結しています。日本全体が抱える問題、3・11前から存在していた問題を、福島は3・11によって先鋭化した形で突きつけられているのが現状です。

それは、これから述べていく一次産業以外のことについても言えることです。

次は二次・三次産業について見ていきます。

05

二次・三次産業

福島に一次産業従事者は多いか？

これまで、「福島の一次産業の問題」について俯瞰してきました。それは、農業や漁業・林業にとどまらず、放射線や「議論の枠組みのあり方」にも触れるものとなりました。

ここから二次・三次産業も含めて、福島の産業の全体を俯瞰したいと思います。「一次産業」は農林漁業でしたが、福島の製造業などの「二次産業」、サービス業・観光業などの「三次産業」の状況はどうなっているか。それを含めて見た時に「福島の産業」の実態として見えてくるものは何か。

ここで、例のごとく、福島の問いを二つ出しましょう。

問1　福島県の一次・二次・三次の割合（産業別就業者数構成比）はどのくらい？

問2　2010年と比べて、2013年、福島県に観光客（＝観光客入込数）はどのくらい戻ってきている？

まず、問1から参りましょう。

「福島といったら農業。たしかに開《ひら》けているところもあるけれど、大部分は農村・里山。やっぱり一番多いのは一次産業でしょ」

「いやいや、高速道路や線路が通っていて、東京から程よく近い地の利を活かした製造業。水・空気もきれいだから精密機器もつくれる。やっぱり二次産業でもっているようなものでしょう」

「やっぱり発電所あるから、電気でしょ。福島といったらエネルギーで結構な割合を占めているはずだ」

これらのイメージは大方間違いです。今回は、すぐに答えを言います。

「一次が7・6%、二次が29・2%、三次が60%(その他が3・2%)」です。

もっと単純化して言うと、**「全体の6割が三次産業、3割が二次産業、残りの1割が一次など」**。

「平成26年版　福島県勢要覧」に「産業別就業者数」のデータがあります。これは5年に一度行われる国勢調査にもとづくもので、2010年、つまり、3・11の前年の調査が最終版となっています。震災によって変動はあったでしょうが、大枠は変わらないでしょうし、むしろ、この震災前の状態を見るからこそわかることもあるので、2010年のデータを見ていきます(275頁図表)。

まず、ありがちな誤解から。

福島では一次産業が占める割合が30％とか50％以上とか思っている。そういう方、結構います。答えは7・6％。全くかけ離れています。「みんな農業や漁業・林業をやって暮らしているのどかで雄大な福島県」みたいなステレオタイプな見方は、あまりに安直。全く実態とずれています。

たしかに、メディアをとおして見える「被災地・福島」のイメージはそんなものかもしれません。

例えば、よくメディアで取り上げられてきた南相馬市。YouTubeでの情報発信で有名になった桜井勝延市長も、酪農家であることが知られている。津波と放射性物質による農地への被害は大きい。そんなイメージを持たれるので、農業が主な産業と思う人もいるかもしれませんが、そんなことはありません。3・11以前の南相馬単独で見ても、一次産業への就業者はやはり全体の1割未満。一次産業の生産額で言うと、全体の数％規模です。

3・11直後、よく福島の実状を知らない東京の知識人は、「土や水、風とともに生きる福島の人々の生活が根こそぎ奪われてしまった」みたいな薄っぺらい言い方を、散々繰り返していました。

そういうもの言いは福島や東北にエキゾチズムを求める人にはウケるんでしょうが、イメージ上の「フクシマ」ではない現実の福島の実態を理解する上では、何の意味も持ちませんし、

福島県「平成26年版　福島県勢要覧」より作成
産業別就業者数

区　分	実　数(人)				構　成　比(%)			
	1995年	2000年	2005年	2010年	1995年	2000年	2005年	2010年
全 産 業	1,087,442	1,060,924	1,010,120	934,331	100.0	100.0	100.0	100.0
第1次産業	117,560	102,115	92,540	71,428	10.8	9.6	9.2	7.6
農業	111,805	97,089	88,540	67,154	10.3	9.2	8.8	7.2
林業	2,711	2,296	1,755	2,423	0.2	0.2	0.2	0.3
漁業	3,044	2,730	2,245	1,851	0.3	0.3	0.2	0.2
第2次産業	392,816	368,425	309,660	272,417	36.1	34.7	30.7	29.2
鉱業,採石業,砂利採取業	1,800	1,360	554	489	0.2	0.1	0.1	0.1
建設業	131,315	125,426	101,545	84,008	12.1	11.8	10.1	9.0
製造業	259,701	241,639	207,561	187,920	23.9	22.8	20.5	20.1
第3次産業	575,236	585,926	599,263	560,520	52.9	55.2	59.3	60.0
電気・ガス・熱供給・水道業	7,910	8,337	6,881	7,341	0.7	0.8	0.7	0.8
情報通信業	-	-	10,528	8,650	-	-	1.0	0.9
運輸業，郵便業	53,692	53,742	43,008	45,364	4.9	5.1	4.3	4.9
卸売業，小売業	207,649	204,741	165,073	141,808	19.1	19.3	16.3	15.2
金融業，保険業	25,051	22,856	19,602	18,510	2.3	2.2	1.9	2.0
不動産業,物品賃借業	5,147	5,665	6,278	9,488	0.5	0.5	0.6	1.0
学術研究,専門・技術サービス業	-	-	-	18,695				2.0
宿泊業,飲食サービス業	-	-	47,828	51,032	-	-	4.7	5.5
生活関連サービス業,娯楽業	-	-	-	35,320				3.8
教育，学習支援業	-	-	41,786	39,082	-	-	4.1	4.2
医療，福祉	-	-	83,706	95,567	-	-	8.3	10.2
複合サービス事業	-	-	14,217	8,750	-	-	1.4	0.9
サービス業	241,419	254,798	126,708	49,333	22.2	24.0	12.5	5.3
公務	34,368	35,787	33,648	31,580	3.2	3.4	3.3	3.4
分類不能の産業	1,830	4,458	8,657	29,966	0.2	0.4	0.9	3.2

そのような言葉であるべき認識をねじ曲げるのは薬になるどころか毒にしかなりません。

「こういう軽薄なもの言いをすること自体が軽薄だ」という自覚のない人は、「土や水、風とともに生きる沖縄の人々」とか「土や水、風とともに生きるアフリカの人々」とか、猫も杓子も同じようなエキゾチズムの色眼鏡で「理解したふり」をするわけですが、それはそこで言及される対象を何の理解もしていない、する気もないことの証左に他なりません。

「福島＝電気で成り立ってきた」も間違い

もう一つ、似たような誤解にもとづいたもの言いのパターンがあります。

「東京のための犠牲になったかわいそうな福島は、主要産業の電力産業が失われて大変だ」みたいな、「福島＝電気で成り立ってきた」という見方です。

これも先ほどの「産業別就業者数」の表の「第三次産業」の「電気・ガス・熱供給・水道業」をご覧いただくと、数字が出ています。答えは０・８％です。

ちなみに、電気を二次産業と思っている方がいますが、これは三次産業です。もちろん、発電所の点検の時に足場を組み立てたり、電気工事をしたりしに来る人もいて、これは０・８％という数字には含まれていませんが、仮にそれを含めても、１～２％程度でしょう。

「福島＝電気で成り立ってきた」なんていうもの言いをする人が頭の中に描くイメージ上の

「フクシマ」と現実の福島との間に、溝があることがわかります。

あとは、製造業ですね。

これはたしかに20・1％でとても大きいです。東京からの距離感と道路・鉄道の利便性、人件費の安さといった強みを軸に発展してきました。

これは、高度経済成長期の初期に、新産業都市建設促進法のもとで郡山からいわきのエリアを「新産業都市」として国が指定し、国策として工業の拠点として育ててきたことも大きかった。このエリアを中心にその周辺にも製造業が広がり、雇用が生まれていました。

ただ、ここ数十年に起こったのは、その構造の衰退と言わざるを得ません。２０１０年に20・1％ですが、その20年前の１９９０年、26・3％ありました。

かつては製造業において世界のトップブランドを保っていた日本。「徐々に製造業に頼れなくなっている」というのは日本全体、どこにでも見られる問題です。ちょっと不景気になると、リストラして工場で首切りが行われる。ちょっと円高になると海外に工場が移転してしまって、その地から工場自体が撤退してしまう。

「製造業に頼るのはリスクが高い」と観光業を盛り上げたり、農業の六次産業化をすすめたり、移住者を呼び寄せるプロモーションをしたりと、「地方創生」などと言いながら頑張っている。それが今の日本の姿ですが、これは福島も同様です。「製造業があるから大丈夫」と言い切れる状況でもないんです。

そんなわけで「ありがちな誤解」を見てきました。

その結果から見えてくるのは、「二次と三次を足して全体の9割に達するということ」や、「6割を占めている第三次産業の存在感」です。

「福島＝農業」とか「福島＝電気」とか一括りにできるものではない一方で、「福島と三次産業の強い関係性」は確実に言えるでしょう。

その中で大きいのは、大きい方から順に、卸売業・小売業の15・2％、医療・福祉の10・2％、宿泊業・飲食サービス業の5・5％といったところです。

それでも一次産業に注目すべき理由

こう見てくると、二つほど「あれ、思っていた福島の問題のイメージと違うぞ」という疑問を持つ人が出てくるかもしれません。

一つは、「じゃあ、一次産業は福島の産業の中で占める割合で全体から見ればわずかではないか。にもかかわらず、なぜここまで長々と一次産業の話をしたんだ」ということ。

もう一つは、「二次と三次を足して全体の9割ということだが、そう考えると、いわゆる風評被害の問題ってどれだけ深刻なのか。農漁業の作物で放射線がどうこうという話になるのはわかるが、工業製品とか医療・福祉とかの分野では考えにくい」ということ。

両方の疑問はとても重要です。

まず、「長々と一次産業の話をした理由」ですが、これまでも書いてきたとおり、ここに3・11後の福島の問題が凝縮されて象徴的に表れているからです。放射線の話はもちろん、高齢化や産業の立て直しなどがそれです。

たしかに、福島の産業の全体から見れば一次産業の割合は小さいのかもしれない。実際に、3・11直後、行政が開いた復興の方針を決める会合で「どうせ、仕事としての割合は小さいんだし、そもそも、元から衰退していたんだ。農漁業はもうケアしなくても良いだろう」という旨の意見も出たと聞きます。

ただ、割合自体が小さくても、それは福島の独自性をつくったり従事者の生活を支えたりする重要な役割を担っています。また、「産業」としての意味以上に「暮らし」「生きがい」と結びついた営みでもあります。

パーセントにして1桁台、「数値上は余剰や誤差に見える部分」に力を注ぐのは不合理に見えるかもしれませんが、そこに注目し続ける意義を改めて確認しておく必要がある。そういった意味で、長々と一次産業の話をしました。

もう一つの「そもそも〝風評被害〟ってどれだけの問題なのか」という疑問。そもそも福島県の産業の9割が製造業や卸売業・小売業、医療・福祉だとすると、いわゆる風評被害をはじめとする放射線の影響の深刻さってどうなのか、という指摘。これはとても重要な視点・気づきです。

「風評被害」を乗り越えた日本酒

結論としては、「福島の産業にとって風評被害はとても深刻で、これからさらなる対応が必要」ということはあります。一方で、多くの人がイメージしている福島の産業への風評被害や放射線の影響を単純化せずに、もう少し広い視点から見てもらう必要もあります。端的に言えば、「福島の産業への風評被害・放射線の影響」とは何か。再度、整理と定義をする必要があります。

たしかに、東日本大震災と福島第一原発事故は、福島の産業に対して間違いなくマイナスの影響を与えました。ここまで見てきたように、商品・製品をつくれない状態や価格下落を生み出してしまった。

しかし、あえて問うならば、3・11が福島の産業に与えたのはマイナスの影響だけだったのか。例えば、「復興バブル」と呼ばれる動きは確実にある。ここまでも、一部地域での地価の高騰や新たに住居が建設される数が増えていることをデータで示しました。

「いや、それでも飲食関係はだめでしょ。風評被害あるでしょ」という声もあるでしょうが、そう一概に言えるのか。

日本酒の話を見てみましょう。

２０１１年４月の東京新聞に「福島の酒飲んで応援　酒造各社、４月は前年超す勢い」という記事があり、

・２０１１年３月は売上が落ち込んだが、４月になって首都圏を中心に全国から注文が増加

・「福島の酒を飲んで応援したい」と前年以上の発注

・県内消費は下がったが、首都圏や、これまで取引が少なかった西日本からも注文入るという旨が書かれています。

つまり、「風評被害」が叫ばれる中、むしろ売上が上がった時期があったわけです。

さらに、半年後の状況を２０１１年11月の朝日新聞が追っています。「被災３県、清酒出荷量が急上昇　４〜９月、宮城は４割増」という記事ですが、

・日本酒造組合中央会によると、清酒出荷量が４〜９月期は宮城県で前年同期より39％、岩手県で17％、福島県で９％増えた

・清酒出荷量は毎年、数%減が続いてきたので驚異的
・「庄や」を展開する大庄グループでは、東北産の取扱店を倍増。各店の販売量も平均2倍程度の伸び

ということで、宮城・岩手に比較すれば福島の伸び率は低いものの、たしかに出荷量が伸びていたわけです。

そんなわけで、日本酒、清酒を見ると、明らかに不謹慎ではありますが「風評売上」「風評収入増」とでも言える動きがあったわけです。これがまだ「もう一発、原発の爆発があるのではないか」という2011年4月の時期から起こっていたことも意外なことです。

たしかに、2011年、2012年の首都圏の繁華街では「東北復興フェア」「被災地支援キャンペーン」などと銘打った、東北3県の酒や食材を使ったメニューを前面に押し出した飲食店が多くあったのを思い出します。

これはもっと詳細を意識調査などにもとづき検討すべき話ではありますが、「飲みに行ってまで細かい食の安全とか気にしない」とか、「飲みに行くような年齢層はとりあえず美味しそうなら食べる」とか、あるいは、これは勘ぐり過ぎかもしれませんが「店の側は市場でダブついている東北の食材が安価に入手できそうなので、あわせて地酒なども売った」といった背景があったのかもしれません。

いずれにせよ、ここでは、「風評被害」と呼ばれているものって何だろう、と少し冷静になって考える必要もあるでしょう。

どう考えるべきか、結論を先に言うと、こうなります。

(1)「風評被害」と一言で言っても、その内部にはいくつかの動きがある。風評によって売上が下がったり、PRなどの費用がかかったりする「風評費用」的な部分と、他方には逆の方向に向かう「風評売上」とでも呼べる部分とがある

(2)ジャンルによって、その「売上」と「費用」との分量は違っていて、収支がプラスになれば「復興バブル」と呼ばれることもあるし、マイナスになれば「風評被害」と認識されることもある

(3)そもそも猫も杓子も「風評被害」と呼ぶことは、思考停止につながりかねない。「風評被害」とされるものの中には、「震災前から売上減の傾向にあったもの」が存在することも意識すべきだ

(1)と(2)はここまでの説明でもご理解いただけるでしょう。「復興バブル」と「風評被害」とは、対極的な概念に見えますが、実は両者はかなり近しいものであり、どちらとも言い切れないグレーな部分があること。この理解なしに、漠然と「復興バブル批判論」を展開したり「風評被害対策予算」をつけたりしても、的外れになりかねません。

では、(3)については、どういうことか。

先ほどの日本酒、清酒については、公的データから裏付けることができます。見てみましょう。

日本では、密造酒の場合などを除き、基本的には酒の取引には酒税がかかりますので、国税庁が酒に関する様々なデータをおさえています。その中に「清酒製造業の概況」というデータがあり、ここには、「清酒が製造・出荷された数量から返品等で戻ってきた数量を引いた数」である課税移出数量という数値がのっています。その福島県のデータを2005年からまとめると、図表のようになります（285頁図表）。

これ見ていただければわかりますが、人口や他のパートなどでも何度か見てきた「よくあるパターン」です。つまり、「元から衰退する下げトレンドだったのが、震災によってズレたけど、また元の下げトレンドに収斂していっている」というやつですね。

もっとも、酒の動きと人口の動きとは逆です。つまり、元から下げトレンドだったのが、2011年からガクンと上がって、元に下げ戻ってきているのが酒の動き。

人口の場合は、元から下げトレンドがあって、2011年から1年半ぐらいでそれ以上にガクンと下がって、でも元に上げ戻ってきているというパターン。

しかし、いずれにせよ、重要なのは「3・11によって社会は大きく変わったのだ！」「復興

国税庁「清酒製造業の概況」より作成
課税移出数量

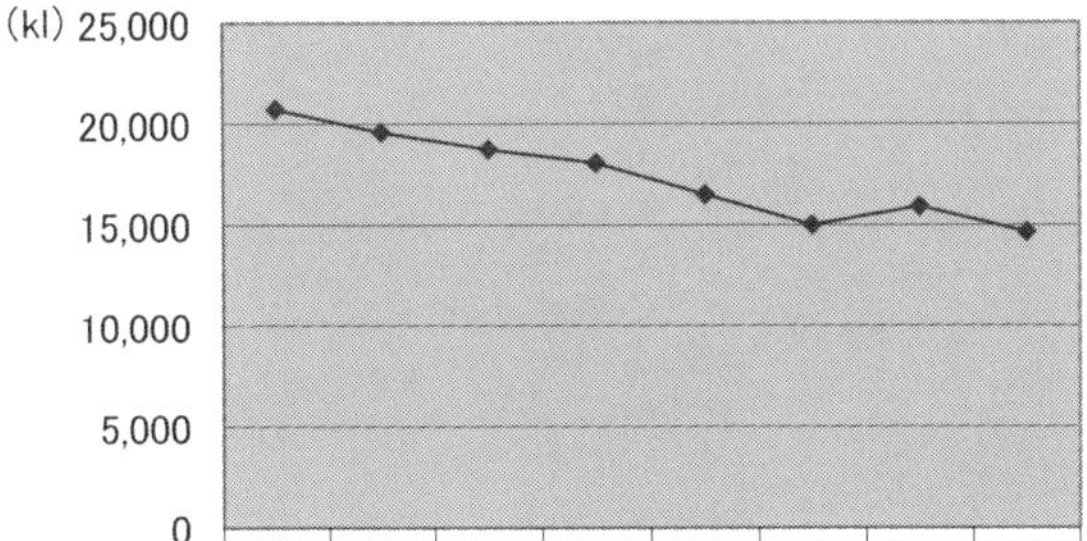

2005	2006	2007	2008	2009	2010	2011	2012
20,708	19,551	18,715	18,054	16,523	14,972	15,910	14,652

が遅れている」みたいな安易なことを言って理解していたつもりになっても、全く的を射ていないということです。

たしかに、ポジティブにせよネガティブにせよ、3・11によって小さからぬ変動はあったが、現在までにそれは落ち着きつつあり、元からあった衰退傾向が表面化してきている、という状況がそこにはあります。

「風評被害のせいで」と言っている限り、そういう根源的かつ厳しい状況を直視せずに済ませられるのかもしれません。ただ、まずは冷静な現状認識をする必要があります。その上にこそ、小さな希望の芽のようなものも出てきます。

例えば、2014年7月の河北新報の記事「東北の日本酒、輸出堅調　13年、米国中心に23・6%増」(http://www.kahoku.co.jp/tohokunews/201407/20140717_72002.

html）は、興味深い事実を伝えています。
・東北各県の２０１３年の日本酒の海外への輸出量は、山形の２９８キロリットルを筆頭に秋田２１１キロリットル、福島１２６キロリットルなど
・伸び率は福島が前年比31・４％、宮城が27・８％、秋田、岩手が24％超、青森、山形が20％前後と、大きく伸びた
・輸出先は米国が55・３％を占め、次いで韓国（７・９％）香港（６・７％）となっている

積極的な対外ＰＲなどあってのことですが、震災から2年後には、新しい市場に向けて、輸出量が２割増えているわけです。

「日本以上に海外での風評被害が酷い」という話も聞きますし、実際に海外で講演をすると「福島全体が焼け野原になっている」ぐらいに誤解している人がいますが、正攻法で商品の魅力を高め、アピールしていくことで「原発事故が」「風評被害が」という文脈とは違うレベルでの可能性が広がっていきます。

福島県が、「平成25酒造年度全国新酒鑑評会金賞受賞数二年連続日本一を獲得しました！」(https://www.pref.fukushima.lg.jp/sec/32031c/140520sake.html) と押し出している実績も、「いい日本酒がある県」というイメージをつくり、根本的な問題解決につながる動きになるでしょう。

「復興バブル」で何が悪いか

「復興バブル」と「風評被害」という両極端な議題設定の仕方。これはそろそろ相対化すべきです。

「復興バブル」という言葉が使われる際、過剰な糾弾志向を込めている場合もある。

復興バブルで何が悪いんでしょうか。もちろん、無駄な公共事業や予算の不正使用はしてはならないことです。しかし、例えば、人口が増えた地域があるし、復興作業に来る人で宿が埋まり続けている。この人口減少社会、地方消滅が言われる時代に、こんなことで悩める地域は他にありません。

じゃあ、増えた人口をどのようにポジティブに、地域づくりに活かすべきか。たしかに、復興作業の方は今後減っていくだろうが、それまでに、新しい宿の顧客を集めるための事前投資をどうしていくべきか。無駄なハコモノができそうなら、その予算を意味ある使い方をするにはどうするか。

そういうことを考える余地があることにこそ焦点を当てるべきであって、闇雲に「復興バブル批判論」を展開し続けていても、何も生まれません。

「風評被害」という言葉にも、過剰な被害者意識を煽る志向が見え隠れすることがあります。

たしかに風評被害は確実にあります。ただ、先に述べたとおり、「それって、本当に全て風評のせいなのか」「そもそも、2011年より前からダメになってきていたんじゃないの」という視点を常に持つべきです。

たまに見かける、東京目線の論調としては、「風評被害が大変だ！」→「原発・放射線さえなければ！　全て政府・東電が悪いんだ！」→「福島を忘れるな！　福島の人々立ち上がれ！」みたいなのがありますが、あまりに薄っぺらい。

ここでは、

・原発の善悪の問題
・放射線の安全・危険の問題
・政府・東電の責任の問題
・現に福島で生じている問題

を全部盛りにして混ぜまくって、嘔吐物みたいになっている状態です。

それを瓶詰めにして、なぜか最後に「被害者・福島（の人々）」印みたいなのをパッケージ化して水戸黄門の印籠みたいに掲げれば、だれでも「正義の側」に立てる。

ですが、こういう短絡的な議論の仕方は「現に福島で生じている問題」の解決を望むならば控えるべきです。この4点はそれぞれ別個に考える視点も必要な問題であるし、そうしないと解決し得ない問題だからです。

「復興バブル」も「風評被害」も、安易に単純化した議論に利用するのではなく、その内実はいかなるものなのか、常に考えながら慎重に用いるべき概念です。

その内実は常に変化しているし、そもそもの日本全体の不景気、日本が目指すべき新しい市場など、福島以外の問題にもつながっているものでもあります。

製造業への影響は震災よりもリーマンショックが大

ここまで産業別の割合や「復興バブル」や「風評被害」と呼ばれるものについて触れてきました。残る議論として、3・11が福島の二次産業や三次産業に具体的にどのような影響を与えたのか、という点に触れていきましょう。

まず「二次産業」です。

先に触れたとおり、福島県の二次産業の中でも、産業別就業者数の割合が最も多いのが製造業です。全ての産業の中で20・1％ですから、ここに3・11が与えた影響はいかなるものか。

福島県の「平成25年 工業統計調査結果速報」の「Ⅳ統計表　第1表　年次別統計表」をご覧いただくと、全体像がつかみやすいでしょう（291頁上図表）。ここにある指標は「事業所数」「従業者数」「製造品出荷額等」「付加価値額」の四つです。

結論は「3・11による福島の製造業への悪影響はあった。ただし、その悪影響の量的な規模はリーマンショックよりも小さいものにとどまった」です。結論に至るまでのポイントは以下のとおりです。

(1)「事業所数」は、「3・11以前からの下げトレンド」の範囲を超えていない

事業所数は、3・11があった2011年にも急に減っていたりはしませんでした。元からの水準で減ったのみです。

「放射能を恐れて福島から企業が出て行った!」みたいな話をする人がいますが、データから否定されるデマです。

一方で、工場立地は、震災前水準を2012年には明確に回復しています。2014年3月の福島民友の記事が「『工場立地』高い水準、回復傾向に　2年連続で100件超え」などとまとめていますが、実は、2009年、2010年よりも2011年のほうが福島県への工場立地が多かったりもします(291頁下図表)。

「放射能を恐れて福島に企業が工場を出さなくなった!」みたいな話もデマです。そういう企業も個別にはあったかもしれませんが、それ以上の企業が、3・11前以上に福島にやってきたことが読み取れます。

福島県「平成25年工業統計調査結果速報」

（http://www.pref.fukushima.lg.jp/sec/11045b/25kougyou.html）

年次別統計表

年次	事業者数（事業所）	従業者数（人）	製造品出荷額等（万円）	付加価値額（万円）	前年比（%）				指数（平成22年＝100.0）			
					事業所数	従業者数	製造品出荷額等	付加価値額	事業所数	従業者数	製造品出荷額等	付加価値額
2004	5,166	180,936	548,529,725	211,862,324	△5.6	0.8	5.1	7.1	123.4	109.5	107.6	122.6
2005	5,204	182,399	556,857,652	208,290,860	0.7	0.8	1.5	△1.7	124.3	110.4	109.3	120.5
2006	4,870	185,391	591,465,627	218,845,344	△6.4	1.6	6.2	5.1	116.3	112.2	116.1	126.6
2007	4,848	192,594	618,055,774	206,055,462	△4.9	1.4	△0.1	△9.4	115.8	116.6	121.3	119.2
2008	4,896	184,788	598,449,487	194,550,351	1.0	△4.1	△3.2	△5.6	117.0	111.8	117.4	112.6
2009	4,408	167,581	472,452,900	149,587,660	△10.0	△9.3	△21.1	△23.1	105.3	101.4	92.7	86.6
2010	4,186	165,236	509,571,112	172,806,548	△5.0	△1.4	7.9	15.5	100.0	100.0	100.0	100.0
2011	3,988	150,168	432,087,991	136,442,430	△4.7	△9.1	△15.2	△21.0	95.3	90.9	84.8	79.0
2012	3,893	151,481	455,260,515	144,469,781	△2.4	0.9	5.4	5.9	93.0	91.7	89.3	83.6
2013	3,824	150,152	475,040,326	152,733,153	△1.8	△0.9	4.3	5.7	91.4	90.9	93.2	88.4

注1　2007年調査において、事業所の捕そくを行ったため、事業所数及び従業者の前年比については時系列を考慮し、当該捕そく事業所を除いたもので計算している。

注2　2007年調査において、調査項目を変更したことにより、製造品出荷額等及び付加価値額は前年の数値と接続しない

福島民友「『工場立地』高い水準、回復傾向に　2年連続で100件超え」

（http://www.minyu-net.com/osusume/daisinsai/serial/140309/news5.html）

県内の工場立地件数の推移

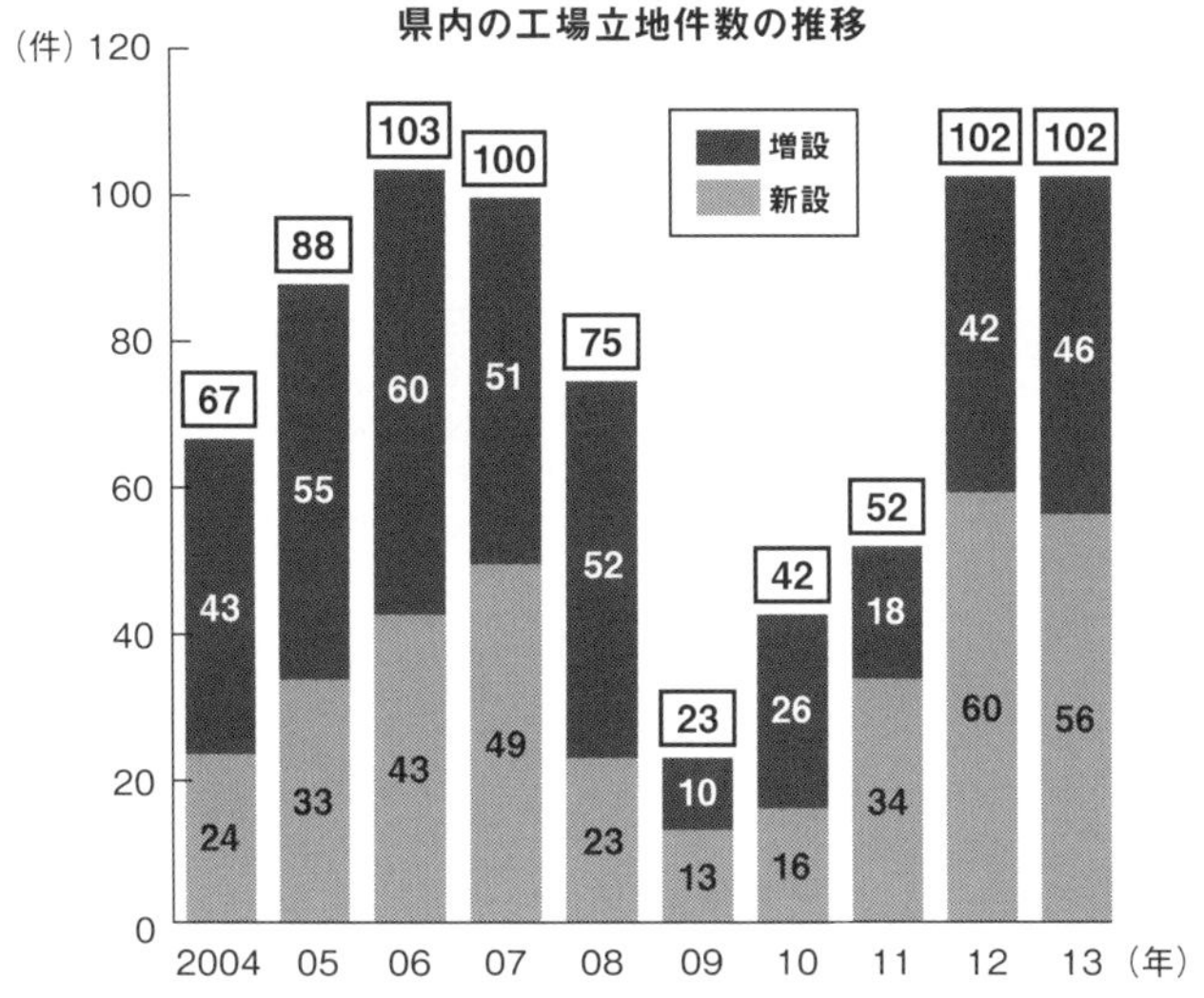

⑵「従業者数」は２０１１年に明確に減った

２０１１年の従業者数、前年比で約１・５万人、９・１％減っています。

これは三つの可能性があるでしょう。

一つは、旧警戒区域内にある工場が操業停止を余儀なくされたこと。工場は残っても、従業員は解雇せざるを得ない状況があった。

二つ目は、工場から人が辞めていったということ。これは避難を余儀なくされる人の中に、一定程度いたでしょう。

三つ目は、福島の工場への発注量が減り、人員整理が行われたこと。

例えば、南相馬市など警戒区域の北側にある工場は、国道6号線や常磐自動車道を使って工業製品をスムーズに東京に送っていたわけですが、この経路が使えなくなったことで発注が絞られたり切られたりした、というケースもあった。ただ、これは3・11直後の問題で、数ヶ月後には回復していき、２０１５年3月の常磐道全線開通によって今や3・11以前よりも流通は改善している。

「放射線が気になって」という可能性もあるかもしれません。もちろん、3・11直後、製品の放射線量チェックをしている事業者もいた。ただ、放射線を理由にした発注停止などは、長期には及ばなかったでしょう。

むしろ、飯舘村など、線量が高くて人が住めないところでも、工場周辺だけ集中除染して操業を早期に再開した事例が目立ちました。

この従業者数の減少の規模が、ものすごく壊滅的な何かだったのか、「3・11によって福島の製造業には空前絶後の変化が起こったのか」というと、そうではありません。

実は、2009年、リーマンショック後の不景気のほうが被害は大きかった。2011年の従業者数、前年比で約1・5万人、9・1%減っていると述べましたが、2009年の従業者数は前年比で約1・7万人、9・3%減っているんです。

つまり、3・11はリーマンショックほどは大変ではなかった」とも言えます。

これは、「製造品出荷額等」と「付加価値額」を見る上でも重要な視点です。

(3)「製造品出荷額等」と「付加価値額」は2011年に落ち込んだが、回復傾向

先に触れた「工場立地数」も同様の動きをしていますが、2009年のリーマンショック後に景気の急落があって、その後、2010年に一瞬反動で持ち直すも、2011年に再び急落。しかし、また徐々に回復。

これが実際の「カネの動き」になりますが、これは日本全体の景気の波とも大いに関係している数値です。福島だけではなく、日本全体でも、2009年頭に景気の底があり、2011年3月にも景気が急落しています。

鉱工業生産指数という数値がありますが、２０１１年3月には前月比マイナス15・５%、指数を比較できる１９５３年以来最大低下幅を記録しています。

そのような日本全体の景気要因の中で、従業員数の削減を行わざるを得なかった側面、受注額が下がってしまったという側面があった。放射線の影響などもあっただろうが、それは限定的だった、と見ざるを得ません。

そのようなことから、「３・11による福島の製造業への悪影響はあった。ただし、その悪影響の量的な規模はリーマンショックよりも小さいものにとどまった」という結論になります。付け加えて言うならば、放射線への懸念による「風評被害」的なものも、数字から読み取れるレベルでは見られなかったと言えます。

注意すべきは、データを見た際に「悪影響の量的な規模が小さい」からといって、「だから対策する必要がない」わけではないということです。実際に様々な対策がされています。

３・11後、福島県はじめ被災地では、被災した事業者や被災者の雇用創出が進むように助成をする「緊急雇用創出事業」が広く行われ、これが従業者数の減少を食い止めた部分もあったでしょう。

他にも、工場の修復・拡張費用などの助成事業が復興予算等を元手に様々な形で行われてきました。この下支えがあったからこその結果だということも理解しておくべきでしょう。

医療機器とロボットを製造業の新機軸に

また、福島県として製造業における新たな得意分野をつくっていこうとする動きもあります。医療機器とロボットです。

まず、医療機器の製造。厚労省「薬事工業生産動態統計」のデータを見てみましょう（297頁図表）。

元々、大手医療機器メーカーが多かったんですが、2005年から「うつくしま次世代医療産業集積プロジェクト」という名前で、県をあげて力を入れ始め、全国3位の生産量にまでもってきました。3・11をはさみましたが、その間も生産金額・全国順位をともに上げてきました。2020年に1750億円までもっていく構想があると言われています。

もう一つ、ロボット産業。これは、3・11後の動きです。

福島第一原発事故の収束作業のために、ロボットが必要であり、その製作には高度な技術と現場での試行錯誤が求められる。それ故、福島第一原発周辺にロボットの研究所やメーカーを集めている。

これを「イノベーション・コースト構想」と言って、内堀雅雄福島県知事も2014年知事選公約の中心に据えました。この産業については、具体的に生産額が上がっているデータなどまだありませんが、福島の製造業の一角を担うことになるかもしれません。

日本全体で見れば、製造業は中長期的に衰退していくものと捉えられています。家電や自動車、精密機器も、他国、とりわけ新興国と呼ばれる、人件費が安く、技術力もつけてきた国に取って代わられ始めているのは覆しようのない事実ですから。

そして、福島にも、これらの工場は多数あります。ただ、それだけではない、より高度な知識や技術が求められる医療機器やロボットを軸に、新たな製造業の基盤を、３・11後のカネ・情報が集まってきている機会に、つくっておくことの意義は大きいでしょう。

観光客の数は84・5％戻ってきている

さて、最後に、三次産業を見ようと思います。もう一度、「産業別就業者数」の第三次産業の詳細を見ていただければと思います（２７５ページ図表）。

三次産業と言ったら、「サービス業」とか「金融業、保険業」「情報通信業」あたりをイメージする人が多いでしょうか。並べてみて気づくかと思いますが、基本的には、放射線は関係ありません。地震・津波とか「風評被害」とかの影響はあまり受けにくいジャンルです。

「プログラミングデータが被曝するのを懸念してIT企業への発注が止まる」とかはあり得ないでしょうし、「不動産業」はむしろ活況を示しているのは先に見たとおり。「医療、福祉」と

厚労省「薬事工業生産動態統計」より

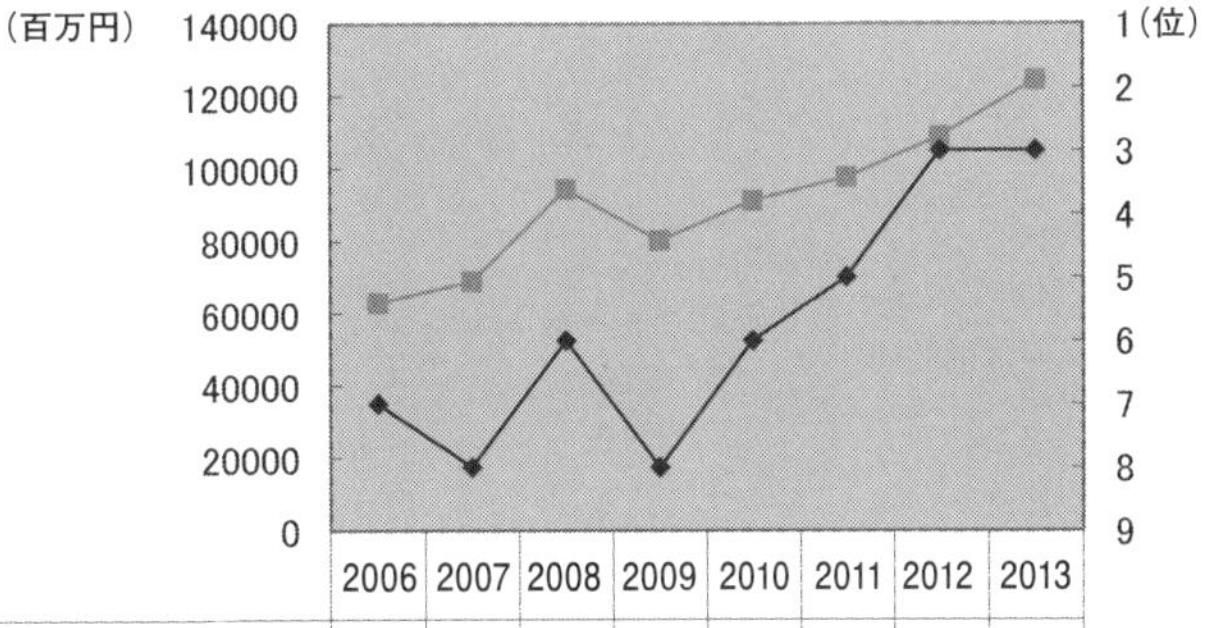

	2006	2007	2008	2009	2010	2011	2012	2013
医療機器生産金額	62846	68811	94166	80128	91128	97639	108858	124471
都道府県別全国順位	7	8	6	8	6	5	3	3

かもそうです。「卸売業、小売業」も地域によって様々でしょうが、そこに生活者がいて一定の人口規模が保たれている限り、売上規模などは維持されると考えてよいでしょう。

そんな中で、3・11の影響を受けそうな分野があります。観光関係ですね。

明確にこれに該当するのが、「宿泊業、飲食サービス業」です。これは全体の中でも5・5％ある。小さくない数字です。この3・11前後での変化を見るために、見るべきなのは「観光客入込数」という数字です。

そこで、問いに戻ります。

問2　２０１０年と比べて、２０１３年、福島県に観光客（＝観光客入込数）はどのくらい戻ってきている？

この答えは、福島県商工労働部観光交流局観光交流課が発行する「福島県観光客入込状況平成25年分」などにまとめられ、発表されています（299頁上図表）。

そして、問いの答えは、**「2010年と比べて、2013年、84・5％の水準に回復している」**です。2010年が5717万9069人、2013年が4831万4763人です。「震災前の平成22年対比で、平成23年は61・6％の水準（21968千人減）、平成24年は77・8％の水準（12720千人減）、平成25年は84・5％の水準（8864千人減）に回復している」という記述があります。

避難区域のある浜通りは依然厳しい

さらに、中通り、会津、浜通り地方を分けて見た時のデータも載っていて、これも興味深い（299頁下図表）。

ここから読み取れるのは、

- **やはり避難区域がある浜通りは厳しい。6割弱の回復にとどまる**
- **中通りは9割ぐらいまで回復している**
- **一方、会津は震災前よりも伸びている**

という状況です。

福島県商工労働部「福島県 観光客入込状況 平成25年分」より作成
(http://www.pref.fukushima.lg.jp/uploaded/attachment/78260.pdf)

観光客入込状況（延べ人数）

（単位：地点，人，％）

	地点数	第1四半期計	第2四半期計	第3四半期計	第4四半期計	年計
2013年　a	378	8,271,641	13,240,328	15,772,330	11,030,464	48,314,763
構成比		17.1	27.4	32.6	22.8	100.0
2012年　b	374	7,614,899	10,769,311	15,123,655	10,951,159	44,459,024
構成比		17.1	24.3	34.0	24.6	100.0
2011年　c	365	7,314,154	7,100,920	11,403,902	9,392,034	35,211,010
構成比		20.8	20.1	32.4	26.7	100.0
2010年　d	371	9,217,278	15,197,947	19,668,464	13,095,380	57,179,069
構成比		16.1	26.6	34.4	22.9	100.0
増加数（ab比較）	4	656,742	2,471,017	648,675	79,305	3,855,739
伸び率（ab比較）		8.6	22.9	4.3	0.7	8.7
増加数（ac比較）	13	957,487	6,139,408	4,368,428	1,638,430	13,103,753
伸び率（ac比較）		13.1	86.5	38.3	17.4	37.2
増加数（ad比較）	7	△ 945,637	△ 1,957,619	△ 3,896,134	△ 2,064,916	△ 8,864,306
伸び率（ad比較）		△ 10.3	△ 12.9	△ 19.8	△ 15.8	△ 15.5

※　人数（千人単位）及び構成比（％）は、端数を調整している場合がある。（以下同じ）

方部別入込数

（単位：千人，％，地点）

方部	2013年 a			2012年 b	2011年 c	2010年 d			
	人数	構成比	地点数	人数	人数	人数	伸び率（ab比較）	伸び率（ac比較）	伸び率（ad比較）
中通り	19,578	40.5	184	18,458	14,966	22,190	6.1	30.8	△ 11.8
会津	19,564	40.5	128	17,407	15,383	18,838	12.4	27.2	3.9
浜通り	9,173	19.0	66	8,594	4,862	16,151	6.7	88.7	△ 43.2
計	48,315	100.0	378	44,459	35,211	57,179	8.7	37.2	△ 15.5

会津は意外かもしれません。よく「会津は地震・津波の被害もないし、原発から遠くて東京よりも放射線低いのに、人に避けられている！　風評被害で苦しんでいる！」なんていう言い方がされたりしてきましたが、むしろ伸びている。

会津については、2013年は明らかにNHKの大河ドラマ『八重の桜』効果が出ています。「福島県 観光客入込状況 平成25年分」の「観光圏域別入込数」を見ると、会津の中でも、鶴ケ城などがある「会津中央」が伸びている（301頁上図表）。「観光種目別入込数」を見ると、「歴史・文化」が突出して伸びていることは明確です

（301頁下図表）。

一方で、状況が厳しいのが浜通り。これはデータの分量が多いのでここには記載しませんが、先の「福島県 観光客入込状況 平成25年分」の「調査集計地点別の観光客入込数」などをご覧いただければ、明確に理由がわかります。

⑴福島第一原発から30キロほどがほぼ動いてない

まず、相双地区がことごとく再開していない。相馬市のイチゴ狩りとか川内村のいわなの郷とか、再開し始めたところはあるものの、福島第一原発から30キロほどの南は広野町から北は南相馬市原町区まで、ここは状況が回復していないことはたしかです。

⑵海水浴関係もまだまだ

そして、いわきも含めて海水浴や潮干狩りなど海関係が動いていない。「勿来・小浜海水浴場」「四倉海水浴場」がそれぞれ再開してきていて、万単位の客もいるものの、ほとんどは再開していません。これも大きい。

福島県商工労働部「福島県 観光客入込状況 平成25年分」より作成

（http://www.pref.fukushima.lg.jp/uploaded/attachment/78260.pdf）

観光圏域別入込数

（単位：千人，%，地点）

圏域		2013年 a			2012年 b	2011年 c	2010年 d			
		人数	構成比	地点数	人数	人数	人数	伸び率（ab比較）	伸び率（ac比較）	伸び率（ad比較）
県北		9,997	20.7	81	9,406	7,850	10,923	6.3	27.4	△ 8.5
県中		6,789	14.1	67	6,354	5,131	8,253	6.8	32.3	△ 17.7
県南		2,792	5.8	36	2,698	1,985	3,014	3.5	40.7	△ 7.4
会津		16,293	33.7	101	14,386	13,030	15,147	13.3	25.0	7.6
	磐梯・猪苗代	5,499	11.4	33	5,585	4,997	5,484	△ 1.5	10.0	0.3
	会津西北部	2,801	5.8	21	2,710	2,529	2,952	3.4	10.8	△ 5.1
	会津中央	7,993	16.5	47	6,090	5,504	6,711	31.2	45.2	19.1
南会津		3,271	6.8	27	3,021	2,354	3,691	8.3	39.0	△ 11.4
相双		1,483	3.1	39	1,395	1,153	5,384	6.3	28.6	△ 72.5
いわき		7,690	15.9	27	7,199	3,708	10,767	6.8	107.4	△ 28.6
計		48,315	100.0	378	44,459	35,211	57,179	8.7	37.2	△ 15.5

観光種目別入込数

（単位：千人，%，地点）

種目	2013年 a			2012年 b	2011年 c	2010年 d			
	人数	構成比	地点数	人数	人数	人数	伸び率（ab比較）	伸び率（ac比較）	伸び率（ad比較）
自然	6,105	12.6	51	6,090	4,461	7,730	0.2	36.9	△ 21.0
歴史・文化	11,785	24.4	74	9,154	7,738	12,746	28.7	52.3	△ 7.5
温泉・健康	6,166	12.8	49	6,131	6,182	9,340	0.6	△ 0.3	△ 34.0
ｽﾎﾟｰﾂ・ﾚｸﾘｴｰｼｮﾝ	9,027	18.7	76	8,587	5,012	9,940	5.1	80.1	△ 9.2
都市型観光	3,728	7.7	14	3,658	2,665	4,678	1.9	39.9	△ 20.3
その他	6,079	12.6	23	5,672	4,766	6,624	7.2	27.5	△ 8.2
行祭事・イベント	5,424	11.2	91	5,166	4,387	6,121	5.0	23.6	△ 11.4
計	48,315	100.0	378	44,459	35,211	57,179	8.7	37.2	△ 15.5

新たな観光客を呼び込んだスパリゾートハワイアンズ

しかし、浜通りには県内でも突出して規模の大きい観光地もあります。一つは「いわき・ら・ら・ミュウ」で、もう一つが「スパリゾートハワイアンズ」です。

「いわき・ら・ら・ミュウ」は3・11以前、単体で年間200万人以上の観光客が訪れる唯一の場所でした。「いわき・ら・ら・ミュウ」は、港に鮮魚を扱うお土産物屋などが並ぶ場所で、隣には水族館「アクアマリンふくしま」があります。両者を合わせると、300万人以上の観光客が来ていました。いわき市南部にあるため、関東からも訪れやすく、会津、中通りの観光地のように雪のことなど気にする必要もないため、季節を問わず観光客が訪れます。

一方、「スパリゾートハワイアンズ」は、大規模なプールと温泉があるリゾート施設です。映画『フラガール』の影響などで全国的な知名度があり、首都圏からの無料バスも頻繁に出ています。

さて、これらの3・11前後の数字の変化を見てみましょう（303頁図表）。なぜならば、そこには、3・11が福島の観光に与えた影響が見えるからです。

まず、気づくべきなのは、スパリゾートハワイアンズです。こちら、客数が震災前を超えています。2010年に180万人弱だったのが、2013年には190万人超になっているわ

福島県商工労働部「福島県 観光客入込状況 平成25年分」より作成
(http://www.pref.fukushima.lg.jp/uploaded/attachment/78260.pdf)

いわき3大観光地

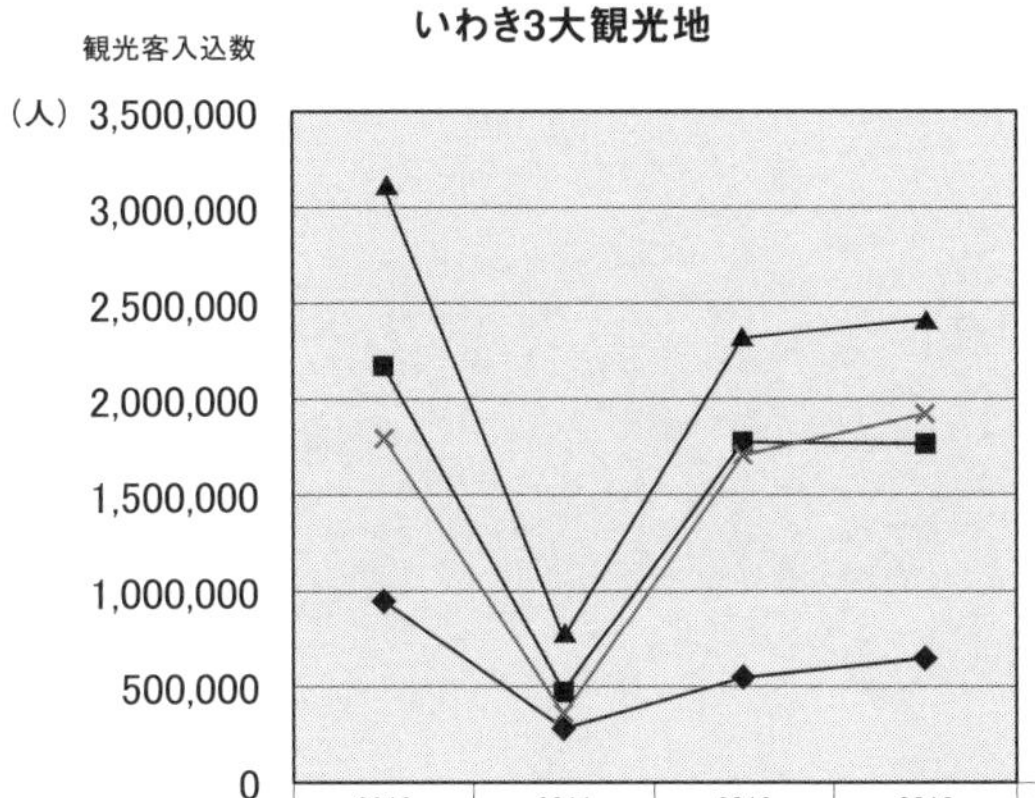

	2010	2011	2012	2013	(2013/2010*100)
◆ アクアマリンふくしま	946,941	280,871	545,730	647,122	68
■ いわき・ら・ら・ミュウ	2,171,100	474,300	1,774,500	1,767,200	81
▲ アクアマリン+ら・ら・ミュウ	3,118,041	755,171	2,320,230	2,414,322	77
× スパリゾートハワイアンズ	1,798,313	351,645	1,704,678	1,922,577	107

けです。

一方、いわき・ら・ら・ミュウとアクアマリンふくしまの数字を見てみましょう。いわき・ら・ら・ミュウは81%回復しているのに対して、アクアマリンふくしまは68%しか回復していません。隣接する施設なのに、差がある。

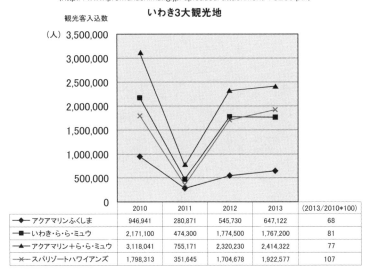

スパリゾートハワイアンズのほうから見てみましょう。

これは、まず、3・11前からの営業努力が実ったということでしょう。3・11前から、スパリゾートハワイアンズはCMでの露出や無料バスなどで、首都圏からの客をしっかりと開拓していました。その上、映画『フラガール』があり、その物語も浸透していた。足腰をしっかり固めていたところに、3・11が起こった。

たしかに、はじめは、施設の損壊がひどく、何より、首都圏のファミリー層が多くの客を占めるわけで、「子ども連れて福島行くのはどうなの、食べ物とかも……」という感覚はあったでしょう。しかし、そこからの巻き返しがすごかった。

まず、映画『フラガール』に描かれる「炭鉱衰退の苦難と観光地としての再起の物語」の上に、「さらに重なる3・11の苦難と再起の物語」をのせて、悲劇を反転してむしろ前面に出していった。フラダンサーのチームが全国キャラバンに出たり、映像をメディアにのせたり、様々な策をとった。

先に述べた話でいうならば「風評利益」的な部分ですが、かえって知名度を上げ、ファンを増やしたわけです。その結果、はじめこそ営業を休まざるを得なかったのが、2年後には2010年の業績を超えたわけです。

他方のいわき・ら・ら・ミュウとアクアマリンふくしまです。いわき・ら・ら・ミュウも津波をかぶって、2011年11月まで営業停止を余儀なくされました。また、魚介を扱うお土産物屋や飲食店もあり、「風評被害」的な部分も出やすかったでしょう。ただ、それでも8割の回復をしてきました。

子ども＝修学旅行客は戻らず、3・11前の半分以下

一方で、比較して見るべきなのは、アクアマリンふくしまです。こちらは水族館で、「風評被害」的な部分で言えば、いわき・ら・ら・ミュウよりも小さそうです。しかし、そうではなかった。

水族館は教育施設でもあり、学校の修学旅行などの来客も多い。その部分がなかなか回復しない状況があります。こういう修学旅行など学習目的の旅行者が多い中通り・会津の観光地はいまだ数字が伸び悩んでいる状況があります。

データは2014年8月に福島県商工労働部観光交流局観光交流課がまとめた「平成25年度福島県教育旅行入込調査報告書」にあります（307頁図表）。

福島県への教育旅行宿泊者数の推移を見ると、過去10年間でピークは2007年の74万7549人で、震災前年の2010年が67万3912人。しかし、2011年は13万2445人と、ピーク時の2割ほど。2013年までに31万8618人まで回復傾向を見せたものの、まだ3・11以前の半分以下という状況は続きます。

修学旅行客をいかに呼び戻すかは、各観光地や福島県が努力しているところです。「子どもを福島に呼ぶ」ということについては、食べ物の話と同様に「全然気にしない層」、むし

ろ「貴重な機会だから行ってきたらという層」がいる一方で、「漠然とした不安がある層」、そして、「福島に修学旅行なんてとんでもない！　子どもたちを傷つけるのか！　政府の安全アピールに加担するのか」的な反応をする「福島ヤバい層」も存在します。

学校で集団行動が基本になると、「福島ヤバい層」がいる限り、そこに合わせなければならない場合も多々あるでしょう。

ここらへんは、不安の内実を探り、それに粘り強く応え、必要な対策を一定程度していく努力は必要でしょうし、時間が解決する部分もあるでしょう。

また、「貴重な機会だから行ってきたらという層」と「漠然とした不安がある層」には、スパリゾートハワイアンズの事例はじめ、福島に実際に相当数の人が来ている事実と、当然そこで何か具体的な問題が起こるわけではない状況があることを、データで繰り返し示していくことが重要となるでしょう。

積極的に外国人観光客向けの情報発信を

その点で言えば、最も大きな損失が生まれた部分があります。それは外国人観光客です。福島県への外国人観光客の3・11前後の推移をまとめました（309頁図表）。韓国、台湾など日本への観光を積極的にする人々が多い国から万単位の客が逃げてしまっている状況が、い

福島県商工労働部「平成25年度 福島県教育旅行入込調査報告書」より作成
（http://www.tif.ne.jp/kyoiku/fukushima/data/5.pdf）

福島県への教育旅行宿泊者数の推移

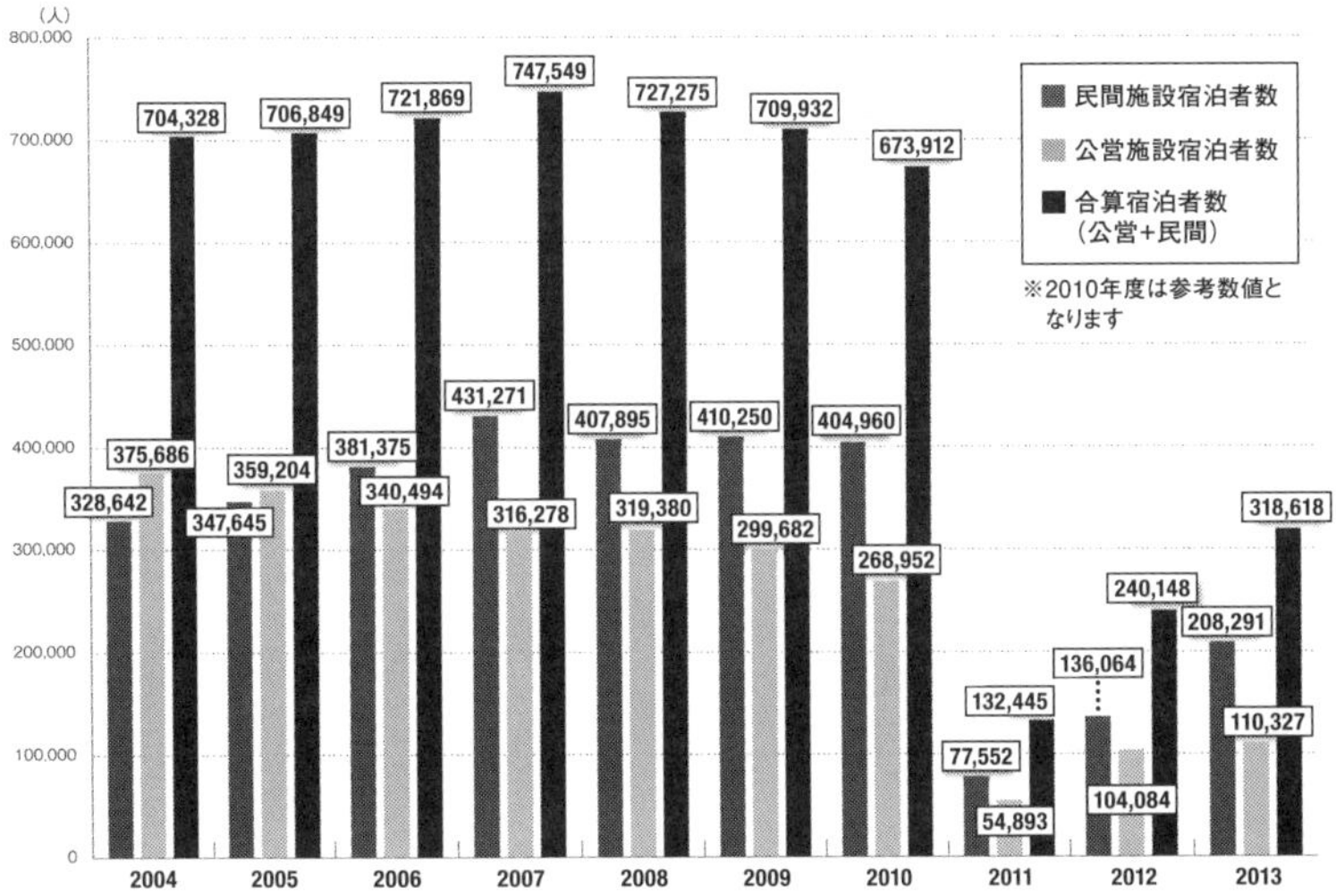

まだに続いています。

今まで韓国、台湾の方は、福島に多くある温泉、ゴルフ、スキーなどを求めて来ていました。

いわき周辺ではよく聞く噂話ですが、かつてはヨン様ことペ・ヨンジュンもお忍びで福島に来ていた、目撃されたと言われています。親しい方が福島に住んでいて、案内することもあった、と。あと、外国人ではないですが、キムタクがサーフィンに来ていたという話もありました。

前者は、色々聞いていくとかなりディテールが信ぴょう性ありそうなんで、なくはないかなと思っています。実際、3・11前は韓国から福島空港への飛行機直行便が飛んでいて、それで数時間かけて福島に来て観光して帰ることはできました。

後者は、キムタクが来たかはわかりませんが、サーフィンする芸能人の名前はそれ以外にもよくあがります。実際、世界的なサーフィン大会が福島の海で行われたこともあって、その時に芸能人が来ていたことも事実です。だれか有名な人が定期的に来ていたのは、たしかなのでしょう。


余談でした。


中国やアメリカは回復傾向にありますが、それでもまだ少ない。

実は、この表には入れていませんが、タイやマレーシア・インドなど経済成長が急速に進む国からの観光客は3・11後、むしろ増えている状況もあります。そもそも、日本に来る観光客の総数が増えている中で、福島への観光客も増えていると言えるでしょう。

正直、国内対応が先で、外国人にまで情報発信をしきれてこなかったというのが、これまでの状況だと思います。今後は、意識的に海外への対応を考えていく必要が出てきている。これが現状です。

先日、飯坂温泉の宿の経営者の方にお話を伺いました。
(1)仕事の人は多いが元の客層である家族などは1割ぐらい
(2)客単価が半分ぐらいになってしまった。昔は1万数千円でやっていた宿が、いま7～8千円

福島県商工労働部「福島県観光客入込状況 平成25年分」
(http://www.pref.fukushima.lg.jp/uploaded/attachment/78260.pdf)

福島県への外国人観光客入込数の推移

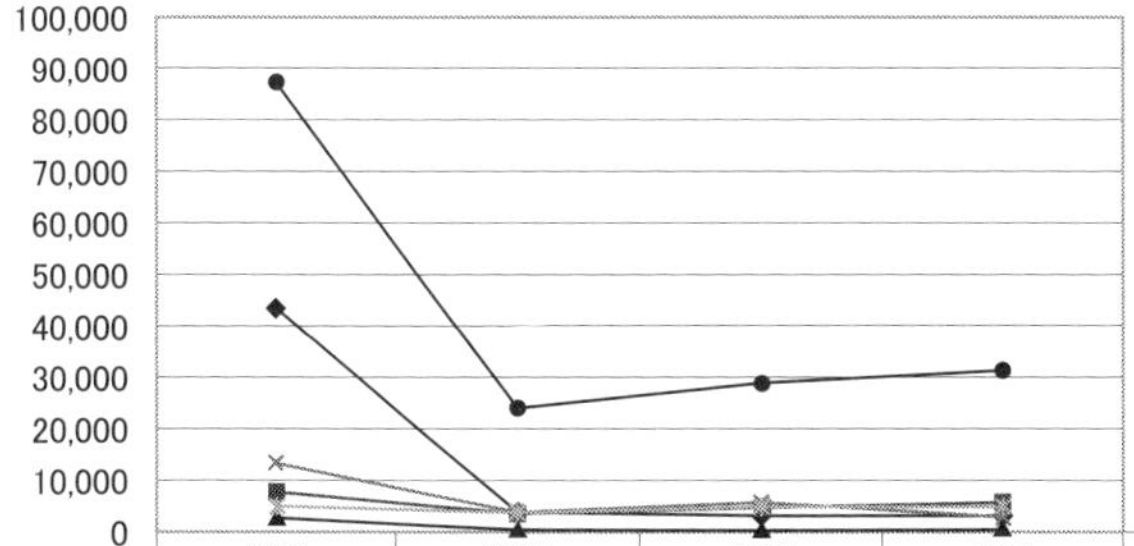

	2010	2011	2012	2013	(2013/2010*100)
韓国	43,520	3,860	3,080	3,180	7
中国	7,690	3,610	4690	5720	74
香港	2,750	430	280	460	17
台湾	13,290	3,860	5690	2910	22
アメリカ	5,000	3,760	4910	4910	98
全体	87,170	23,990	28840	31300	36

になっている

とお話されていました。

中通りは9割回復しているという話をしてきましたが、まだ戻って来ていない人、外国人観光客などをさらに招いていくことは不可欠です。

以上、三次産業まで俯瞰してきました。「風評被害」とそうでないものの区別、個別に必要な対策と3・11以前から存在していた課題の意識の必要性などを、改めて繰り返す形になったと思います。

次は少し話をずらして、福島の雇用・労働環境の問題を見ていきましょう。

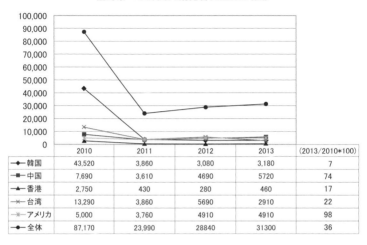

雇用・労働

06

復興需要で雇用は活性化

ここまで見てきた福島の二次・三次産業の状況は、単なる経済や産業の問題を超えた、「福島をとりまく人々の生活」や「日本や海外における福島のイメージ」にもつながるものだったかと思います。

ここからは福島の雇用・労働環境の問題を見ていきましょう。

「福島の雇用の問題」とは何でしょうか。

本書をここまで読んできてくださった方は大丈夫でしょうが、あえてステレオタイプ化した俗流フクシマ論を述べるならばこうなるでしょう。

「福島から放射能を怖がって、みんな人が逃げ出してしまったから、人手不足が起こっている」

「いやいや、さすがにそんな誤解はないだろう」と思う人もいるでしょうが、先に触れたとおり、実際、30％、40％、あるいはそれ以上の福島の人が福島県外に避難していると思っている人がザラにいる状況がありますから、この程度の誤解はあってもおかしなことではありません。

実は、先に、福島の人口の問題を扱った時にもご覧いただいた２０１３年1月14日の毎日新聞社説「東電福島本社　体制を強化し復興急げ」にも、こう書いてあるんですね。「事故の影響で福島県では、人口流出、雇用減少が続いている」

普通に、毎日新聞以外のマスメディアも事実と違ったステレオタイプにもとづく同じようなもの言いをこれまでしてきたのは事実です。

ここで、問いに参りましょう。

問1　直近（2014年11月）の福島の有効求人倍率（就業地別）は都道府県別で全国何位？

問2　（1件の負債額1000万円以上の）福島の2013年の企業倒産件数は2010年の何倍？

問1、いきなり答えを言いますが、就業地別の有効求人倍率で福島は**「全国1位」**です。その数値は1・73倍です。わかりやすく言うなら、100人しか働き手がいないところで173人欲しいという求人が出ている状態です。つまり、人手不足が起こっています。

説明します。まず、用語の説明から始めたいと思います。

「有効求人倍率」とは、求職者1人に対して何件の求人が出ているのかを示す数値です。つまり、求職者が1人しかいないのに求人が2人分出ていたら、「有効求人倍率は2倍」です。逆に、求職者が2人いるのに、出ている求人が1人しかなかったら「有効求人倍率は0・5

倍」です。

そして「（就業地別）」というのは、有効求人倍率には、就業地別と受理地別という二つの値の出し方があります。

例えば、「働く場所は神奈川なんだけど、求人票が提出されたのは東京のハローワークだった」みたいな場合がある。東京に本社があるが、工場は神奈川にある場合などです。その時、「就業地別の有効求人倍率」ならば「求人が出ているのは神奈川」としてカウントされます。受理地別の有効求人倍率の場合は、「求人票が出ているのは東京」になります。

そんなわけで、「有効求人倍率（就業地別）」というのは、「福島で働きませんかという求人の数」と「福島で働きたい求職者の数」から出されます。例えば、福島で2人働いてもらいたい、という会社があって、それに対して1人しか働かない、となると倍率は2倍です。

そういうふうに見た時に、福島が全国1位なんですね。ちなみに、受理地別の有効求人倍率だと、福島は1・46倍で全国3位です。つまり、福島で働く人の一定割合は福島県以外の都道府県に出された求人票を元に、就職希望を出して福島にやって来ています。

そういった意味では、いま福島大学で働く私も、3・11後に福島に働きに来た者の1人です。実際、福島に縁のあった人もそうではなかった人も、両方入って来ている状況があります。

データを見てみましょう。厚生労働省福島労働局が発表している「最近の雇用失業情勢について（平成26年11月内容）」がわかりやすいです。これは「受理地別」ですが、大きな差は出て

厚生労働省福島労働局「最近の雇用失業情勢について（平成26年11月）」より作成
（http://fukushima-roudoukyoku.jsite.mhlw.go.jp/var/rev0/0119/1535/2014122694730.pdf）

有効求人倍率の推移

項目 / 年度・月	全国完全失業率（%）	有効求人倍率 全国 求人倍率（倍）	全国 対前年・前月増減ポイント	福島県 求人倍率（倍）	福島県 対前年・前月増減ポイント
2008年度	4.1	0.77	▲0.25	0.58	▲0.27
2009年度	5.2	0.45	▲0.32	0.34	▲0.24
2010年度	5.0	0.56	0.11	0.45	0.11
2011年度	4.5	0.68	0.12	0.66	0.21
2012年度	4.3	0.82	0.14	1.06	0.40
2013年7月	3.9	0.94	0.02	1.24	▲0.04
8月	4.1	0.95	0.01	1.25	0.01
9月	4.0	0.96	0.01	1.25	0.00
10月	4.0	0.98	0.02	1.27	0.02
11月	3.9	1.01	0.03	1.28	0.01
12月	3.7	1.03	0.02	1.30	0.02
2014年1月	3.7	1.04	0.01	1.31	0.01
2月	3.6	1.05	0.01	1.32	0.01
3月	3.6	1.07	0.02	1.36	0.04
4月	3.6	1.08	0.01	1.39	0.03
5月	3.5	1.09	0.01	1.44	0.05
6月	3.7	1.10	0.01	1.44	0.00
7月	3.8	1.10	0.00	1.43	▲0.01
8月	3.5	1.10	0.00	1.41	▲0.02
9月	3.6	1.09	▲0.01	1.43	0.02
10月	3.5	1.10	0.01	1.45	0.02
11月	3.5	1.12	0.02	1.46	0.01

（注）有効求人倍率、完全失業率は、毎月については季節調整値、年度計は原数値。
全国完全失業率2011年度は岩手県、宮城県及び福島県を除く。

こないのでこれを使います（315頁図表）。

3・11前の3年間分と3・11後現在までの推移が載っています。この中で最低水準だったのが2009年。0・34倍まで下がっています。ここにはリーマン・ショックの影響もありました。

ところが、2012年には1倍を超え、つまり、求職者より求人のほうが多くなり、それが未だに右肩上がりで増え続けている状況です。もちろん、日本経済も安倍政権以降景気回復の兆しがあるわけですが、その勢いを上回っている。

改めて言うまでもなく、この背景にあるのは「復興需要による福島の雇用市場の活性化」です。

人材不足は「工事関係」と「医療・福祉」

では、どんな雇用ニーズが膨らんでいるのか。同じ資料の図表によく整理されています（317頁図表）。このポイントをまとめるとこうなるでしょう。

- **2倍を超えている明確な人材不足の分野は、上から順に「保安」「建設」「介護」「サービス」「輸送等運転」「専門・技術」**
- **一方1倍未満なのが「事務的職業」「配送・清掃・倉庫等」など。これらは女性の求職者が多い**

厚生労働省福島労働局「最近の雇用失業情勢について（平成26年11月）」より作成
（http://fukushima-roudoukyoku.jsite.mhlw.go.jp/var/rev0/0119/1535/2014122694730.pdf）

常用有効求人数及び常用有効求職者の状況（平成2014年11月）

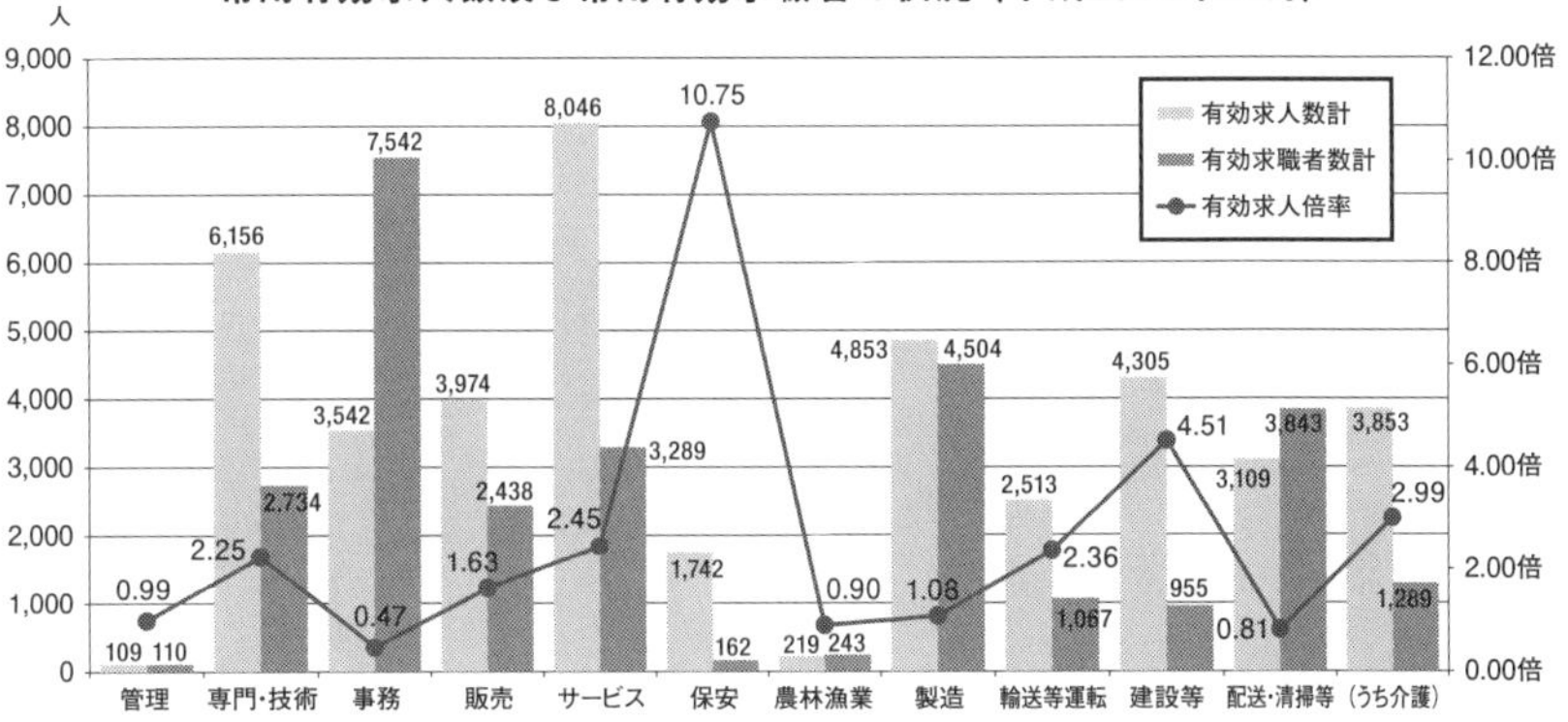

常用	管理的職業	専門的・技術的職業	事務的職業	販売の職業	サービスの職業	保安の職業	農林漁業の職業	製造の職業	輸送等運転の職業	建設等の職業	配送・清掃・倉庫等の職業	うち介護関係	分類不能	職業計
有効求人数（フルタイム）	103	4,981	2,363	2,241	4,268	1,403	185	3,857	2,246	4,267	1,399	2,725	0	27,313
有効求人数（パートタイム）	6	1,175	1,179	1,733	3,778	339	34	996	267	38	1,710	1,128	0	11,255
有効求人数計	109	6,156	3,542	3,974	8,046	1,742	219	4,853	2,513	4,305	3,109	3,853	0	38,568
有効求職者数（男）	103	1,205	1,655	1,172	913	154	178	2,892	1,041	927	2,267	306	277	12,784
有効求職者数（女）	6	1,526	5,885	1,262	2,371	8	65	1,607	25	26	1,565	981	184	14,530
有効求職者数計	110	2,734	7,542	2,438	3,289	162	243	4,504	1,067	955	3,843	1,289	461	27,348
有効求人倍率	0.99倍	2.25倍	0.47倍	1.63倍	2.45倍	10.75倍	0.90倍	1.08倍	2.36倍	4.51倍	0.81倍	2.99倍	0.00倍	1.41倍

特徴を持つ。女性の職探しが困難な状態にあることを示す

人材不足分野は、大きく二つに分けられるでしょう。一つが、がれき処理や除染、新しい建物の建設など「工事関係」としての「保安」「建設」「輸送等運転」「専門・技術（建築・土木技術者）」。これは明確に、「復興需要による福島の雇用市場の活性化」です。

ただ、もう一つは必ずしも「復興需要による福島の雇用市場の活性化」とは言えないでしょう。元からあった課題が、3・11後の人口の移動や高齢化などにより、より鮮明になったという要素が大きいからです。

具体的に言うと、高齢社会の中で必然的に「医療・福祉」の人材ニーズが発生する「介護」「サービス」「専門・技術（看護師・医療技術者など）」がそれです。

個別に見ていきましょう。

これまでも触れてきたとおり、「工事関係」は現状では右肩上がりで増加し続けています。ただ、近い将来、「工事関係」のニーズが薄れてきた時に、その数値は横ばいになるかもしれません。

「減少」ではなく「横ばい」というのは、数十年単位の原発復旧作業や中間貯蔵施設関係の仕事は増えるからです。3・11以前に比べれば一定のところで高止まりする形になるでしょう。

福島県「福島県の医療の現状」より作成

（https://www.pref.fukushima.lg.jp/sec/21045g/iryougenjyou.html）

医療圏	2011年 3月1日	2012年 8月1日 （※1）	2013年 8月1日	2014年 4月1日 （※2）	2014年 8月1日	2011年3月1日時点との比較 2012年 8月1日	2013年 8月1日	2014年 4月1日	2014年 8月1日
県北	676人	674人	671人	704人	708人	▲2人	▲5人	28人	32人
県中	607人	576人	572人	573人	580人	▲31人	▲35人	▲34人	▲27人
県南	110人	112人	114人	108人	107人	2人	4人	▲2人	▲3人
会津	238人	235人	279人	285人	287人	▲3人	41人	47人	49人
南会津	12人	12人	11人	11人	11人	0人	▲1人	▲1人	▲1人
相双	120人	74人	78人	86人	83人	▲46人	▲42人	▲34人	▲37人
いわき	256人	256人	258人	261人	261人	0人	2人	5人	5人
合計	2，019人	1，939人	1，983人	2，028人	2，037人	▲80人	▲36人	9人	18人

（※1）2011年3月1日時点以降で医師数が最少の時点です。
（※2）2014年4月1日時点の医師数については、一部計上誤りがあったため、2014年9月5日時点で遡及修正しています。

もう一方の「医療・福祉」は、今後長期的に続く高齢社会の中で、慢性的に人材不足が続くでしょう。

福島県内の医師数不足は深刻です。福島県は「福島県の医療の現状」として、3・11以後の県内病院の常勤医師の変化のデータを公開しています（319頁図表）。

これを見ると、震災直後に大きく数が減った数値が、2014年には3・11以前の水準まで回復しており、その内訳を見ると、減少の原因がほぼ相双地区と県中地区の医師の急減にあることもわかります。

ただ、実際は、震災前の時点から既に医師不足が指摘されていた上に、いわきや郡山に、双葉郡からの避難を中心とした高齢者が増えていることで、実際はより医師不足が顕在化している状況だと言えます。当然、看護・介護、その他の医療技術者なども担い手が足りない状況が続いています。

「宿泊旅行者」は3・11後に2〜3割増

そんなわけで、

問1　直近（2014年11月）の福島の有効求人倍率（就業地別）は都道府県別で全国何位？

について見てくると、「事故の影響で福島県では、人口流出、雇用減少が続いている」なんていうわけではないことが明確にわかります。

いや、たしかに、雇用減少が続いて困っている部分もあります。女性向けの事務の仕事などがそうです。ですが、それ以外の雇用が拡大する力が非常に強い分野が多いのが、福島の労働環境の現状です。それを求めて、県内のみならず、県外の人も福島に「人口流入」して働いています。

よいでしょうか。福島には「人口流入」が起こっている側面があります。

ただし、一時的に働きに来た人っていうのは、いわゆる「人口」としては見えにくいことにも注意する必要があります。つまり、一時的に働きに来た人は、必ずしも住民票を福島に移す「定住人口」になるわけではありません。

「定住人口」ではないけど、福島にいる人たちのことを「交流人口」と呼んだりします。「交

観光庁「宿泊旅行統計調査」より作成
福島県内での延べ宿泊者数の推移

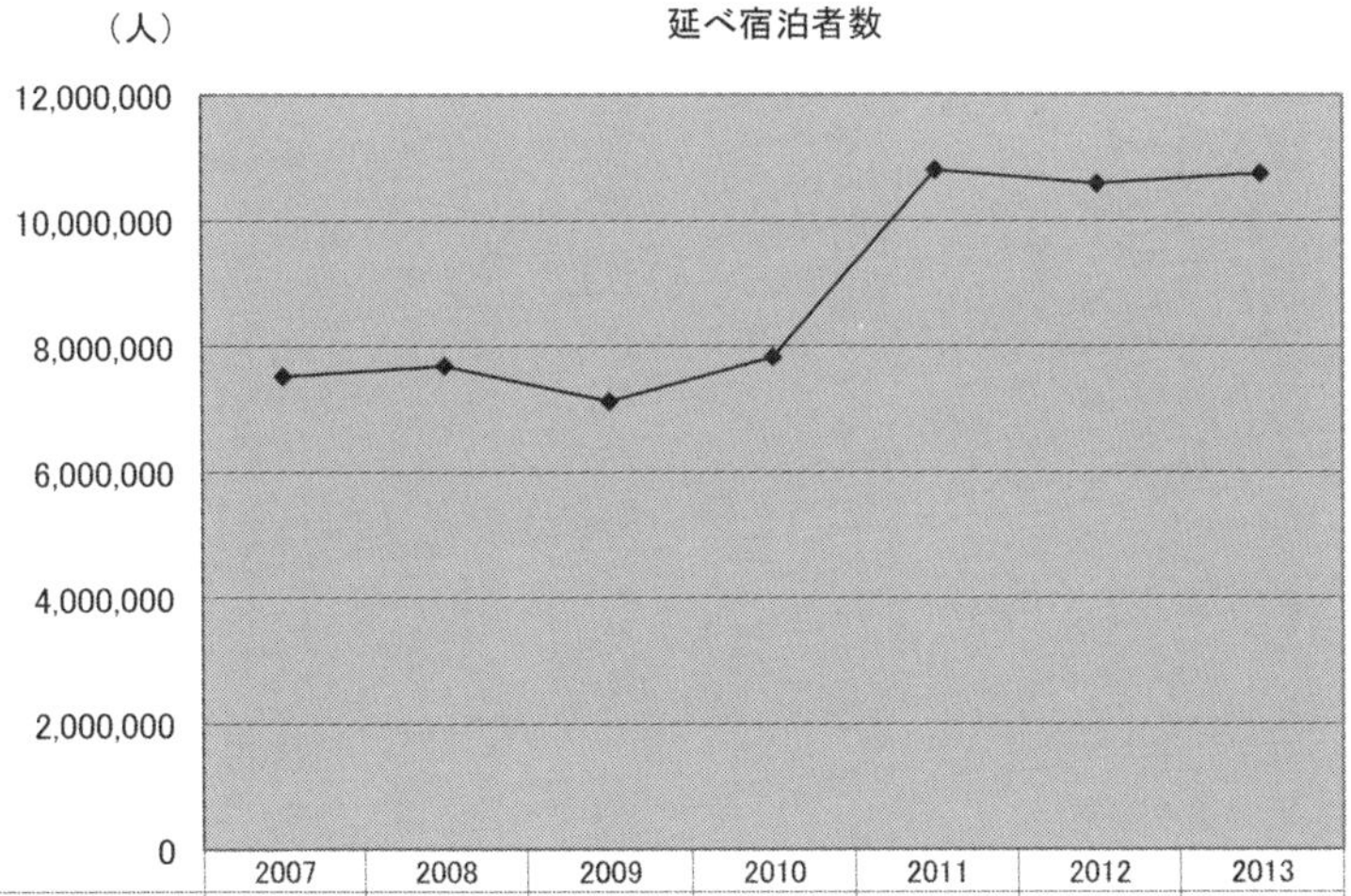

	2007	2008	2009	2010	2011	2012	2013
延べ宿泊者数	7,516,240	7,685,250	7,123,720	7,821,050	10,798,650	10,585,930	10,748,340

流人口」は住民票を置かないけれども、福島に来ている。それは旅行の場合もあれば、仕事の場合もある。

この「交流人口が増えている」というのが、今の福島の状況、もちろん、雇用・労働環境もそうだし、産業や普通の人々の生活を考える上でも意識すべき、重要な視点になります。

じゃあ、この「交流人口」ってどうやってはかるのか。住民票とか国勢調査とかで普通はカウントする人口ですが、そういうのに表れてこない人っているわけですね。どうやってそれを可視化するのか。

一つの方法は、ホテルなり旅館なりに滞在している人をカウントし、その変化を見ていくということです。

そこで出てくるのが、「宿泊旅行統計」です。実は先に、観光業について触れる際に「観光客入込数」を見ましたが、観光の状況を見るデータには「観光客入込数」以外に、この「宿泊旅行統計」もよく使われます（321頁図表）。

これを見ると、福島県の「宿泊旅行者」が3・11以後、約200万人、4割ほど増えていることが一目瞭然。3・11で減ったんじゃないんです。確実に増えている部分、「人口流入」している様が明らかになります。

現実は企業倒産の大幅減少と人材不足

そのような状況なので、

問2　（1件の負債額1000万円以上の）福島の2013年の企業倒産件数は2010年の何倍？

これもどう答えればいいか、見えてきている人もいるのではないでしょうか。

「福島は、3・11で壊滅的になったから、もう多くの企業が経営うまくいかなくなったりして、倒産も増えている」とか、そんなステレオタイプな俗流フクシマ論を言う人もいるかもしれませんが、そんなことはありません。これだけ求人を出せるということは、少なくとも資金的な意味では経営に余剰が出てきている部分もあるということです。

「平成26年版 福島県勢要覧」より作成
県内企業の倒産状況

（単位:件、百万円）

区分	件数	負債額	業種別件数										原因別件数									
			農・林・漁・鉱業	建設業	製造業	卸売業	小売業	金融・保険業	不動産業	運輸業	情報通信業	サービス業他	放漫経営	過小資本	他社倒産の余波（連鎖倒産）	既往のシワ寄せ（赤字累積）	信用性低下（取引先の打切）	販売不振	売掛金等回収難	在庫状態悪化	設備投資過大	その他（偶発的要因）
2009	161	35,565	-	55	31	22	22	1	2	3	-	25	8	6	11	20	-	114	-	-	2	-
2010	119	41,675	1	43	15	8	20	-	8	7	-	17	6	6	6	17	-	81	2	-	1	-
2011	99	39,569	1	25	16	7	12	-	3	7	-	28	4	3	1	27	-	51	-	-	1	12
2012	47	21,826	1	5	11	6	5	1	2	3	2	11	3	2	2	2	-	31	-	-	1	6
2013	42	4,335	-	8	6	3	8	-	1	3	-	13	2	-	3	7	-	27	-	-	1	2

注:1件の負債額1千万円以上

もちろん、中には、「景気が悪くて困っている」という企業もある。先に見たように「観光客来なくて商売上がったり」という事業者は確実にいます。

ただ、そんな苦しむ事業者がいる一方で全体像を俯瞰すると、経営に余剰が出てきて、人材を求めて奪い合っているような状況があるということです。

なので、問2の答えは、**「0・35倍」**となります。2010年と比べて2013年の企業倒産は大幅に減っています（323頁図表）。

注意する必要があるのは、「だから福島は元気です、ダメじゃありません」みたいな話ではありません。やはり、大きな変動があった中で生じた変化は、落ち着きつつあるものの、まだまだ雇用や労働環境、個別企業の経営に不安定をもたらしています。全体像を俯瞰した数字上は「景気が良い」ように見えますが、個々の経営者は常に細かく気を使い、個々の被雇用者もニーズが満たされない状況も続いています。

話をまとめて参ります。

今、福島の雇用・労働環境の問題としてあるのは、「働く場所がない」とか「企業が潰れまくっている」ということではありません。

働く場所はある。企業の倒産は減っている。

にもかかわらず、人が集まらなくて経営者が困っている業種がある。一方には、女性向けの事務や清掃などのように、求人に応募しても採用してもらえない業種も同時に存在する。「工事関係」や「医療・介護」など、性別や年齢によっては、急に転職するにはハードルが高い仕事は人不足で、女性や高齢者も就きやすい仕事は埋まっているとも言える。

高齢者・女性・外国人が活躍できるように

この問題自体は「被災地における雇用のミスマッチ」などと言って、復興に関係する者たちのあいだでは比較的初期から言われてきたことでした。3・11以降、福島以外でも同様に起こってきたことです。

ただ、ここでは深堀りはしませんが、岩手・宮城では徐々にそれが収まりつつあるのも事実です。徐々に地域に落ちる復興予算が減ってきたり、高台移転や災害公営住宅への居住が進んだりすることで、経済構造や人口の配置が元の状態に近づいてくるからです。

一方、福島では雇用のミスマッチが慢性化しています。それは先に述べたとおり、避難を余儀なくされている方々の移動によって各地域で雇用マーケットの根底が変わってしまったり、数十年単位で続く巨大な「公共事業」が存在するからです。

２０１４年６月の日経新聞「人手不足、好況で浮き彫り　５月有効求人倍率１・０９倍」という記事では、

・東日本大震災からの復興需要による求人増の一方で、生産年齢人口が１９９５年から２０１４年までに13％減ったことで、求人倍率が上がっている

・南相馬市内の牛丼店「すき家」原町店では、若者のバイト応募がないため、深夜帯のパート・アルバイトの時給が１５００円と、東京都内の店と並ぶ最高水準になった

・地方では働き手不足に対処するため、高齢者や女性、外国人の労働力の活用を模索する企業が多い

という旨をまとめています。

3・11以前の南相馬のアルバイトの時給は、６００円台とか７００円台とかが普通でした。それが数年経ったら倍増しているわけです。もちろん、このすき家の事例自体は、全体から見れば極端な例であるものの、県内の繁華街の居酒屋や旧警戒区域付近のコンビニなどでも、バ

イト単価の高騰はよく聞く話です。

そして、高齢者・女性・外国人にも働けるような環境を用意しようという動きが出てきているることも興味深いものです。もちろん、福島でも3・11前から高齢者・女性・外国人に活躍してもらえるような環境をつくろうとする動き自体はありました。ただ、もしかしたらその意識はそれほど強くなかったのかもしれない。

高齢者・女性・外国人などが活躍する会社こそが健全であり、業績も上げていくことになるという、いわゆる「ワークライフバランス」とか「ダイバーシティ」とか言われるこの動きは、都会の大企業が取り入れ始めたばかりのまだ新しい動きだと言わざるを得ない。地方部では、まだ古いあり方を当然のものとして保とうとする動きのほうが強かったかもしれません。福島も例外ではなかったでしょう。

例えば、「女性の労働力率のM字カーブ」という話があります。女性は高校や大学を出たら一度就職して労働力率が上がり、20代半ばから結婚したり出産したりを始めると就業率が下がっていき、また、30代になってから子どもが学校に通いだすと働き始める人が出てきて労働力率が上がり、その後子どもが自立し始めるとまた労働力率が下がる。このアップダウンがM字になるわけです。

この時に、女性には扶養控除から外れてしまう103万円以上稼がないような働き方をする人も多くいました。つまり、パートなど限定的な働き方しかしない人も多かったわけです。女性で事務系の仕事を求める人が多いということはデータから明らかでしたが、少なからぬ部分がこのパートでしょう。

しかし、現在は結婚しない、子どもを産まない人も増えている。性別・年齢に関係なく働く気と能力とがある人も多い。そういう中で、足りない労働力を、生産年齢の男だけではなく、多様な人がどう担っていくかというのが大きな課題です。

ただ、そういう先進的な考え方は、あくまで都会の話で、地方ではあまり考えられてこなかったのかもしれない。

しかし、福島の雇用・労働の状態を見ると、綺麗事ではなく、高齢者・女性・外国人などの活躍を真剣に考えていく必要が出てきています。そうしないともたない局面になってきています。

ここまで考えてくると、やはりここでもまた「福島の問題」が「日本全体の問題」につながってくることにも気づくでしょう。3・11の被害を大きく受けたか否かという課題の前提条件は違えども、「労働力不足」と「高齢者・女性・外国人の就業促進」という課題の枠組みと解決策は、いま日本全体が向き合っている問題そのものでもあります。

そんなわけで、ここまで大きく言えば「仕事」に関する話が中心でしたが、次はもう少し別な角度に目を移します。家族や子どもの状況について見ていきます。

家族・子ども

07

流産や先天奇形の割合は震災前後で変化なし

ここまで、福島の産業から話を移し、実際に福島で暮らす人が直面している雇用や労働環境の問題を見てきました。その中で、徐々に意識されてきたのは「経済性に還元できないこと」でしょう。

例えば、いくら給料の悪くない仕事が余っているとしても、皆がそれに必ず飛びつくわけではない。むしろ、皆が殺到する仕事にさらに人が集中してしまっていたりする。雇用のミスマッチが起こっているわけです。

なぜそうなるか。色々な説明の仕方がありますが、一言で言えば、「経済性に還元できない日常があるから」ということに尽きるでしょう。経済性だけで考えれば良さそうな選択をしない。

例えば、車で1時間近くかかるし家賃も安くないのに遠いところから通勤するとか、儲からなくて、むしろ費用が出ていくばかりなのに農業を続けるとか。

ここからは、これまでのような経済的な話ではなく、福島の日常について見直していきたいと思います。

3・11が福島の日常にいかなる影響を与えたのか。今回は、シンプルな問いから参りたいと思います。ただ、おそらく、気になる人も多い、しかし、触れづらかったであろう問いでもあります。

問1　3・11後の福島では中絶や流産は増えたのか？
問2　3・11後の福島では離婚率が上がったのか？
問3　3・11後の福島では合計特殊出生率が下がったのか？
問4　福島県の平均初婚年齢の全国順位は？

問4以外、いずれの問いも、これまでのように数字を答えてもらう前提ではありません。「そう思う」か、「そうは思わない。なぜなら」か、で答えていただくものになります。

おそらく、「震災離婚ってよく聞く」とか、「チェルノブイリ事故の時には中絶が増えたって聞いた」とか、まさに俗流フクシマ論が身の回りに多かれ少なかれあった人も多いのではないでしょうか。それがどうなっているか。

問1　3・11後の福島では中絶や流産は増えたのか？

答えは、**「いずれも増えていない」**です。

２０１２年6月の毎日新聞の記事「福島の女性調査：流産や中絶の割合、震災前後で変わらず」は、その実態をこう伝えています。

「福島県の妊娠数に対する自然流産と人工中絶の割合が東日本大震災前後で大きな変化はみられないことが、福島県立医大の今年1月末までの調査で明らかになった」

「妊娠１００件当たりの流産数は、震災前の10・1件に対し震災後は9・6～11件で推移し、統計的に意味のある差はなかった。藤森教授は『自然流産は通常、妊娠の10～15％起こるとされるので、その範囲内にある』と評価。中絶数も震災前の妊娠１００件当たり17・8件に対し、震災後は17・3～19・1件と明確な変化はみられなかった」

この記事の元となる調査は２０１１年に、⑴県内で母子健康手帳を交付された人、⑵県外で母子健康手帳を交付されたけど県内で里帰り出産した人、を対象に２０１１年に１万６００１人、２０１２年に１万４５６１人への調査票郵送で行われたものです。その報告が「平成24年度『妊産婦に関する調査』結果報告」です。こちらにも、

・引き続き、流産・中絶の割合は変化なし

・先天奇形・異常の発生率は2・39％であり、２０１１年度の2・85％と同様に、一般的な発生率（3～5％）と変わらない

・早産率5・74％、低出生体重児出生率9・6％も同様に一般的な発生率

・一方で、母親のうつ傾向は明確に出てきた。２０１１年度に27・１％、２０１２年度には25・5％

といった内容がまとめられています。

これらの調査結果は福島県立医科大学教授・藤森敬也さんによる以下の報告書にもまとまっているので、もしご興味がある方はご覧ください（平成24年度厚生労働科学研究費補助金（成育疾患克服等次世代育成基盤研究事業）「震災時の妊婦・褥婦の医療・保健的課題に関する研究」「福島県における、原子力災害後の妊娠数、流産数の変化」http://www.ob-gy.med.tohoku.ac.jp/korokakenokamurahan/pdf/130422-3.pdf）

この調査は、現在も続いており、２０１５年1月9日の読売新聞の記事「先天異常新生児全国と同等 原発事故後 福島県が2万人調査」にはその経過が書かれ、

「先天異常の一般的な発生率は３％程度といわれる。日本産婦人科医学会がまとめた12年の全国の発生率は2・34％で、福島の率は、これとほぼ変わらなかった。また、早産や低出生体重児の割合も、全国的な傾向と変化が見られなかった」

と現時点での結論がまとめられています。

先天奇形・異常の発生率に変化がないことについては、２０１４年10月の朝日新聞の記事「先天異常変化なし 福島への誤解解く情報を」（http://www.asahi.com/articles/DA3S11380564.html）

にもまとまっています。

ここでは、やはり誤解にもとづく情報が多く流れていることを問題視すると同時に、明確にうつ傾向を訴える人が異常に多い実態に触れられています。

「現時点でも数字上は、福島で赤ちゃんを産み育てるのは安全なように思える。しかし人間、頭では理解しても、心が追いつかないことがある。それを如実に物語るのが、うつ傾向を訴える人の多さだ。一般的に出産後の女性は10％程度、うつ傾向があるが、２０１１年度の調査では福島県全体では27％、原発のあった相双地区では30％を超えた。12年度も25％を超えた」

「妊娠・出産時期の女性は、赤ちゃんを守ろうとささいなことにも神経をとがらせる。あからさまな中傷は減ったが、それでもネット上では今も『福島の赤ちゃんはダウン症や奇形児が多い』などの書き込みがある」

離婚率は下がり、婚姻率は上がる気配も

続いての問いです。

問２　３・11後の福島では離婚率が上がったのか？

極めてよく聞く俗流フクシマ論に、「福島では離婚が激増してるらしい」というのがありま

す。「原発事故の後に、避難するかどうか、食べ物をどうするかで揉めて離婚した人がたくさんいる！」みたいな話です。

答えは、こうです。

「離婚率は明確に下がった。むしろ、婚姻率は上がる気配も」

これは厚生労働省が発表している「人口動態調査」に記録されていることです（337頁図版）。

まず離婚率ですが、全国的な傾向として、明らかに2011年に下がりました。福島は全国平均以上に離婚率が下がった。使い古された言葉を使えば、少なくとも夫婦間では「絆が再確認された」というような要素のほうが、「分断」よりも強く出たことが読み取れます。

もちろん、これは「震災離婚」「原発離婚」の存在を全て否定するものではありません。たしかに「震災離婚」「原発離婚」自体はありました。これは間違いないことです。「知り合いがそれで離婚した」という話は実際によく聞きました。様々なエピソードが「原発事故は放射線の害以上に人々を分断する」みたいな言い方は私もしていた時期があります。

ただ、振り返ってみれば、少数のエピソードが過剰に物語化されて増幅していって俗流フクシマ論をバブル的に膨張させていった側面もあるようにも思います。「家族の大切さがわかりました」みたいな行儀のいい話よりも「原発離婚」のようなキーワードで起きているエピソードの酷さを伝えたほうが、センセーショナルに拡散していきそうです。

もちろん「分断」も「絆」も両方あった。両方あったんだけども、「分断」よりも「人々のつながりを強める」方向に3・11が働いたことがこのグラフから読み取れるでしょう。

思い返せば、「震災結婚」「震災離婚」があった一方で、「結婚」に関する話もよく聞きました。

一つは「震災結婚」。異様な雰囲気、募る不安、自分もいつ命を失うかわからない。そんなふうに、人生観が変わって、早めに結婚しようと思うような人が出てきた。漠然とした不安が結婚を後押しした。

もう一つは「原発破談」。混乱の中で、それまでうまく行っていた話が急に方向転換して破談になった。

いずれも、あれから4年経つと、「当時は冷静さを失っていたな」と振り返る人もいれば、「あれでその人の本性が見えてよかった」と振り返る人もいたりします。


こちらはどうでしょうか。結論を先に言えば、**「福島では3・11前、婚姻率が下がる傾向があったのに、3・11後は横ばいになった」**。

2011年には婚姻率が下がりました。これは福島だけでなく、全国的にもです。やはり、社会が混乱している感覚が東北、関東にはあったからでしょう。その中で結婚するにしても時期をずらそうという動きが出るのはわかります。結婚式とかをやる雰囲気ではないと思った人

厚生労働省「人口動態調査」より作成
離婚率と婚姻率の推移

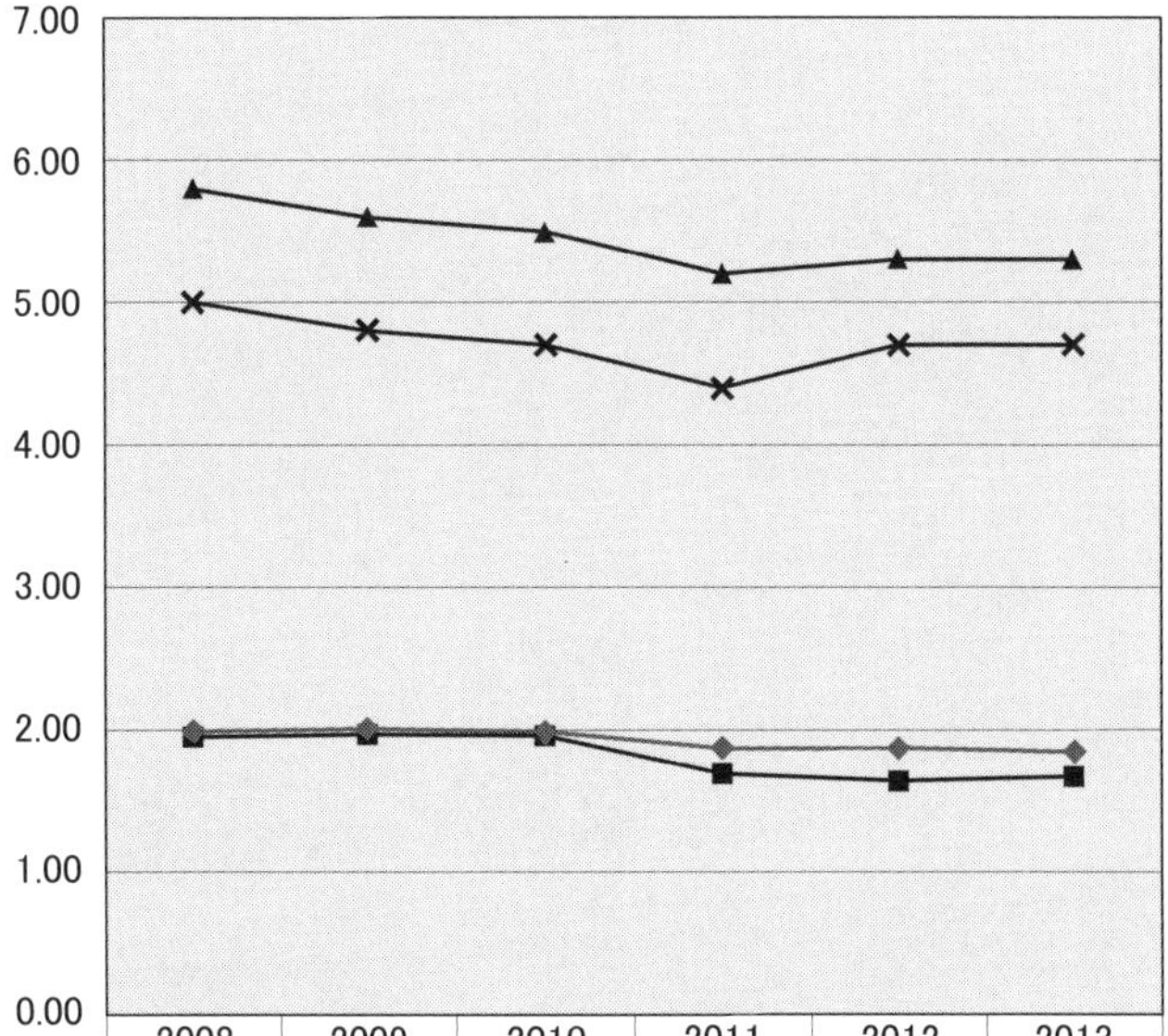

	2008	2009	2010	2011	2012	2013
全国離婚率	1.99	2.01	1.99	1.87	1.87	1.84
福島離婚率	1.95	1.97	1.96	1.69	1.64	1.67
全国婚姻率	5.8	5.6	5.5	5.2	5.3	5.3
福島婚姻率	5.0	4.8	4.7	4.4	4.7	4.7

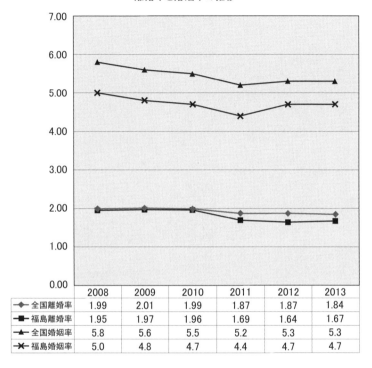

も一定数はいたでしょう。

あと、2010年以前の傾向を見れば、そもそも婚姻率自体が右肩下がりだったのにも気づきます。つまり、元から右肩下がりなのを3・11が拍車をかけたとも解釈できるでしょう。

問題はその後です。2012年には反動で戻るわけです。ただ、その戻り方について、全国平均と福島とを比べると明確に違う動きをしています。全国平均の上がり方は、元の水準に戻っているように見えます。2011年に結婚しなかった人が結婚をしたという反動だと見ることもできるでしょう。

一方、福島は、3・11前は右肩下がりだったのに、2011年を経て、3・11以前の水準で横ばいになっています。こちらは、ただの反動ではなく、「3・11が人々のつながりを強めた」と解釈することもできる。

どう結論付けるかは、今後のデータを待ってからにしたほうがより正確になるでしょう。

そんなわけで、離婚率・結婚率を見てきましたが、ここまでの話を一言で言えば、

「離婚率・婚姻率とも、振り子が振れて元に戻ってくるまでの周期は1年ぐらいだった」

という感じです。

1年は動きがとまったが、2年目以降は通常に戻った、または婚姻率は通常以上に活発にな

ったということになります。

出生率は全国最大幅のV字回復！

では、3・11後の出産についての意識はどうでしょう。

問3　3・11後の福島では合計特殊出生率が下がったのか？

これは、離婚率・婚姻率とは少し違う動きをしました。結論を言えば、**「振り子が振れて元に戻ってくるまでの周期は2年ぐらいだった」**となります。

グラフをご覧ください（341頁図表）。全国の合計特殊出生率は2011年をまたいでも特に変わらないのに、福島の合計特殊出生率は2011年、2012年と明確に下がります。「産み控え」が起こったわけです。

ところが、2013年には反動で3・11以前の水準をわずかに超えることになる。いわばV字回復しました。この0・12ポイント増というのは、全国最大の増加幅でもありました。

さらに、「里帰り出産」の件数も、一時は震災前の半分になったのが、2年ほどで元に戻りました。2014年2月の福島民報が「原発事故前水準戻った　福島県里帰り出産数」（http://www.minpo.jp/pub/topics/jishin2011/2014/02/post_9305.html）という記事で詳細を伝えています。

「産み控え」と言えば、1966年の丙午《ひのえうま》の話は有名です。「丙午年の生まれの女性は気性が激しく夫の命を縮める」という迷信の結果、「産み控え」が広く起こりました。合計特殊出生率は1965年に2・14だったのが、1966年には1・58に急減し、1967には2・23に戻ります。

これだけの数値の変化の裏側では、子どもを産むか産まないかで離婚に至ったり、中絶を行う夫婦も出てきて社会問題になりました。合計特殊出生率が多少下がるだけなら問題はないのでしょうが、迷信を信じる余り実害が出てきてしまったわけですね。行政が知識普及のために「ひのえうま追放運動」を行い、丙午の女性を大量調査して、迷信が迷信であることをデータで示したりする動きもあったそうです。

そんなデマを本気にして、惑わされていたのか、と。面白いですが、笑えません。まるで、いま私が本書でやっていることのようにも思えてきますので。

ただ、これが1966年生まれ、今まだ50歳手前の人が子どもの頃に普通にあったことだと思うと驚きますよね。本気でそんな迷信、風評で、合計特殊出生率を0・5ぐらい上げ下げしていたのかと。

それに比べると反発する人もいるかもしれませんが、比べれば、3・11による「産み控え」は0・1程度。それほど大きな動きだったとは言えないでしょう。

そんなわけで、「3・11以後、福島で中絶、流産が急増した事実はない。先天奇形・異常も

厚生労働省「人口動態調査」より作成
合計特殊出生率の推移

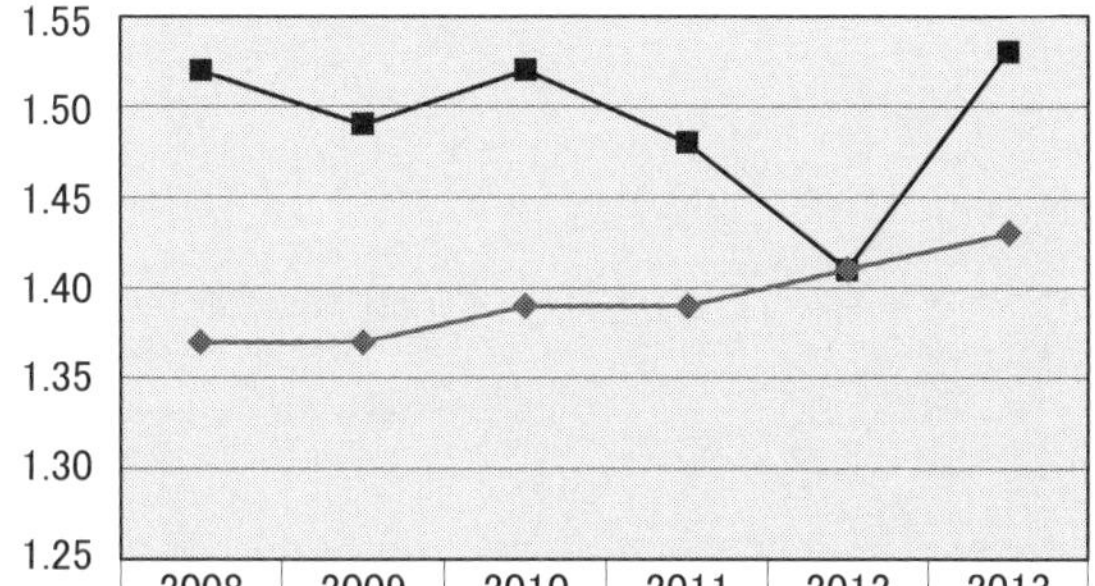

	2008	2009	2010	2011	2012	2013
全国合計特殊出生率	1.37	1.37	1.39	1.39	1.41	1.43
福島合計特殊出生率	1.52	1.49	1.52	1.48	1.41	1.53

同様」「3・11以後、福島で離婚率が急増した事実はない。むしろ減った」、そして「3・11以後、〝産み控え〟が2年ほど見られたが、それ以前の水準に回復している」というのが、データ上のここまでのまとめです。

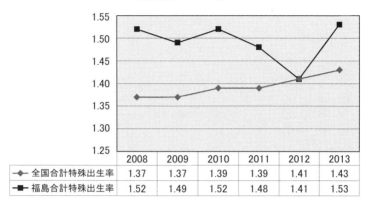

体力低下、肥満、虐待などの間接的な害の顕在化

もちろん、データに表れない部分に今も問題があることを忘れてはなりません。うつ傾向にまで至らないにしても、今でも3・11由来のトラウマ・ストレスを抱えている人は少なからずいます。3・11の時の不安感を思い出してしまう人、どれだけ説明をされても放射線に恐怖感がある人はいます。

では、どう対応すればいいのか。

とりわけ放射線に関することについて言えば、「情報を集めて知識をつける、適宜具体的な対策をとっていく」。これが答えです。普通の話です。

ただ、これがなかなか難しいのも事実です。情報を集めるといっても、どの情報源が正しいのかわからない。様々な分野の知識をつけようにも難しいものばかり。不安な気持ちを抱える人同士で話し合っても埒《らち》が明かない。中には、非科学的な理屈に騙されて、よくわからない食べ物や道具を買って浪費するような人も出てくる。

例えば、子どもを外で遊ばせるか否かとか、料理は水道水を使わず全てミネラルウォーターでつくるか否かとか、それぞれの家庭で考えて判断しろ、と言われてもそれが難しい、酷な状態があるのも事実です。地震や津波、放射線の直接的な害ではなく、それより前の段階で、自

文部科学省「学校保健統計調査」より朝日新聞記事を参考に作成
福島県の肥満傾向児の割合

	2010年度	2012年度	2013年度	2014年度
5歳	4.63③	4.86①	4.66②	5.76②
7歳	6.86⑫	9.89①	8.82③	9.64①
9歳	11.16⑧	13.97①	12.76②	15.07①
11歳	13.77②	14.53②	14.01②	14.43①
13歳	12.14④	9.66⑯	13.31①	14.43①
15歳	14.88①	13.17⑤	15.45①	13.55⑥
17歳	12.71②	14.11①	14.12①	13.11②

単位はパーセント。丸数字は都道府県別順位。2011年度は東日本大震災のため、岩手、宮城、福島県は実施せず

らで自らを追い込むような形での害が生まれている。

こういう「間接的・内発的な害」は、先に見たような直接的な害が起こっていなくても、確実に顕在化しつつあります。

代表的なのが、体力低下や肥満の問題。

例えば、2014年3月の福島民報の記事「子どもの体力低下　県内肥満への懸念も」(http://www.minpo.jp/pub/topics/jishin2011/2014/03/post_9552.html) によれば、全国の小5と中2の男女が受ける全国体力テストの結果、2012年度、2013年度ともに福島県の子どもは8種目の合計点が男女全てで全国平均を下回ったことがわかっています。

また、2015年1月の朝日新聞の記事「福島の子の肥満、高止まり　震災で運動不足や生活変化」(http://www.asahi.com/articles/ASH1P7F5NH1PUTIL04B.html) は、5〜17歳の子どものうち標準体重を20%以上上回る「肥満傾向」の子どもの割合を見ると、半分以上で福島県が1位を占める状況が続いていることを伝えています（343頁図表）。

虐待の増加も指摘されています。

2014年7月の福島民友の記事「虐待相談の増加／地域で見守り早期に対応を」では、郡山市の県中児童相談所の虐待相談の対応件数が前年度の1・5倍、いわき市の浜児童相談所が震災前の1・6倍の水準になっていると書かれています。仮設住宅のような狭いところに住み続けて肥満になったり、ストレスが溜まって虐待、DVに至ったりする人もいるでしょう。

注意しなければならないのは、「間接的・内発的な害」は、放射線だけの問題ではないということです。福島の問題、特に家庭、子どもが関わる問題を「全て放射線のせい」にして考える人は多くいますが、より広い視野で考えなければなりません。

幼稚園・保育園、小学校の先生に話を聞くと、私もどう伝えればいいのか逡巡する話も多く聞きます。全体からしたら一部ではあるけれど、外で運動をすることや食べ物に気を使い過ぎてしまい、偏った行動・生活習慣を続けた結果、運動不足や発育の遅れが明確にわかる子どももいる。それは、子ども自身が好んでそうしているというよりは、親が強い不安を感じ、しかしどう対処したらいいかわからず、それが行動に影響していった結果だという話も聞きます。

例えばその親は、表面上は放射線のことを気にしているように見えても、実際は放射線自体の問題ではない場合もある。夫婦間の不仲など家族内の不和、生活費の不足など経済的な余裕の無さ、仕事や育児の疲れ、友人や生きがいがない疎外感・孤独感などが背景にあって、そういったストレスを「放射線への対策」に投影している。そんな話を聞くことも多くあります。

3・11後、「福島の子どもたちを守れ」という威勢のいいスローガンを、福島に来たこともない、来たとしてもそこに住む人の言葉に静かに耳を傾けることをしたことがない人が叫ぶのを、何度も見聞きしてきました。本気で「福島の子どもたちを守れ」と思うのならば、それはただ原発や放射線のことを語るだけでは足りません。子育てを支え合うコミュニティの用意、地域での安定した職や子育てに理解のある職場の確保、病児保育など子どもの健康や発育についての心配を解消する場の形成、そういったもっと根本的な、より深い部分に視野を広げなければなりません。

これは福島だけではなく、日本全体の子育ての問題です。これを解消することで、複雑に絡み合っている「福島の家庭や子どもたち」を取り巻く問題を解決していくことができるでしょう。

福島の初婚年齢はずっと謎の全国1位

最後に、少しトーンを変えて、

問4　福島県の平均初婚年齢の全国順位は?

についても見て、まとめに入りましょう。

これ、答えは夫妻とも**「1位」**なんですね。２０１３年が夫29・8歳、妻28・2歳で、ともに1位でした。

この福島の初婚年齢の異様な低さは、伝統的なものです。

・少なくともここ10年ほどは、妻は常に全国1位。女性の結婚が早い
・夫は宮崎や佐賀、熊本など九州の県と競ることが多いが、定期的に1位になる
・ちなみに最も遅いのは、東京都。２０１３年は夫32・2歳、妻30・4歳

という特徴を持っています。

なぜ、福島の初婚年齢、特に女性がそうなのか。理由は色々あるでしょう。ただ、これだという答えは正直わかりません。「地方にもかかわらず、郡山、いわき、福島市のように比較的若者が集まりやすい町がある」とか、「安定した仕事があって結婚の見通しを立てやすい」とか、「家族の共同体が強くて、子育てをしやすい環境があるから」とか、仮説は立つかもしれませんが、それが正しいかの検証はまた別の機会にと思います。

ただ3・11を経ても、福島は、全国的に見ても特異に平均初婚年齢が低い県としてある。ある面では晩婚化、少子高齢化に抗するためのヒントがここに眠っているのかもしれない。そう考えると、また、データを持ってその背景を掘り起こしてみたくも思います。

08

これからの福島

「ビッグワード」に頼らずに福島を語る

ここまで色々なテーマに触れてきましたが、物足りない人もいるでしょう。「福島を語るっていうのに、賠償とか除染とか放射能とか当然もっと必要だろ！」とか、「もっと政府や東電を糾弾し賠償の問題を真剣に考えなければならない」「今も避難を続けている人々への眼差しが足りない」とか、色々言う人はいるでしょう。

そういった切り口ももちろん、大切です。これまで他の機会にさんざん論じてきましたし、またタイミングを見て、その辺にも突っ込んでいきたいと考えています。

ただ、本書ではそれをするつもりはありませんでした。まず「普通の人」が福島の問題を考えるためのベースを獲得してもらうことこそが重要だと考えているからです。

本書の目的は、まさに、そこにあります。「放射線意識高い系」はじめ、福島のことを怖い顔して何かを怒鳴りながら語ったり、ものすごく難しい言葉で議論し続けたりするような人ではなくて、「福島のこと、知っておきたいんだけど、何か取っ付きにくいし、でも今更聞けないよな……」って思っている「普通の人」に、福島の問題を考える入り口を提示する。その先にこそ、膠着状態になりつつある福島の問題を語る議論に風穴を開けられると考えています。

そのために、「避難」「賠償」「除染」「原発」「放射線」という「ビッグワード」に頼ることはあえて避けました。

福島と聞くと多くの人が連想し、福島を語る際に多くの人が使いがちな「ビッグワード」。これはとても便利な言葉です。これに頼っておけば、何かを語れた雰囲気は出る。「原発事故によって多くの人が避難をし続ける福島。除染・賠償・放射線への対策など課題は山積する」とか言うと、福島の全体像を語っているような雰囲気になる。

でも、はたしてそうなのか。ここまで読んできた方に改めて説明する必要はないかもしれませんが、「福島の問題」って、そういう問題なのだろうか。

たしかに、そういう問題はあるし、非常に重要だけど、それだけじゃない。むしろ、そういう表面的な問題、「いかにも福島らしい」特殊な問題の背後にある、日本全体、世界全体に通じそうな普遍的な問題に注目しないと、この問題は解決しない。そんなことを解き明かしてきました。

最後にもう少しだけ、ここまで触れてこなかったような、3・11が福島の日常に与えた影響、これから焦点化してくるテーマについて見ていきたいと思います。問いは五つです。

問1　今も立ち入りができないエリア（＝帰還困難区域）は福島県全体の何％ぐらい？

問2　原発から20キロ地点にある広野町（3・11前の人口は5500人ほど）には、現在何人ぐらい住んでいる？

問3　双葉郡にできる中間貯蔵施設は東京ドーム何杯分の廃棄物が入る予定？
問4　福島県の予算は3・11前の何倍くらい？
問5　福島県の震災関連死は何人ぐらい？

ここまで、「福島の問題」を取り巻く様々なテーマについて触れてきましたが、やはり双葉郡を中心とした「避難指示区域」の話を知りたい、という人も多いでしょう。たしかに、福島を語る上で、この話を忘れるわけにはいきません。

そして、興味を持たれている割にはこの部分の理解はまだまだ足りていないとも考えています。問1から問3までは、この「避難指示区域」の話です。

帰還困難区域、避難指示区域、避難指示解除準備区域とは何か

まず、単純な問いですが、
問1　今も立ち入りができないエリア（＝帰還困難区域）は福島県全体の何％ぐらい？

から参りましょう。どのくらいだと思いますか。

海外に行くと、「福島の全体が避難指示区域だ」ぐらいに誤解している人が普通にいます。

たしかに、海外に伝わる「福島の話題」と言ったら、すぐに避難指示区域の風景がセンセー

ショナルに描かれるようなことばかりでしょうから、仕方ないことでもあります。

さすがに、日本にいて、そこまで誤解している人はいないでしょうが、実際どのくらいだと思っているでしょうか。

そもそも、福島県の全体の広さをどのくらいだとイメージしているでしょうか。「福島県の面積の広さは都道府県ランキングで何位？」と聞かれたら。

答えは「全国3位」です。

1位が北海道（8万3456・2、以下、単位は平方km）、2位が岩手（1万5278・7）、3位が福島（1万3782・7）です。

ちなみに、これがどのくらいの大きさかイメージしにくいでしょうが、東京都（2187・4）と神奈川県（2415・8）と千葉県（5156・5）と埼玉県（3797・2）を足した合計（1万3556・9）よりも、少し大きいくらいです。

それで、福島県の面積1万3782・7平方kmに対して、今も立ち入りができないエリア（＝帰還困難区域）はどのくらいの広さか。

これは、337平方kmです。内閣府による資料にまとまっています（353頁図表）。ですので、1万3782・7のうちの337がどのくらいかというと2・4％ほど。

つまり、

問1　今も立ち入りができないエリア（＝帰還困難区域）は福島県全体の何％ぐらい？

の答えは**「2・4％」**です。

ただ、これは立ち入りができないエリアだけの話です。ご存じの方も多いと思いますが、現在は「住むことはできないけど、立ち入りができるエリア」ができてきているんですね。このエリアも含めた全体を、「避難指示区域」といいます。これが今、徐々に避難指示区域解除をし始めているので、今後変化していくところなのですが、当初の区域再編完了時のもので言えば、１１５０平方㎞、福島県全体の中では「8・3％」になります。

この「避難指示区域」ですが、元々は、3・11直後、福島第一原発から半径20キロの同心円に、飯舘村の方向に向かう放射線量が高い地域を加えて、「警戒区域」として設定されていたエリアが元になっています。これは「居住も立ち入りもダメ」という区域でした。

ただ、２０１２年ぐらいから徐々に「区域再編」といって、「やっぱり立ち入りできないエリア」と「住むことはできないけど、立ち入りができるエリア」に分けられてきました。

現在「立ち入りできないエリア」は、「帰還困難区域」と呼ばれるところです。

一方、「住むことはできないけど、立ち入りができるエリア」には二つあって、「居住制限区域」と「避難指示解除準備区域」と言われています。

市町村別避難指示区域の内訳（2015年2月作成）

面積	避難指示区域	帰還困難区域		居住制限区域		避難指示解除準備区域		区域対象外		全体
双葉町	約51km²	約49km²	96%		0%	約2km²	4%		0%	約51km²
浪江町	約224km²	約180km²	80%	約23km²	10%	約21km²	9%		0%	約224km²
大熊町	約79km²	約49km²	62%	約12km²	15%	約18km²	23%		0%	約79km²
葛尾村	約84km²	約16km²	19%	約5km²	6%	約64km²	76%		0%	約84km²
富岡町	約69km²	約8km²	12%	約35km²	51%	約25km²	36%		0%	約69km²
南相馬市	約171km²	約24km²	6%	約56km²	14%	約91km²	23%	約228km²	57%	約399km²
飯舘村	約230km²	約11km²	5%	約157km²	68%	約62km²	27%		0%	約230km²
川内村	約81km²		0%	約12km²	6%	約69km²	35%	約116km²	59%	約197km²
田村市	約42km²		0%		0%	約42km²	9%	約416km²	91%	約458km²
楢葉町	約86km²		0%		0%	約86km²	83%	約17km²	17%	約103km²
川俣町	約33km²		0%	約3km²	2%	約29km²	23%	約95km²	74%	約128km³
合計	約1,150km²	約337km²	17%	約304km²	15%	約509km²	25%	約871km²	43%	約2,021km²

これらをどうやって決めたのか。これはやや複雑なんで深掘りはしませんが、放射線量の多い少ないを基本に、生活インフラの復旧の可能性など様々な要因を配慮しながら決められています。

それで、「避難指示解除準備区域」っていうのは、「立ち入りはもちろん、住むこともＯＫ」となるように環境整備を目指しているエリアです。

この中で、具体的に避難指示解除がされだしているのが田村市の都路地区。これは２０１４年４月に解除になりました。あと、川内村東部。これは２０１４年10月に解除です。そして、２０１５年以降だと、楢葉町が２０１５年春、南相馬市の小高区が２０１６年春を目指しています。

徐々に避難指示区域自体が狭まってくるというのが、今後の流れです。

「今は決められない」という立場も尊重を

避難指示解除の後に、住民の方はどうあるべきか。重要なのは、三つの選択肢を確保するということです。

一つは、「帰還」。帰って、元の生活に近い生活ができるように早急に整備することです。例えば、新聞配達や宅配便が来ない地域がある。ちょっと卵を買いたいだけなのに、コンビニもなくて、車で30分かかるスーパーにいちいち行かなければならない。風邪ひいた時も、近くの病院が閉じてしまったから、1時間以上かけて遠い病院に行く必要がある。こういう不便さは出てきてしまう。これは解消されなければならない。

もちろん、放射線量の高さが気になる人もいるでしょうから、必要な追加除染もされるように制度を整えていくべきです。帰還をして普通に生活を取り戻せるようにする。これは住民の努力だけではどうにもならない部分がありますから、国・県・市町村のそれぞれの行政がやるべき対応を進めていくべきです。

もう一つが、「移住」。

避難指示区域に住んでいた方の多くが現在、いわきや郡山などに万単位で住んでいます。それは、あくまで「避難をし続けている」という扱いになっています。

ただ、実際に病院や学校も整えられ、スーパーもある地に住んでみて、利便性からここに移住してみるかという方もいる。もちろん、帰りたい気持ちはあるんだけど、避難指示解除になる兆しはなく、長期的に住める場所を探しているという方もいるでしょう。

そういった、多様な思いがありつつも、結果として、かつての住まいから新しい町に移住したいという人がいる。

でも、例えば、家をどうするのか。当然安い買い物ではない。仕事をどうするのか。ある程度年齢がいってからの再就職は、簡単ではない。そういった面を、金銭的にも、そうではない部分でもサポートしていくことが必要です。

まずは、東京電力による賠償などが生活再建につながる部分も大きい。その点、円滑に進めるべきです。そして、行政はもちろん、地域企業や金融機関、NPOなども含めて広い視野にたった対応が必要でしょう。


三つ目が、「待避」とか「避難継続」と言ったりしますが、要は「今は決められない」という人の立場も保護していくということが重要です。

3・11から現在まで、報道等では「帰還か移住か」「もう帰らないと諦める人が○%増えた！」みたいな、センセーショナルな扱いをされることが多かった、避難を余儀なくされている方々。ですが、はたして、そのようなアジェンダ・セッティング（議題設定）にどれだけ意味があるんでしょうか。

今日は帰還したいと思っている人が、明日は移住しようかと考えていたりする。「絶対に帰還しない」と考えていた人が、避難指示解除の兆しが見えた途端に「やっぱり帰還するか」と変わったりすることも少なからずある。そういう常に揺れ動く方々にとっては、「帰還か移住か」などという単純化された二項対立の中で「今すぐ選べ」ということ自体が暴力的であり、無意味なことです。

じゃあ、どうするかというと、「判断保留」でも問題なく生活を送れるようにすることです。例えば、住民票を移さないと保育園に入る手続きがややこしかったりとか、「避難し続ける人」の立場にいることで、細かいところで生活に支障をきたすことはあります。

そういったことがないように、例えば「二重住民票」やそれに類するような制度が必要だという議論などがありますが、どのような制度・政策であれ、「避難継続」でもいい、3年後、5年後に決めるという権利も確保していくことが重要です。それは、法・制度の問題だけではなく、私たちもそのような見方をしながら避難を余儀なくされる方と向き合っていくべきでしょう。

もう一点、これに関して別の観点から付け加えたいのは、この避難指示解除の流れを「ネガティブに捉えすぎる報道」があることは、一つ考えていかなければならない課題です。

避難指示解除が進むことについては、大別して二つのリアクションがあります。「帰還を待ちに待った住民にとって喜ばしい一歩」というのと、「そんなの早すぎる！　行政は強引に帰還政策を進めている！」というのと。

当初は、後者のリアクションが多くありました。実際に、行政が政策メニューとして帰還者ばかりを優遇していると捉えられても仕方ないものしか用意していない側面が強くあったので、当然の反応だったと言ってもよいかもしれません。

ただ、そうだとしても、一方には「やっと帰れる。ほんとうに嬉しい」という住民も確実にいます。

もちろん、帰ったところで食べ物を買う店が無かったり、病院・歯医者がやっていなかったりと生活インフラの復旧が足りていない部分もあり、その「嬉しい」というのも、不便・不安とともにあるものです。

しかし、それでも「まさにこれぞ復興の大きな一歩だ」と考え、うつ傾向にあった住民が急に元気になったりとか、実際は多くあるわけです。

にもかかわらず、過度に「避難指示解除」を「行政の強引なやり方」みたいな、安易な反体制ごっこの手段に使う報道がある。普段はあまり福島の状況を取材していないが、急に取材を始めた人などがやりがちです。

住民に話を聞けば、たしかに「強引だ」という声もあるでしょうが、確実に「やっと待ち望んでいた状態がきた」と心から喜んでいる人もいる。それを薄っぺらい物語に落としこんで理解したつもりにする動きがあるのは、とても残念なことです。

当然、問題もあります。住民にとって、いい面も悪い面も両方ある。両義的であるのは当然です。避難指示解除が進んだら、「もう帰れるんだから」と賠償額が下がる可能性があったりして、だから帰還をためらう住民もいる。

ただ、それはその問題を指摘して追求すればいいのであって、避難指示解除の流れ全体を否定するような描き方は何も生産的ではありません。「帰還、移住、避難継続。いずれの選択をしても、あなたはそこにいていいんだよ」。原則を一言で言うなら、こうなります。その点、履き違えることのないようにしていただく必要があるでしょう。

「広野町に住んでいる人」はどれぐらい？

そんなわけで、避難指示区域は狭まっていくわけですが、そこではまだまだ様々な問題が起こってきます。「避難指示解除をして、生活インフラを整えたら、復興完了！」みたいな単純な話では全くない。じゃあ、どんな問題があるのか。

実は、避難指示区域になっていないものの、これから避難指示解除されていくエリアが抱えるであろう問題の一端を経験してきた地域があります。

それは、福島第一原発から20キロの外にあるが故に避難指示はかからず、住民が居住可能であり続けたけれど、様々な問題を抱え、苦闘してきた広野町です。

ここで問いにいきましょう。

問2　原発から20キロ地点にある広野町（3・11前の人口は5500人ほど）には、現在何人ぐらい住んでいる？

原発から20キロのところです。「そんなところに人が住んでいるの？」と疑問に思う人もいるでしょう。「なんか、住めるって言っても、やっぱり多くの人は一度避難しているから、町民の1〜2割しか帰って来てないみたいだと、テレビで見たよ」という人もいるでしょう。だとすれば、5500人の2割だとして1000人ぐらい、というイメージでしょうか。


答えます。広野町には**「5000人以上」**が住んでいます。つまり、3・11以前と同じか、それ以上の人が住んでいます。

ただし、住民全員が帰ってきたわけではありません。どういうことか。

まず、住民は1850人ほど（2014年12月24日時点）、それに加えて通いながら生活している人も数百人規模います。元の住民の4割ほどです。たしかに、2011年、2012年ぐらいまでは1～2割という状態が続いていましたが、2013年、2014年と経つにつれ、時間をかけてゆっくりとですが、住民が戻ってきました。

実は、広野町の小学校・中学校は2012年には再開していました。いわきからわざわざスクールバスを出して、1時間かけて通ってくる子どももいました。学校も再開し、店なども徐々に元通りになってくると、住民も少しずつ戻っていきました。

ただ、それだけでは、「広野町には5000人以上の人が住んでいる」ということにはなりません。残りの3000人ぐらいはどこから来ているのか。

それは福島第一原発復旧作業員の方が、ここに住んでいるからです。3000人以上が広野町に暮らしていると言われています。

まず、福島第一原発で働く方々の人数は、時期によって変わりますが、1日あたり5000～6000人以上はいます。それに加えて、福島第二原発や広野火力発電所でも1000人規模の人がいます。

さらに、除染作業や、汚染がれき・土壌の仮置き場や焼却施設をはじめとする様々な建設・土木関係の作業に、これまた1000人規模で人が動いています。今後は、中間貯蔵施設という巨大施設の建設でさらに人が増えるでしょう。それを支えるコンビニ、ガソリンスタンド、警察・消防などの人もいます。なので、少なく見積もっても8000～9000人ぐらいの人がこの地域に何らかの形で毎日入っています。

ただ、言うまでもなく、広野町より南にしか人が住めません。なので、それらの1万人弱の人は、福島第一原発から20キロのポイントにある広野町、そして、さらに南に車で40分かかるいわき市に家を借りたり、ホテル・旅館に泊まったりして生活している状況です。

これは、3・11直後からずっとあった構造です。「死の町」発言があった2011年も、今ほど工事などは激しくなっていなかったものの、数千人単位の人が「死の町」内で動いていました。死の町どころか、町は健全であったとは言い難くても生き生きしていたと言えるかもしれません。

それで、はじめの頃は、郡山とか、茨城の宿とかからこの避難指示区域やその周辺の仕事に通ってくる人も多くいました。いわきの宿はいっぱいだし、広野にも民宿などはあるものの満杯だったからです。

ですが、片道、広野まで高速使って1時間以上かかるし、さらに広野から福島第一原発まで色々用意など考えると1時間以上確実にかかる。となると、仕事に行くまで2～3時間片道かかることになり、やってられないわけです。

「福島第一原発で働いている皆さんは放射線に立ち向かい大変だ」みたいな話はよくあり、たしかに、間違いなくそのとおりなんですが、それ以前の問題です。

仮に多少給料がよくても、片道3時間かけて仕事に行くってきつくないか、という話はあるわけです。9時から働き出すとして、5時台には家を出なければならない。いわき市に住んでいても、ちょっと奥まったところに家があると、職場に到達するまで4時間かかるという人の話を聞いたことがありますが、そうなると、通勤往復で8時間です。

いわきの宿は、今でも満室が続いています。相当早めに予約しないと、いわき駅まわりの宿はとれないので、旅行に行く人は気をつけて下さい。ついには、2013年にいわき駅前にははじめてとなるカプセルホテルができました。男性専用で、ここは収容人数もそれなりで空いていることも多いですが、時期によってはやはり埋まっていることもなくはない。

なので、だんだん、広野町に居住地が移っていったんですね。

ただ、どうやって、という話です。

いわきから広野に抜けていく道を実際に車で走ればわかりますが、わかりやすく言えば、山道が続いて、たまにちょこちょこっと住宅街が出てきて、また山道、という田舎です。

まず、新しいアパートがバンバン建ちました。国道沿いに「民宿ひろの」というところがあるんですが、これは、3・11直後から民宿の客は満杯で、駐車場にプレハブを建てましたが足りず、いつのまにか駐車場にアパートが建っていました。

他にも、国道を走っていると新築アパートが建っているのがわかりますし、空き地に住居利用のプレハブが建っているのも、今でもあります。そういうプレハブでは、炊事場があって、ご飯をつくりに広野に住んでいる主婦がパートで働きに来ていたりもします。作業員の方にとっては、「住み込み可・食事付き」の仕事なわけです。

もう一つが、新しいホテルです。国道からちょっと入ったところですが「バリュー・ザ・ホテル」というホテルが、3・11の後に建ちました。200以上収容人数ありますが、時期によっては満室状態になることもあります。「あれ、意外とお値段高めだな」と思ったりしますが、インターネットからも予約できます。建物はプレハブ的な見た目ですが、やはり利便性という点では代えがたいでしょう。

あと、ラブホテルだったところが「作業員向けホテル」に模様替えしたところもあります。田舎の山の中にあるラブホテルらしいつくりをしたところが、看板だけ取り替えて作業員向けの宿になっている。

そして、最も特徴的なのが、ファミリー向け一軒家の借り上げです。これ、どういうことかというと「3・11前に普通に家族が住んでいた家に、今は作業員の方がシェアハウスしている」という状況です。

広野町の住宅街に、どこにでもあるような風景ですが、ファミリー向け物件が立ち並ぶところがあって、3・11以前は家族が住んでいました。ですが、半分ぐらい避難している現在、その多くは空き家になっているわけです。放っておいてももったいないという方が出てくるのは当然です。そこに住んでいた人も、福島第一原発復旧作業を請け負っている企業なども。なので、今は広野町の外に避難している住民は、家具などをレンタル物置とかに預けて家を空《から》にして、企業に貸しています。企業はそれを借りて、従業員を、いわば「シェアハウス」的に住まわせるわけです。

家賃は色々ですが、普通のファミリー向け物件だと、月10万円ぐらいで業者が借り上げているという事例を聞いたことがあります。避難している方からしたら、大変な避難生活の足しにはなるでしょうし、企業側からしたら、ホテルを借り上げたりするよりも安くすむ。そして、従業員もきれいで広めの家に住めるし、職場から近くて便利。そういった関係性の中で、この「ファミリー向け物件借り上げ」があります。

そういうのが積み重なって、２５００人から３０００人ぐらいの「新住民」が広野町の中に住んでいる状態になっています。

だから、「原発から数十キロのところに人なんていないはずだ」とか、「みんな放射線を恐れて避難しているに違いない」「行政はそれでも帰還させようとしているが、戻りたい人なんていないだろう」みたいなステレオタイプ化されたものの見方がありますが、基本的にはそういう話ではありません。

外から働きに来た「新住民」vs治安悪化を怖がる「旧来住民」

もちろん、今でも広野町に帰らずに遠方に避難している方が「また原発で何かあると困るから」「子どもがいると放射線が気になって」と言っているのは聞きます。

しかし、一方で、広野町で暮らし続けている人、あるいはこれから戻るタイミングを見計らっている人にとっては、放射線を恐れてどうこうという話は、だいぶ前に終わった話になっている部分もあります。

実際、行ってみると空間線量も0・1マイクロシーベルト毎時以下のところ、つまり、東京などと同水準のところも多くあります。

そんなわけで「じゃあ、広野町には人も戻って来ているし、放射線の不安なども完全にではないにしても改善しつつある。じゃあ問題ないんじゃないの」という話になりそうですが、実はそうでもないんですね。

問題は発生しています。住民の方に話を聞くと、最も出てくる話題が「治安」です。

例えば、

「茶髪の関西弁の頭にタオルまいたお兄ちゃんが、チューハイ缶持ちながら道歩いてる」

「朝ウォーキングして、コンビニに寄ると、作業着を着た体の大きな男の人たちが大声で騒いでる」

みたいな話をされる。

このエピソードだけ聞いたら「ほう、それで？」という話なんですが、「だから治安が悪くなって困っている」というオチになっていきます。東京に住んでいたら、単に「若者がうるさくて困っている」みたいな話なんですが、そういうのではなくて「怖い」んです。これは、実際にそういう場面に身を置いてみないとわからないことでしょうが、要はこういう話です。

ここに住む方々で年配の方は、5年、10年、あるいは何十年もこの地域に住んできた方々でした。家の近くであまり交流がない人も、顔見知りだったり、知り合いの知り合いだったりで、小さなコミュニティだったわけです。

ところが、3・11からしばらくしたら、町で暮らす人の半分がそっくりそのまま「新住民」、外から働きに来た作業員の方々に入れ替わったわけです。この町は若者が多いわけでもないし、関西弁など耳慣れない言葉で話す人がちょいちょいいる状況もなかった。以前ならいないような人が、コミュニティにドサッと入ってきた。だから、地元のおばちゃん、おばあちゃんたちからしたらすごく不安だ、というわけです。

これだけなら、いわゆる「体感治安が悪化している」という話で済ませられます。体感治安とは、実際の治安とは違って、自分のイメージの中での治安のことです。不安が高まるだけで、実際に犯罪が起こっていなくても、体感治安だけが上がることはよくあることです。

ですが、この避難指示区域周辺では、実際に3・11以降、住民の身近なところで空き巣などが増加しました。これは警察庁がとりまとめた「平成23年の犯罪情勢」という資料にも指摘されています。殺人・強盗・強姦など凶悪犯罪系が大きな話題になったことはないようですが、治安への不安が高まるのは当然です。

そういうのと相まって、外から来る「新住民」が街を歩いているのが怖い、治安が悪い、という認識になっている。道端で飲んで酔っ払って、軽くおばあちゃんに話しかけただけでも「怖い思いした」と大事件になったりする。

もちろん、みんながみんなそうだ、という話ではありません。多くの人は、まじめに働いているし、多少家に帰ったらリラックスもしたいという話でしかないと思います。ただ、ごく一部に、騒いだり、ゴミを散らかしたままにする人がいる結果、「旧来住民」からしたら「新住民」が怖い、治安悪くなった、という感覚になってしまっている部分もあります。

実際、避難したまま帰還しない人には、「小さい子どもがいるのに、治安悪いところには帰れない」という人も結構います。その気持ちは、たしかにそのとおりだなとも思うところです。

そういう問題に対応するために、地元では収束作業を請け負い、広野に作業員を配置している企業と住民とが話し合う場、情報交換の場をつくるような動きも出てきています。

そうやって、情報の行き来を頻繁にして、相互理解をしあっていくことが今後重要でしょう。そして、ある程度、時間をかけて慣れていくことも必要なことでしょう。

新たにできる商業施設で生活再建

もう一点、問題は、「町にないと困るものが元通りに再開していない」ということです。

これは、ここまでも述べてきたことですが、医療機関、福祉施設や商業施設などです。病院が遠いので、急病になったらどうするんだという不安が常にあります。そして、やはり、「スーパーがなくて困る」と言っている人は多くいます。若い人だけじゃなくて、今の広野に多く住んでいる高齢者の方、中でも体の自由があまり利かない方からしたら、死活問題です。

例えば、高齢だから免許を返してしまって車運転しなくなった方とかがいるわけです。徒歩、自転車でスーパーに行って食べ物を買ったり、必要なときに簡単な薬とかトイレットペーパーとか日用品を買ったりしていた。それが一切できなくなるわけです。これは大変なことです。

もちろん、広野駅近くの商店街で再開している肉屋さんとか金物屋さんとかもあります。コンビニもいくつかあります。あと、広野の農家がやっている直売所も昼だけ開いています。でも、それだけだと不便だという方もいます。

なので、どうにかしようというのがずっと問題になっていました。そうしたら、２０１５年春にイオンができることになりました。これはいいニュースです。

２０１４年10月14日の福島民報の記事「広野にイオン進出　町が複合商業施設整備　来春に

も」によれば、
・イオン（本社・千葉市）を核店舗とする公設民営の複合商業施設が、町役場前の町有地に２０１５年春に開店
・町は、国から企業立地補助金を出してもらって設置して、テナントはイオンを核に住民の要望も取り入れて決める
・イオンが双葉郡内に進出するのは初めてで、広野以外も含めて帰還した住民に広域的にサービス提供を予定

とのことです。

ここでの、ポイントは、「広域的に」というところです。

かつて、大部分が避難指示区域に属する双葉郡には、町ごとにスーパーがあり、また簡単な服や本など売っている比較的大きなスーパーが富岡町にありました。しかし、それらは現在全て閉店している状況です。

そんな中で、広野町の方がそれなりに大きな買い物をする場合は、遠いいわきまで出かけなければならなくなっていました。これは広野町だけの問題ではありません。

例えば、富岡町の内陸側にある川内村なども同様で、現在、人は住んでいますが、元々は、それなりに大きな買い物は富岡町まで車で20～30分かけて済ませていました。しかし、今はかなり遠いところまで買い物に行く必要が出てきて、困っている状況です。

広野町にちゃんと買い物ができる商業施設ができることは、広野町はもちろん、川内村や2015年春に避難指示解除を目指している楢葉町の方々にとっても、生活を再建する上で重要な役割を果たすことになります。

広野町から楢葉町、富岡町へと北上する復興

「復興」という言葉がよく使われますが、恐らく三つぐらいの意味があると思います。

一つは、いわゆるハコモノをつくったり、生活再建に必要な資金的サポートの制度をつくったりする「政治・行政ベースの復興」。

二つ目は、仕事をする場が再開していく、十分な雇用を用意していく、新規事業立ち上げを支援していく、新たな研究開発拠点をつくっていくなどの「産業復興」。

三つ目が、いま述べたような、医療・福祉、教育、情報の受発信、地域のつながりやアイデンティティを再建できるようにサポートする「生活復興」。

どれも、重要なことです。

ここまで述べてきた広野町の良くも悪くも人の動きが活発になっている状況は、今後、広野町から楢葉町に、さらに、具体的な目処は立っていませんが、富岡町へと北上していくことになります。

実は、一部の企業は、楢葉町の許可を得た上で、既に作業員を楢葉町内で寝泊まりさせてきたりしていますが、避難指示解除後は、広野町と同様に、帰還しない住民の家を借り切ったり、あるいは空いている土地にプレハブ宿舎が建ったりすることになるでしょう。

また、広野町もそうですが、楢葉町もゆずを育てるなど特色ある農業をやっている農家がいるので、そういう人たちが生活を始めることになります。その際にも、この「政治・行政ベースの復興」「産業復興」「生活復興」が、どれに偏ることもなく、うまく進んでいくよう環境を整えていくことが重要になるでしょう。

楢葉町のゆるキャラは「ゆず太郎」というんですが、ゆず以上に楢葉町で有名なのは、サケです。

サケは川で生まれて、4年ぐらい海を回遊した後、また生まれた川に帰ってきて卵を産んで死にます。海から川に遡上してくるところに網をかけてとる漁の方法があるんですが、楢葉町はそれが有名です。「木戸川のサケ」といって、秋のサケが上がってくるシーズンになると、楢葉町の木戸川の近くに地元漁協が開く食堂ができて、そこでとれたばかりのサケとイクラが食べられるようになり、観光客もよく訪れていました。

それで、漁協では、毎年稚魚を育てて、春に川から放流してきたんですが、やはり2011年からそれは途絶えてしまいました。立ち入りできない状態になったんだから当然です。

ですが、2014年になって、3・11後、はじめて稚魚の放流がありました。4年ほどで、このサケが戻ってくることになります。その頃には、街の姿も大きく変わっているでしょう。

産業復興だけでなく生活復興を

あと、本書では、あまり言及してきませんでしたが、避難指示区域を語る上では、南相馬市も重要です。

南相馬市は、北から鹿島区・原町区・小高区と分かれているんですが、小高区が避難指示区域に入りました。そこには人が入れるし、工場とか事務所も稼働していい。ただ、住んではいけない。２０１４年４月には小高病院が再開し、さらに南側に行った浪江町にもローソンができたりしました。昼間の南相馬市小高区や浪江町は車の往来も人の活動も結構活発です。

そんな小高区ですが、避難指示解除を２０１６年４月に予定しています。産業復興はある程度できるけど、そこで生活復興のために何かできないか。そう考えた人が、いまコワーキングスペースをつくっています。

代表が和田智行さんという、元々東京でＩＴ企業の役員をしていた方なんですが、「小高ワーカーズベース」という名でコワーキングスペースをたちあげました。家の片付けでも、事務所の整理でも、来た人が立ち寄って仕事と交流ができる場所をつくることで、生活に必要な物が明らかになってくる。

例えば、小高区で日中、働いている人はいっぱいいるんだけど、温かい食事をできるところがない。だから、コンビニ弁当を1人で食べて済ませている。じゃあ、食堂をつくって、地元の方にパートで料理をつくってもらって食事を提供できないか。

そんなふうにして、実際に和田さんは食堂をつくってしまいました。出来上がる前から思いを聞いていたんですが、テレビ番組「ガイアの夜明け」でも取り上げられるほどになりました。

そんなことをしながら地元の方々の中からは、今は居住できないけれど地域の生活を取り戻す準備をしたい、と新しい動きが起こってきています。そういった点でもう一つ興味深く、私も応援しているのがNPOハッピーロードネットがやっている「ふくしま浜街道 桜プロジェクト」という取り組みです。

代表の西本由美子さんは、3・11前から広野在住で、地域の子どもを巻き込んで公道の花壇に花を植える活動など行っていました。それで、3・11があって、どうしたかというと、「警戒区域の中も含めて桜の苗木を道沿い全部に植える」ということを始めたんですね。30年後には春になるとそれが満開になって、地域の名物になるように、子どもたちが地元に誇りを持てるように、というのが趣旨です。

別に、これ自体は、いわゆる「復興」と言ってイメージされるような、ハコモノとか工場をつくるとかに比べれば、ほとんど経済的な意味はなさそうなものです。ただ、こういう象徴的なものをつくる、あるいは、地域の外の人を地域に巻き込むための回路をつくることは、非常に重要です。カネに還元できないし、病院やスーパーほどの即効薬でもないですが、中長期的に地域の住民の文化的な豊かさ、アイデンティティという意味で、生活復興にじわじわときいてくるでしょう。

ちなみに、この桜の苗木はオーナー制度になっていて、一本一本、オーナーが決まっています。だれでも、1万円払えば桜の木1本のオーナーになって、プレートをつけることができます。「福島の子どもたちのために」とか言いながら、しょうもないデマを流して自己陶酔している人もいまだにいますが、ぜひ、こういう具体的な活動に参加してみてはいかがでしょうか。

「除染」をめぐる内と外のギャップ

さて、そんなわけで、避難指示解除も進んでいくこれからは、帰還する人、移住する人、避難継続する人のそれぞれが生活に支障ないような状況をつくる作業が重要になってきます。その際、「政治・行政主導の復興」や「産業復興」だけではなく「生活復興」を進めていくことが大きな課題になっていきます。

その上で、もう一つ、避難指示区域について、今後見逃せない大きなテーマがあります。中間貯蔵施設です。ここで、問いに行きましょう。

問3　双葉郡にできる中間貯蔵施設は東京ドーム何杯分の廃棄物が入る予定？

これは、あまりでたらめな話とかが出回っているテーマではないでしょう。っていうか、多くの人がどのくらいの量なのか全く想像もつかないでしょう。

本書では、あまり「除染」の話をして来ませんでした。これにはかなり不満を持っている方もいるのではないかと思います。

２０１５年元旦にＮＨＫラジオ第一の全国放送に出て、朝10時から2時間、ルー大柴さんなどと福島の状況を全国に発信するということをやって、ここでリスナーから質問を募集したんですね。そしたら、半分ほどが「除染について教えて下さい」的な内容でした。

これは、地元からしたら結構驚きです。除染の話題はピークを過ぎた感があるからです。

除染については、環境省が用意するサイトに進捗情報がまとまっています（http://josen.env.go.jp/）。これを見ていただければわかりますが、とりあえず、まだまだ線量が高いところはいくらでもあるけれど、とりあえず、人がいるような場所については、最初の除染は「完了」しているところが多いんです。避難指示区域についても、そうですね。

楢葉町とか南相馬市小高区、あるいは富岡町・浪江町など、今後避難指示解除がなされていくエリアでは「もっと下げるまでやってくれ」という声もあります。ありますが、「とりあえず、一巡したところは多いよ、あとは細かいところを詰めていっている段階だ」と感じている人も多く、あるいは報道の加熱度も比較的、一時よりは落ち着いているのが現状と言えます。なので、県外の人が「除染について知りたい」というのは、やや認識のギャップを感じたところでした。

なんで県外の人が「除染について知りたい」と思うのか。

これは、色んな説明の仕方がありますが、元旦から福島のことを考えたいというような心ある方々がそう思うのは、「除染こそが福島を救う、問題を解決する特効薬になる」というイメージを持っているのではないかと感じたところでした。

つまり、「伝染病」には「薬」「医療スタッフ」、「火災」には「消防車」、「津波」には「防潮堤」みたいな、何か問題を解決する主要な方法として「原発事故」には「除染」みたいなつなげ方が頭の中でできている人が多いように、質問の文面を見ながら感じました。

その感覚はとてもわかるんですが、先に書いたとおり、農業でも除染しないで安全な作物つくっている場合も多いですし、むしろ他の対処法があります。居住の再開という意味でも、必ずしも、「除染を徹底したら人が住めるようになる」という単純な話でもなかったりする。「あまり細かく除染しなくても気にならないが、病院とスーパーつくってくれ」という話もあります。

ということなので、「除染こそ復興の要だ」みたいな見方をされている人がいるとすれば、それはちょっと俗流フクシマ論です。

じゃあ、県内で除染じゃなく話題になっていることは何か、と問われれば、２０１４年から２０１５年にかけて、これは中間貯蔵施設の話でした。除染は一巡した、と。じゃあ、その除染土壌・がれきなどをどうするのか、という話です。それは、施設をどうつくるか、という話もそうですし、そもそもどこにそれをつくるんだ、どう輸送するんだという話もあります。

これが福島の放射線対応の問題の最先端と言えるでしょう。

というわけで、

問3　双葉郡にできる中間貯蔵施設には東京ドーム何杯分の廃棄物が入る予定？

の答えを言うと、**「東京ドーム13～18杯分」**です。

東京ドームは約１２４万立方ｍであり、中間貯蔵施設には約１６００万立方ｍ～２２００万立方ｍ入ります。

これは環境省が出している中間貯蔵施設の資料「除染土壌などの中間貯蔵施設について」(http://josen.env.go.jp/material/pdf/dojyou_cyuukan.pdf)に詳しく書いてあります。注意すべきなのはこの「13～18杯分」というのが、「減容化」したあとの量だということです。減容化とは、体積を小さくして形を整えて貯蔵しやすくする、ということですが、具体的に言うと、草木・落ち葉などの可燃物を焼却して灰にすることです。つまり、運び込まれる量自体はもっと膨大だとも言えます。

「汚染されたものを焼却して大丈夫なのか？」という心配はあるでしょう。これには、放射性物質を99・9％以上取り除くと言われる排ガス処理設備と、線量の測定を常に続けることで対応します。

ただ、これは実際に始まってみないと何がどうなるか、わからない部分もあるので、これから様々な形で試行錯誤が行われることになります。

中間貯蔵施設の問題は場所よりも「輸送」

この中間貯蔵施設の話で、最も大変なのは何か。この焼却とか貯蔵とかもたしかに大変ですが、もっと問題が大きそうだと言われているのが、輸送の部分です。ここはもっと様々な試行錯誤が行われることになります。

輸送の何が問題かというと、一番のポイントは、量です。量が多すぎる。

「中間貯蔵施設への除去土壌等の輸送に係る連絡調整会議」という資料（http://josen.env.go.jp/soil/pdf/transportation_141219.pdf）に書いてあります。

輸送車両の台数は、多いところで、1日1500台・1時間あたり200台以上になります。と言われてもイメージがわかない人が大半かと思いますが、1分あたり3台以上のトラックが通過し続けることになります。

つまり、道路に立っているとすると、目の前にトラックが20秒に1台通り、右を見れば、1〜2台、左を見ても1〜2台は除染土壌を積んだトラックがいるという状況。これが、夜間はとまりますが、基本的には昼間1日中。これが少なくとも数年間は続きます。

しかも、これは色々とスムーズに動いた場合の話です。実際は、交通事故とか、雪や雨とか、混雑・渋滞もあるでしょうから、もっと混雑したり、滞ったりします。

そうすると、放射線の量どうなの、という話も出てきます。「それなりに線量高いものを積んだトラックが毎日家の前を通り続けるのが不安だ」という人も出てくるでしょう。それに、日本の経済成長期みたいに、排気ガスとかどうなの、という話も出てくる。ちょっとした「公害問題」みたいなことが起こりかねない。

なので、「線量をどう管理するか」「できるだけ混雑や事故対応、排気ガスなどの問題を解決できるようにどうするか」ということが試行錯誤されていくことになります。

実は、当初は、「JRを使って双葉・大熊まで運ぶ」という案もあったりしました。福島県の中通りを東北本線、浜通りを常磐線が縦に走り、それを横につなぐ磐越東線という線路が走っていて、これを活用できないかという話があったんです。

ですが、電車の活用というのはなかなか厳しいのではないかという話に至って、保留になっている。

まず、常磐線の再開通の見通しがまだな上、重量あるものを運べるように工事が必要になる。

そして磐越東線というのが、山の中を走る電車ですが、これは非電化の路線です。つまりものすごい山の中を走る箇所があり、電車ではなくてディーゼル機関車で、ダイヤも少ない。あまり便利に色々できる電車でもない。この路線の代わりに高速バスが流行っているというのが、ここ20年ぐらいの状況でした。

ということで、当面は電車などを使うわけでなく、中通りを縦に走る国道4号線、浜通りを縦に走る国道6号線、それを横につなぐ国道49号線、そして2015年3月1日全線開通の高速道路、常磐自動車道とそこにつながる磐越自動車道・東北自動車道などを活用していくということになっています。

これは、モータリゼーションの時代を感じさせる象徴的な話です。車の利便性中心で、全てが組み立てられる社会。かつてだったら、何よりも国の発展のためには鉄道が必要だったのが、今はそうではない。国鉄も民営化されて30年になる。

例えば、よく考えていただきたいのは、福島における道路の復旧の早さと電車の遅さとのコントラストです。3・11直後の道路の復旧など一瞬でしたし、その後の避難指示区域の交通も、2014年までに国道6号線が再開通して突っ切れるようになった。

高速道路も、常磐自動車道は本来もっと遅く開通する予定も発表されていた。っていうか、3・11直後は「もうこれで、常磐自動車道が東京から仙台までつながることは永遠にないのか」みたいな空気もありました。ところが、もう完全開通。これはすごいな、と思っております。

　他方で、線路はまだ具体的なスケジュールが定まっていない。大きな方向として、富岡駅の再建などが進むことが決まっていますが、3・11から5年以上でやっと先行きが見えてくるという状況でしょう。

　チェルノブイリは逆なんですね。モータリゼーションが対比的だと捉えられるかもしれない。車は半径30キロでいまだに検問があって、自由に通行できない一方、電車は通っています。もちろん、日本でも道路の再開通には抵抗感ある人が、被災者の中にも、外部にもいるでしょうが、通ったら通ったで、皆さん便利に使っているようで、必要なことだったと言えるでしょう。通るのが心配だという方は迂回しても大丈夫なわけです。

中間貯蔵施設を受け入れるまで

　話を戻しますが、中間貯蔵施設、ここまでくる道のりも大変でした。それはニュースなどで知っている人も多いでしょう。２０１１年当初から、中間貯蔵施設を福島県で受け入れてくれ、と当時の菅直人首相が福島県に来て、知事が拒絶する、というようなやりとりからこの話は始まりました。

　その後、少しずつ受け入れ姿勢ができて、２０１３年、２０１４年と具体的に双葉・大熊町を中心に施設をつくること、そのために土地買収などを進めることが明らかにされました。住民説明会などで、いくらで買収するのか、買収に応じたくない人からは長期的に借りる形にするのか、といったことが決められてきました。それで２０１４年末に大熊町が、２０１５年１月に双葉町が「復興の加速のためには仕方ない」と、中間貯蔵施設の受け入れを正式に表明した、というのがここまでの流れです。

当初は、環境省が２０１５年１月から中間貯蔵施設を動かし始める、と言っていました。まだ、住民説明会もまともにやっていない段階です。それで、双葉・大熊の町役場の方とかも「いや、どう考えてもムリだろう」と言っていたりしました。

ですが、かなりスムーズに話がまとまり、１月は無理だったけれど、２０１５年中には、中間貯蔵施設ができ、一部ではあっても搬入が始まっていく見通しがたってきたと言えます。

これは、あまり裏側が明らかにされることはありませんが、双葉・大熊の住民の方がとても熱心に対応したという背景がありました。

「避難した先で、公園とか空き地に除染した土が詰まったフレコンパックが積み上げられていて、その近くを小学生が登校しているのを見ていたりすると、つらい。どうにか、復興を早く進めるには中間貯蔵施設を進めなければ」

そんなふうに仰る方も少なからずいました。積極的に協力ではないですが、政府との調整の場で頑張った方もいた。やはりどうしても中間貯蔵施設が自分の土地にできるのが嫌な人もいるし、土地買収の額が気になる人もいる。そういう中で皆が納得し得る条件を模索していった方が住民の方の中にもいて、そういう努力があって、この話はまとまりました。

今後、数年で中間貯蔵施設は実際に建設され、輸送などの課題もより具体的に見えてくることになるでしょう。東京ドーム18杯分が積み込み終わるには、最初の5年位はかなり集中的に、その後も10年位かかって作業が続いていくことになるかもしれません。

後手に回る避難者のケア

では、最後に、大きな課題を二つまとめて触れて、締めたいと思います。「予算の問題」と「健康の問題」の問いを見てみます。

問4　福島県の予算は3・11前の何倍くらい？

問5　福島県の震災関連死は何人くらい？

答えは問4が**「1・9倍」**、問5が**「1793人」**です。

まず、予算については、それまで9000億円ほどだったのが、1兆7000億円ほどと、ほぼ倍増しています。増加分は「震災・原子力災害対応」のための予算です（385ページ図表）。

日本の予算が90兆円ぐらいですから、その２％ぐらい。３・11後に元の2倍ほどです。日本の国家予算がいきなり１８０兆円になるようなことが、福島県では起こっている。

これは、行政の仕事の急増と公共事業の活性化につながるわけですが、それによって、ここまで見てきたような雇用のミスマッチなど環境の変化はもちろん、行政職員の疲弊も深刻な問題として起こってきます。

そして、何より今後問題化するのは、「震災・原子力災害対応」のための予算が削られていった際に、再び雇用環境などが変化し、失業等が出てくることです。失業した人は、福島県外での仕事を求めざるを得ない人もいるでしょう。

「放射線への恐れによる人口の県外流出」は2年ほどで止まったことは人口のところで見てきましたが、３・11以前から根強くある「仕事不足による人口の県外流出」に拍車がかかる可能性があります。

もう一つは、震災関連死の数です。「震災関連死」とは建物の倒壊や火災、津波など地震による「直接死」ではなく、その後の避難生活での体調悪化や過労など間接的な原因で死亡することを指します。

「震災関連死」の数は１７９３人（２０１4年9月30日）。その際に合わせて考えるべきなのは「直接死」の数で、これは死亡者１６１１人、行方不明２０４人、負傷者１８３人（２０１５年

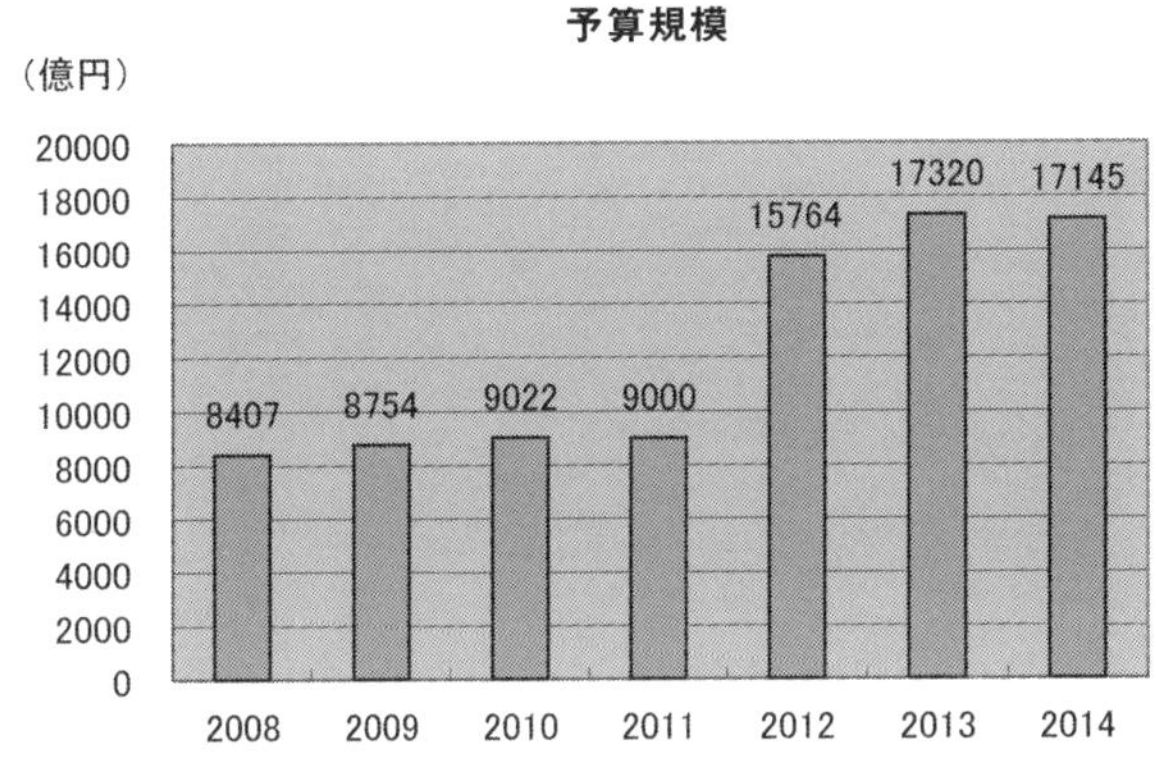

1月9日時点）です。

ここで理解すべきことは二つあります。

一つは、避難者のケアが後手に回っているということです。もちろん、仮設住宅や借り上げ住宅で支援活動をする人など今でもいますが、時間の経過とともに、高齢者を中心に心身の健康が悪化している人も増えてきています。震災関連死１７９３人のうち、66歳以上の方が１６２４人と９割を占めます。復興公営住宅の建設も進んでいますが、まだまだ足りない状況です。

もう一つが、避難することが心身に与える負担の大きさです。もちろん、放射線への対策、配慮は極めて重要で、その必要性を軽んじるつもりはありません。ただ、放射線への配慮を絶対視するあまりに、避難による心身への負担を軽んじるようなものの見方、具体的に言えば、そういった報道や調査、政策の方針は改められるべきでしょう。避難をし続けることがこれだけ具体的な人の死につながっているということは、直視しなければならない事実です。

高齢者の場合は、「亡くなる」という形でその負担の凄まじさが可視化されますが、若年層の場合、体力はあるので、そうはならない。ただ、亡くなってもおかしくないほどの負担が常にかかり続けている状況があることを、より詳細に見ていく必要があります。これは喫緊の課題です。


ここまで、様々なことを見てきました。「福島の問題」はやはり複雑です。状況は多様で、常に流動的。「福島の人はどうなんですか？」と聞かれても、「200万人ほどいるんで、200万とおりの答え方ができます」なんていう答えしか出てこないこともある。しかし、本書を読み通すことで、「福島の問題」の全体像に迫るための枠組みをご自身の中に持っていただけた部分はあるかもしれません。

まだまだ語れなかったことはあります。例えば、「甲状腺がん検診」「再生可能エネルギー」「NPOの動き」「反原発・被曝回避の社会運動」「交通インフラ、生活インフラ」「広域避難者」「犯罪・治安や自殺率」など。

これらはあえて本書では語りませんでした。それは、ここまで語ったことと違って、まだ先行きが見えない部分があるからです。具体的なデータをより積み重ねた上で、また稿を改めたいと思っています。

おわりに　～福島にどう関わるか～

「福島を応援したい」「福島の農業の今後が心配だ」「福島をどうしたらいいんですか」

こういう問いを福島の外に暮らす人から何度も投げかけられてきました。

本書はそういう問いに対して、「とりあえず、このぐらいは知っておいてもらいたい」ということを一冊にまとめたものです。この一冊を読めば、ご自身の中に、福島の問題に向き合うための「引き出し」をつくることができるでしょう。


ごく一部にではありますが、こういう問いを過剰に威勢よく投げかけてくる人もいます。どう「過剰」なのかというと、その人は「問いがある」んじゃなくて、「主張したいことがある」ようにしか思えないことがある。

「福島の子どもたちを今からでも移住させて救うべきだ」とか、「政府は福島での農業を禁止すべきだ」とか、「マスメディアは真実を知らせるべきだ」とか。そういう主張があるように見えるのだが、そうとは言わず、「福島を応援したい」「福島をどうしたらいいんですか」と問うてくる。

なんでそれに気づかされるかと言うと、会話が噛み合わないからです。

それらの問いに対して、私は本書で書いてきたようなことを答える。「子どもにはこういう問題があります」「農業はこういう現状です。今後はこういうことをする必要があります」「あまり知られていないけど、こういう情報がありますよ」

ただ、いくら論理的に説明しても、話が全く噛み合わず、「私の知り合いの福島の人から聞いたんだけど」とか、「ネットで知ったんだけど、実は……」みたいな針小棒大・牽強付会な無駄話、あるいはただのデマ話を続ける。

要は、「福島の子どもたちを今からでも移住させて救うべきだ」とか、「政府は福島での農業を禁止すべきだ」とか、「マスメディアは情報隠蔽をやめるべきだ」とかいう自らの主張を肯定してもらいたい、その場で主張を貫き通し承認欲求を得たいだけなわけです。

残念ながら、私はその方のカウンセラーでも飲み友達でも傾聴ボランティアでもセルフヘルプグループのメンバーでもありませんので、自己肯定・承認欲求のためのコミュニケーションについてはある程度以上の対応はいたしかねます。研究者・支援者としては事実を示し、知識をつけてもらうための言葉と理解のためのツールをつくることしかできません。

ただ、そういう極端な方の例を抜きにして、やはりまだまだ、福島の問題を理解するためのツールが足りないと、自らの力不足を感じてきました。それは、ただ、大量の情報を集めてやたら難解な本をつくることではなく、可能な限り明確に、文脈を共有していない人にもわかりやすく、それでいて網羅的な本をつくることでした。

これでもまだ難解であるし、モレがある、ということもあるでしょうが、まずは「極端な方」ではない、でも多少は興味があるという方の間で少しでも「福島の問題」への認識をバージョンアップできればと思います。

「福島を応援したい」「福島の農業の今後が心配だ」「福島をどうしたらいいんですか」

こういう問いに対して、一つ、明確に簡明に網羅的に出せる答えがあります。

それは、「迷惑をかけない」ということです。

迷惑は知らぬ間にかけているものです。迷惑をかけようと思って迷惑をかけている人もいるでしょうが、そうではなく、むしろよかれと思って、悪気なくやっていることも多い。だからこそ、こじれる。「善意」でやっていることを「迷惑をかけているのでは」と指摘されると、「私は迷惑をかけていない」と反発することになる。

この「善意」はややこしい。「福島にどう関わるか」。復興業界では「支援」という言葉が使われますので、「福島をどう支援するか」と言い換えてもいいです。

必ず、この「善意」が絡んでくるから、そう簡単に拒否したり批判したりできなかったりもする。

その結果、一方では、自らの「善意」を信じて疑わないけれど、実際はただの迷惑になっている「滑った善意」を持つ人の「善意の暴走」が起こり、問題が温存される。多大な迷惑を被る人が出てくる。

他方では、本当に良識ある人が「的を射た善意」も持つのに、気を使いすぎる結果、タブー化された「言葉の空白地帯」が生まれて、そこについて皆が語るのをやめ、正しい認識をだれも持つことができなくなる。迷惑が放置される。

この「善意のジレンマ」とでも呼ぶべき、「滑った善意」と「的を射た善意」という逆方向に向かう二つの矢印がすれ違う。結果、悪貨が良貨を駆逐するように、「滑った善意」だらけになって「迷惑」が放置され、状況が膠着する。

この状況を抜け出す際に意識すべきことは一つだけです。

「迷惑をかけない」ということです。

では、具体的には何が迷惑か。

多くの迷惑は「ありがた迷惑」です。何かを攻撃したり、傷つけるつもりなど毛頭ない。むしろ弱者への配慮、自由や公正さの確保をしたいという「善意」があるが故に起こる迷惑です。典型的な「ありがた迷惑」から、事例を交えて、見ていきましょう。

(1)勝手に「福島は危険だ」ということにする

福島の農家の方から聞く事例です。

「知人が、〝福島の野菜は危険だと聞きました。ぜひ食べてください〟などと、他県の野菜を送ってきて嫌な思いをした」

本書でも見てきたとおり、一次産業従事者の方は多大な努力をして3・11後の状況に対応してきました。実際にその状況もデータで示されてきました。むしろ、放射線以外も含めてこれだけ安全性に配慮して農家をやっているところは他にないと、わざわざ福島の有機農法やっている農家から作物を買う人もいる。

もちろん「危険」なところもあるが、そうではないところもある。その実態を知らずに勝手に「危険だと慮ることこそ正義」とでも言うべき態度をとる人は、まだまだいます。迷惑です。

(2)勝手に「福島の人は怯え苦しんでる」ことにする

幼稚園の先生から聞いた事例です。

「〝外で遊べないかわいそうな子どもたちに元気になってほしいと思います〟と、毎年絵本や積み木を送ってくる人がいる」

県内の幼稚園・保育園でよくある話なんですが、2011年4月から普通に再開して、園庭の草木を切って、砂の入れ替えもして、親御さんとも丁寧にコミュニケーションをとって、外遊びができるようにして、既に3年経っている。そこに対して、これまでの多大な労力を知ろうともせず、何よりも勝手に「怯え苦しんでいる」ということにして、その認識を押し付けてくる。

やっている側は、悪気はないのはわかります。ただ、「福島の子どもたちのことを思い続けている自分」みたいなのがあるのかもしれません。たしかに、怯え苦しんでいる人もいるだろうし、そうではない人もいる。にもかかわらず、全部まとめて怯え苦しんでいるとする。

3・11直後にしたり顔して、「福島は若い人なんかみんないないんですよ。残っているのは仕事をやめられない人とか親の介護がある人だけで、逃げられる人はみんな逃げているんです」とか、偉そうに言う人がいました。人口の章で見たとおり、怯え苦しんで「みんな逃げている」なんてことはありません。ステレオタイプな誤解を押し付けられるのは迷惑です。

(3)勝手にチェルノブイリやら広島、長崎、水俣や沖縄やらに重ね合わせて、「同じ未来が待っている」的な適当な予言してドヤ顔

(4)怪しいソースから聞きかじった浅知恵で、「チェルノブイリではこうだった」「こういう食べ物はだめだ」と忠告・説教してくる

これは、社会心理学でいう理論、「利用可能ヒューリスティック」として説明できます。利用可能ヒューリスティックとは、「ある事例を思い浮かべやすい時に、別な対象にも同じことが起こりやすいと自動的に判断するバイアス」のことです。

例えば、大きな飛行機事故があった後だと、人々に「人が自動車事故で死亡する確率と飛行機事故で死亡する確率と、どっちが高い」という質問を投げかけると、「飛行機事故」と答える人が増えます。

ですが、冷静に考えれば、自動車事故は毎日どの街でも起こり、一定確率で死者が出ている。一方、自動車よりは利用者が限られるにせよ、人が亡くなるような飛行機事故は日常的に起こるものではないことに気づくはずです。「何か特徴あることが目の前にあった時に思考停止して、ある側面を過大評価してしまう思考の癖」が利用可能ヒューリスティックです。

もちろん、ある事象とある事象を比較して、共通するところと違うところとを明確にして、教訓を導き出すことはとても重要です。それは分析の基本、学問的な営みそのものです。しかし、それは思考を豊かにするためにやるべきことであって、思考停止のためのものではありません。

ここで、もう一つ重要な視点があって、安易に福島と何かを重ね合わせることが相手にとっても無礼なことになり得るということです。

例えば、チェルノブイリでは、ソ連崩壊と経済危機、医療の不足などが相まって被害が深まった。それと、経済が比較的安定し、医療水準も高い日本とを勝手に重ね合わせて「彼らはかわいそうだ。そして私たち日本も」などと憐憫の情を向ける。

沖縄の地元に根ざした議論をする方々にとっては、彼らの歴史は「ヤマト（本土）に銃剣とブルドーザーで蹂躙された」ものであり、それを全くレベルの違う原発の歴史に重ねて「一緒だよな」などと安易に言う。先方にもそういうのに「そうだよ、仲間だよ」と言ってくれるいい人もいるでしょうが、何も言わずに白い目で見る人が大勢いるのはたしかです。そういう話に福島の問題を巻き込むと、余計面倒になります。迷惑です。

(5)多少福島行ったことあるとか知り合いがいるとか程度の聞きかじりで、「福島はこうなんです」と演説始める

これは、福島県外での福島をテーマにした講演会とか映画のトークショーとかでよくあります。２０１１年当初に比べて最近は減ってきましたが、福島の人間が大勢いる前で、「福島の子どもたちは外に出て遊ぶこともできず町はひっそりしている」とかドヤ顔で言う。聞かされている側は、「朝、家の前を通学する小学生の集団がうるさくてキレそうになったんですけど」みたいなこと思っているわけですけど、黙っています。迷惑な人と絡みたくないからです。

(6)勝手に福島を犠牲者として憐憫の情を向けて、悦に入る

(7)「福島に住み続けざるを得ない人々」とか「なぜあなたは福島に住み続けるのか」とか言っちゃう

これも、演説始める人にありがちなんですが、「都会の電気のために犠牲になった福島」とか、「我々の世代がしっかりしてこなかったから子どもたちが犠牲に」とか、「福島に住まざるを得ない犠牲者」とか。じゃあ、その反省の上で何をやったのか、と聞いてみると、何もやっていない。

そういう解釈の仕方はあるのかもしれないけど、この「憐憫の情を向ける」っていうのはとても無礼なことです。例えば、「才能がなくて給料が上がらないから、東京の奥地・多摩や八王子に住まなければならない犠牲者たち」「東京の人口過密によって埼玉や千葉から片道1時間以上かけて満員電車に揺られる犠牲者」「我々の世代が経済的繁栄を謳歌したばかりにユニクロで買った安価な服を着ざるを得ない犠牲者たち」とか言うんですか、っていう話で。それぞれの人の生き方、事情を深く知りもしないのに、勝手に「犠牲者」にして「憐憫の情」を向けるのは簡単なことですが、あまり生産性のないことでもあります。

昔、あるコラムニストが「〝飢餓に苦しむアフリカの子どもたちのきれいな目を見ていると、心が洗われるんだよ〟とか言いながらフランス料理食べて若い女子口説いているギャグ漫画みたいなおっさんがいて、キモかった」と書いている文を読みましたが、まさにこの「キモいおっさん」です。

もちろん、「福島のことを思ってくれてありがたい」なんて言ってくれる素直な人もいるでしょうが、素直な人だからです。何か行動するわけでもない、ただ憐憫の情を持っている自己愛に利用されるだけなのは基本的には迷惑です。

(8)シンポジウムの質疑などで身の上話や「オレの思想・教養」大披露を始める

他のとも似ていますが、もはや福島の話でも何でもない話を、福島にかこつけてする。「やはり、戦後社会の矛盾を受け止めて、文明を反省して私たちは新たな一歩を歩み始めなければならない」的な話を、「質問は手短に」と司会者が言っているのにもかかわらず続ける。「小水力・風量で再生可能エネルギー１００％の社会の実現にしか未来がない」みたいな、ノスタルジックでエキゾチック、オリエンタリズムまみれの言説とのセットも得意です。

もちろん、再生可能エネルギー自体、今後も導入の拡大がなされるべき重要なものですが、じゃあ、そういう人が福島の問題を理解しているのかというと、一つも理解していない。「原子力マフィアの陰謀を暴き真実を世界にしらしめる」みたいな「ジャーナリズム精神」を持っている方もいますが、本書にあるような基本的なレベルの知識もない。とりあえず、「文明」や「環境との共存」「巨悪の陰謀」などあまりにも大きすぎて、福島にかこつけているが福島には関係ない話をする。質問のシメは「で、どう思いますか？」みたいな無内容な言葉。知りません。その場にいる人の時間を返してください。迷惑です。

(9)「福島の人は立ち上がるべきだ」とウエメセ意識高い系説教

2014年にあった滋賀県知事選や沖縄県知事選で、自民党が推薦しない候補が勝つたびに福島のある新聞社には抗議電話がかかってくる。そんなことを若手の記者が教えてくれました。「必ず、〃滋賀では脱原発を掲げた候補が、沖縄では反基地を掲げた候補が勝った。なぜ福島ではそうならない。福島の人々は立ち上がらないんだ〃と、なぜかうち(新聞社の支局)にかかってくる」

こういう電話をかけてくるのは、1人ではなく複数いる、とも言います。「うちに聞かれても知りません」と言っても何度もかけてくる、と。

これは、もはや、福島の問題に限った話ではないんですが、「政治的にアツくならないヤツは愚かだ」というひとりよがりな「正義心」の上で、仕事であり、子育て・介護など生活であり、目の前のことに向き合っている多くの人に対して「立ち上がれ」と言いたくて仕方ない「意識高い」系の人がいる。その標的に福島がなってきた部分があります。

「福島の人は沈黙を強いられている」などと勝手に解釈し、そういうコミュニケーションを知らず知らずにやってきている人もいるでしょう。それなりに、色々なことと苦闘し、それなりに、様々な言葉を発しています。そういうことを知ろうともせずに「立ち上がるべきだ」と上から目線で言う。とても迷惑です。

⑽外から乗り込んできて福島を脱原発運動の象徴、神聖な場所にしようとする

⑾外から乗り込んでくることもなく福島を被曝回避運動の象徴、神聖な場所にしようとする

⑿原発、放射線で「こっちの味方か？　敵か？」と踏み絵質問して、隙を見せればドヤ顔で説教

3・11直後はかなり活発にありました。選挙の都度、現れます。飯舘村、南相馬、福島駅前など、象徴的なところで選挙開始の「第一声」をあげて、「私たちは脱原発を掲げ、福島のことを考えてます！」と言って、話し終わったらすぐ東京に帰って二度と来ない。何か、具体的に支援活動をするわけでもない。勝手にでっち上げた「脱原発運動の聖地・福島」の使い捨て。

被曝回避運動の場合は、来ることすらしないパターンもある。「実は福島では、子どもたちがバタバタと死んでいる」「福島では白血病が多発しているのに地元メディアは隠蔽している」などと遠くからデマを流し続け、「福島では」とデマを補強する材料に福島を利用する。

さらに、「あなたは子どもを避難させることは賛成なんですか？　反対なんですか？」などと、極端な選択肢しかない質問をして、「絶対に賛成です」と言わない限り、「政府の回し者」「被曝推進派」みたいなレッテル貼りの上で説教。

やっている人の中には、悪気のない、若いお母さん方などもいると思います。脱原発運動と結びついた政党を支持するのも、被曝回避運動に関わることで孤独感を紛らわせたりするのも、怪しい健康食品を買ったりするのも個人の選択として尊重されるべきですが、その過剰な部分を煽るのに福島を利用するのはとても迷惑です。

以上、「福島へのありがた迷惑12箇条」としましょう。

「迷惑をかけない」ということが何より重要なことです。

迷惑をかけないためには、理解すること、それもひとりよがりな理解ではなく、「わかろうとすること」「知ろうとすること」こそが重要です。

もちろん、「勉強する」とか「情報発信する」とか、そういうことが「福島のための支援」なんだと、必死に集会に行ったり、Twitter・Facebookでリツイート・シェアしたりしている方もいます。その「善意」自体は否定しませんし、ありがたいことだと思う方もいるでしょう。ですが、残念ながら、その少なからぬ部分が、「誤解に基づく勉強」だったり「デマを必死に情報発信」だったりします。時間が経つにつれて、徐々に落ち着いてきつつありますが、それでも、根強く、「滑った善意」にもとづく「勉強」「情報発信」はあります。それならば、大変残念なことではあるけれども、何もしないでおいてもらったほうが、まだ迷惑ではないのかもしれない。

まあ、こうやって、厳しいことばかりを言っていくと、「滑った善意」の人だけでなく、「的を射た善意」を持った人もまた離れていってしまいます。とても惜しいことです。だから、あまり苦言が呈されてこなかった側面もあるでしょう。しかし、これからの「福島の問題」の解決のためには、本書で述べ続けてきたように、誤解には「誤解だ」と、「必要なことはこれだ」と、言っていかなければなりません。

ただ、そんなふうに、福島にどう関わるか、なかなか難しくなっている上でも、なお「福島を応援したい」「福島の農業の今後が心配だ」「福島をどうしたらいいんですか」という思いをまっすぐに持っている方もいるでしょう。

「福島のために何かしたい」という方に対して、私はこう答えます。

買う・行く・働く

この三つしかありません。

「福島のために何かしたい」界隈には、鼻息荒く「福島がー、福島をー、福島のためにー」みたいなかなり前のめりなんだけど、じゃあ具体的に何か「これは」ということをやりたいのかというと、そうでもないような方がいます。２０１１年に比べたらだいぶ減ってきましたが、やはり福島の問題となると何か大きなことをしなければならないと思っている人がいるわけです。

ですが、はたしてそんな前のめりになるほど「大きなこと」が必要なのか。必ずしもそうではありません。少なくとも「文明を反省する」とか、「私たちの世代が向き合ってこなかったことの罪を償い」とか、「原子力マフィアの陰謀を暴き真実を世界に知らしめる」とか、仮にそれが必要だとしても、あなたにはできませんし、私にもできませんし、総理大臣でも難儀する話でしょう。じゃなかったらもっと早く収束しています。

必要なのは「ご自身の日常の中で」どう関わっていくか、ということです。

それは、煎じ詰めれば、三つしかないと思っています。

買う。ECサイトで福島のもの、いくらでも買えます。野菜・酒など食べ物もあるし、それ以外もある。「福島の応援」、5分でできます。

行く。旅行・観光でもいい。仕事で行った際に、ちょっと駅まわりで地の物を食べてみるのでもいい。あと、福島では、3・11後、サッカー・野球・バスケットボールのプロチームや、全国区でもそれなりに質の高い地元アイドルも揃ってきました。そういうのを見に行ってもいい。「農泊」と言って、農家に泊まらせてもらって、農作業体験したり、とった野菜の地元料理を食べたりできる場所もあります。喜多方とか白河市周辺とかにあります。「福島の農家の今後が心配」ならこれでしょ。いわき駅前の「夜明け市場」。寂れたスナック街を3・11の直後、当時二十代の地元出身の若者が復興飲食店街にリニューアルし、町の人の流れを変えた。これもすぐ行ける。時間あれば、今日でも行ける。

働く。ボランティアでもいい。東京の家で、福島で動いているプロジェクトの書類をつくる手伝いをするのでもいい。もちろん、フルタイムで働くのは大変かもしれませんが、もしきっかけがあればそれもありかもしれない。雇用・産業のところで触れたとおり、人手は求められていますから。現場に行き「福島をどうしたら良いか」自分で深く考え、実際に社会に価値を生む。これほどの機会は他にありません。復興庁が「Ｗｏｒｋ ｆｏｒ 東北」といって、東京などでビジネスをバリバリやっている人が東北に１、２年働きに行くのを資金等の面でサポートする制度もつくっています。１ヶ月あればだいぶ具体的に動き始められます。

他にもないものかと考えてみましたが、この三つが最も網羅的でシンプルであるというのが、現状の結論です。「買う」より「行く」、「行く」より「働く」のほうがハードルが高くなっていきますが、逆に「福島のために何かやっている」というやりがいや実感も出てくるでしょう。

非日常を求め続けて「敵や悲劇をでっち上げ、それに立ち向かう姿勢を見せること」が福島のためであるかのような勘違いもありますが、そんなのは、少なくとも「福島の問題」のためには何の役にもたちません。

日常の中での「共感を伴う行動」を多くの人が実践してこそ、「福島の問題」は解決していきます。

＊

本書は福島の復興や地域に関わる多くの実践者や研究者、話を聞かせてくれた数え切れない人々に様々なことを教えていただく中で生まれた。あまりにも膨大でお名前をあげることはできないが、この場を借りて御礼申し上げたい。また担当編集者の藁谷浩一さんはじめ本書の成立に関わっていただいた方には多大なお力添えを頂いた。ご迷惑をおかけしたことをお詫びしたい。そして、深く感謝している。

先にも書いた通り、福島についてはまだまだ触れるべきテーマがあるが、本書ではとりあえずあれから4年の現時点で明確にわかってきたことから扱った。また、本書での議論は常に反証可能性に開かれている。あくまで「議論の出発点・基盤」に過ぎない。この「議論の出発点・基盤」の上に「数字」と「言葉」をもとにした、新たな知見が積み上がってくることを願っている。

本書の議論の補足情報や扱いきれなかったテーマについてはＷＥＢ上「開沼博オフィシャルサイト」で随時発信していくのでご覧いただきたい。

福島へのありがた迷惑 12 箇条

1 勝手に「福島は危険だ」ということにする

2 勝手に「福島の人は怯え苦しんでる」ことにする

3 勝手にチェルノブイリやら広島、長崎、水俣や沖縄やらに重ね合わせて「同じ未来が待っている」的な適当な予言してドヤ顔

4 怪しいソースから聞きかじった浅知恵で、「チェルノブイリではこうだった」「こういう食べ物はだめだ」と忠告・説教してくる

5 多少福島行ったことあるとか知り合いがいるとか程度の聞きかじりで、「福島はこうなんです」と演説始める

6 勝手に福島を犠牲者として憐憫の情を向けて、悦に入る

7 「福島に住み続けざるを得ない人々」とか「なぜあなたは福島に住み続けるのか」とか言っちゃう

8 シンポジウムの質疑などで身の上話や「オレの思想・教養」大披露を始める

9 「福島の人は立ち上がるべきだ」とウエメセ意識高い系説教

10 外から乗り込んできて福島を脱原発運動の象徴、神聖な場所にしようとする

11 外から乗り込んでくることもなく福島を被曝回避運動の象徴、神聖な場所にしようとする

12 原発、放射線で「こっちの味方か？　敵か？」と踏み絵質問して、隙を見せればドヤ顔で説教

福島を知るための25の数字（答え）

1 復興予算って何円？（2011年以降、5年間で）

→ 25兆円

2 震災前に福島県で暮らしていた人のうち、県外で暮らしている人の割合はどのくらい？

→ 約2.5％

3 福島県の米の生産高の順位は2010年と2011年でどう変わった？（全国都道府県ランキングでそれぞれ何位）

→ 2010年が4位、2011年が7位

4 福島県では年間1000万袋ほどつくられる県内産米の放射線について全量全袋検査を行っている。そのうち放射線量の法定基準値（1kgあたり100ベクレル）を超える袋はどのくらい？

→ 2012年が71、2013年が28、2014年が今のところゼロ

5 精米して炊いた米のセシウム量は玄米の何分の1？

→ 約10分の1

6 日本の場合、米や野菜の法定基準値は100ベクレル／kgほどだが、米国やEUはそれぞれどのくらい？

→ EUが1250ベクレル／kg、米国は1200ベクレル／kg

7 私たちは通常、年間何ミリシーベルト被曝している？

→ 世界平均2.4ミリシーベルト（日本平均2.1ミリシーベルト）

8 通常、体内には何ベクレルぐらいの放射性物質がある?

→ 7000ベクレル。そのうち放射性カリウムが4000ベクレル、炭素が2500ベクレルほど

9 私たちの体内には放射性カリウムという放射性物質が常に4000ベクレルほど存在しているが、体内の放射性カリウムの量と放射性セシウムの量を同様にするには、法定基準値の5分の1(20ベクレル／kg)程度のごはんを毎日ごはん茶碗(200g)何杯分くらい食べる必要がある?

→ 75杯

10 福島県の漁業の2013年水揚量は、2010年に比べてどのくらいに回復している?(何%)

→ 9%。ただし、福島県内に所在地を持つ船という基準だと57%

11 福島県の材木の2013年生産量(≒林産物素材生産量)は、2010年に比べてどのくらいに回復している?(何%)

→ 97.7%

12 福島県の一次・二次・三次の割合(産業別就業者数構成比)はどのくらい?(それぞれ何%)

→ 一次が7.6%、二次が29.2%、三次が60%

13 福島県の2013年観光客(=観光客入込数)は、2010年に比べてどのくらい回復している?(何%)

→ 84.5%

14 スパリゾートハワイアンズの客数は3・11前と比較してどのくらい増減している？（何%）

→ **107%**（2010年に179万8313人が2013年に192万2577人）

15 福島県の2013年修学旅行客数（＝教育旅行入込）は、2010年に比べてどのくらいに回復している？（何%）

→ **47%**

16 直近（2014年11月）の福島の有効求人倍率（就業地別）は、都道府県別で全国何位？

→ **1位**

17 福島県の2013年のホテル・旅館に滞在する「宿泊旅行者」は、2010年に比べてどのくらいに回復している？（何%）

→ **137%**

18 福島の2013年の企業倒産件数は、2010年の何倍？（一件の負債額1千万円以上の企業）

→ **0.35倍**

19 「3・11後の福島では中絶や流産は増えた」「3・11後の福島では離婚率が上がった」「3・11後の福島では合計特殊出生率が下がった」のうち、いくつ正しい？

→ **出生率のみ正しい**

20 福島県の平均初婚年齢の全国順位は?

→ 1位

21 今も立ち入りができないエリア(=帰還困難区域)は、福島県全体の面積の何%ぐらい?

→ 2.4%

22 原発から20キロ地点にある広野町(3・11前の人口は5500人ほど)には、現在何人ぐらい住んでいる?

→ 5000人以上

23 双葉郡にできる中間貯蔵施設は東京ドーム何杯分の容積?

→ 18杯分

24 福島県の予算は3・11前の何倍くらい?

→ 1.9倍

25 福島県の震災関連死は何人ぐらい?

→ 1793人

福島学おすすめ本・論者リスト

「福島のこと知るのに、どの本、だれの話がいいのか?」
これは気になる方が多いところでしょう。本書は数百冊の書籍・資料を読み込み、
多くの専門家に教えてもらった上で書いていますが、
その中で「"福島をわかる"には、まずこれを読め!」という本・論者をあげます。

まずは、**農業**だと福島大学の**小山良太**さん。農業経済の専門家で震災前から県庁・農協・生協・生産者などと福島の農業の地位向上に取り組んできた。小山さんとその周辺の研究者グループの取り組みを押さえれば福島の農業の実態、あるいは放射線の問題の現状はよくわかります。一般向けの本が少ないのが残念ですが『**農の再生と食の安全―原発事故と福島の2年**』(**新日本出版社**)がおすすめ。あとは、インターネット上でもわかりやすいテキストがいろいろ読めるのでぜひ検索してみてください。

漁業は東京海洋大学の**濱田武士**さん。漁業経済が専門で『**震災と漁業**』(**みすず書房**)は岩手・宮城なども含めて、『**日本漁業の真実**』(**ちくま新書**)はそもそも漁業とは何かを広い視野でとらえています。いつも現地調査に全国、海外まで飛び回っていて「あそこの港はどうなんですか」と聞くと「あの漁協の○○さんは」と、何でも知っています。本書を作る過程で多くのことをご教示いただきました。

あと、全体を俯瞰する意味では、まずは東京大学の**関谷直也**さん。社会心理学や災害情報の専門家で『**風評被害**』(**ちくま新書**)は必読書です。今も様々な切り口から調査を行いながら、行政のサポートもして最新の状況をご存じです。もう一人、筑波大学の**五十嵐泰正**さん。五十嵐さんの『**みんなで決めた「安心」のかたち―ポスト3.11の「地産地消」をさがした柏の一年**』(**亜紀書房**)。これは福島を扱った本ではありません。3・11後、ホットスポットを抱えることになった千葉県柏市で、住民がどのように非常事態と向き合い、語り合い、解決策を見出していったのか。その貴重な記録です。農家だけではなく、流通・小売、消費者、行政などもともに考えていく、そして、科学的な手法・データをうまく活用していく中で、政治家や科学者ではなく**住民自身が「安心」を見い出すプロセス**がよくわかります。現在、五十嵐さんは本書の中でも紹介した「うみラボ」に関わって、海から3・11以後の問題に取り組んでいらっしゃる。私と同じ社会学が専門。3・11後、社会学者の中には考えなしにデマ・俗流フクシマ論の増長に加担した連中もいましたが、五十嵐さんのような動きこそ本来社会学者が向かうべきものだと、いつもその姿勢に学んでいます。五十嵐さんとともに活動するかまぼこ工場の社員、**小松理虔**さんも**地域の産業や労働、まちづくり**について貴重な発信をオンラインで続けています。「小松理虔」でググってみてください。

食と生活全般だと、オンラインで情報発信を続ける農家で野菜ソムリエの**藤田浩志**さんの取り組みは最新情報を盛り込みつつとてもわかりやすい。それでいて現場に根ざした説得力があります。また福島県出身で全国的に活躍する料理家・**本田ようー**さんは**福島の食材を使った料理や酒**を料理雑誌、テレビ、オンラインで提案し続けています。あと、地元テレビ、CM、雑誌などでよく見るということなら**植木安里紗**さん。福島にこだわってモデル・タレントをしながら、地元の魅力と若者の日常を発信しています。

住民・行政の話であれば福島大学の**今井照**さん、『**自治体再建: 原発避難と「移動する村」**』(**ちくま新書**)は必読書です。福島において長らく行政学・自治体政策を専門として教鞭をとり、様々な実践活動で実績を上げてきた故の切れ味の鋭さ、論旨の明確さが、多くの人に福島の複雑な問題を理解する上での不可欠な基盤となるでしょう。**賠償や帰還等への被災当事者の思い**は、富岡町民でいわき市に避難する司法書士の**渡辺和則**さんのblog（http://ameblo.jp/watanabehoumu/）がバランスよく、核心をつく内容を伝え続けています。

研究者・実務家だけでなく、ジャーナリストからも**良質なルポ**が出てきました。残念ながら福島についての書籍はないんですが『月刊文藝春秋』などで執筆される**葉上太郎**さんの記事、あと**三山喬**さんの**『さまよえる町』（東海教育研究所）**は大熊町の町民に迫っている名著です。

そして、マンガは外せない。まず**竜田一人**さん**『いちえふ』（講談社）**は福島第一原発作業員を体験した著者による作品。原発の状況、住民の感覚、生活の場の風景。どれも事実に忠実だからこそリアル。腐るほど出た「原発・放射能怖い」「政府・東電悪い」という答えありきでロクに研究者・ジャーナリストが取材・調査していない、最初の3ページ読んだらオチまで分かるゴミ本とはわけが違う。マンガならではの力が存分に発揮されています。刻一刻と変わる現場の風景を記録し続けてもらいたい。他にもマンガについては毎日新聞の**石戸諭**記者がオンラインで**「福島をどう描くか」**というシリーズ（http://mainichi.jp/topics/othe_20140522_1818.html）をやっていて、そこでも紹介された**『そばもん』（小学館）**、**『はじまりのはる』（講談社）**も現地感覚をよく表しています。

最後に、文化や思想。残念ながら他ジャンルに比べて極めて手薄です。ダメなのにやたら多いのは、外から来て多少聞きかじった話を入れ込みながら原発と再生可能エネルギーの話ししかしない人。彼らが言ってること、さかのぼると2011年4月からずっと変わってないですから。

一方で、例えば音楽家・**大友良英**さんの福島に関する言葉には、自身が牽引してきた「プロジェクトFUKUSHIMA!」などの活動を通して紡がれた身体感覚があり、**文化とは何か**、普遍的な問いへとつながります。私も出てくるんで手前味噌になりますが、対談集**『シャッター商店街と線量計 大友良英のノイズ原論』（青土社）**などはおすすめです。あとオンラインで読める文章は、南相馬に入っている若手医師たちのもの。いわゆる「医学」のイメージを超えた、**そこにある暮らしや住民の思い**とは何か、問い続けています。住民の目の高さで医療を実践する**坪倉正治**さん、あるいは全く毛色が違いますが、**思想・哲学**等を踏まえた論考を発信する**堀有伸**さんの文章も考えさせられます。あと、**早野龍五**さん・**糸井重里**さん**『知ろうとすること。』（新潮文庫）**は、よく売れてる本ですが、やはり必読。福島とは、科学とは、言葉とは、生きるとはと、読みやすい文章から学ぶことが多いでしょう。

福島の問題について、本・論者を選ぶコツは三つあります。

1）現場・現実を大切にした議論　ここにあげた本の著者はみな、福島に住んだり通ったりしながら実践活動を行っている人ばかり。「3・11の現場としての福島の現実」を第一に、そこから物事を考えている人の言葉が力を持つのは健全です。「答えありき」の内容の薄い本・論者はもう不要でしょう。

2）後世に残る議論　『いちえふ』などそうですが、これは歴史資料になります。「魏志倭人伝」でも「古事記」でもいいんですが、そういう後世の人が参照せざるを得ない文献です。ほんの数年で、もう3・11直後の状況などだれも思い出しきれなくなっているわけで、当然、記録に残しきれなかったことも多いわけです。これらの議論は時空を越えても陳腐化しません。

3）全体像をつかもうとする議論　「避難」「賠償」「除染」「原発」「放射線」「子どもたち」の「福島問題6点セット」がそうですが、細部を針小棒大に語ろうとすると、結局特定のイデオロギーや思い込みに回収されて、読んでも「元からの信念を強化すること」には役立っても、新しい知識を得ることにはならない。そうではなく、今つかむべき全体像への入り口を開いてくれる議論が最も貴重です。

間違いだらけの「俗流フクシマ論」リスト

**思わず、「どこのフクシマの話ですか、
データを見てから言いましょう」
と言いたくなってしまう論ばかりです。**

「福島では今もみんな避難したがっている。放射能に恐れおののき避難者は増え続けている」「3・11直後、福島では中絶が増えた」「福島で子どもを持つことに不安を抱く女性たちばかりになって“産み控え”が続き、出生率も戻らないまま。里帰り出産もだれもしない。母親たちは子どもにマスクをつけさせている」「原発事故のせいで、人々が分断され離婚が急増した。結婚の破談も続いていて結婚率は元に戻らない」「福島からは人口流出が続いていて、みんな不動産を手放そうとする。でも、買い手がつかないから土地の値下げ合戦が続いている」「放射能を避けるには福島産品、あるいは東日本の食品を避けるのが最もリスクが低い。なによりも、老若男女問わず避難することで命が救われることは確かだ」「政府やマスコミは隠蔽しているが、実は、福島では死産や深刻な先天性疾患が増えている」「政府は安全キャンペーンを繰り広げて福島観光を推進しようとするが、実際はもう福島なんかに行きたい人はだれもいないから、ホテル・旅館は閑古鳥が鳴いている」「放射性物質で汚された福島の農地では農業なんかだれもできない。破産する農家が増えている」「福島の作物は今もその大部分が検査の過程で基準値を超え、廃棄されている」「福島では汚染水の問題など30年以上続くのだから漁業など永遠にできない」「福島第一原発周辺は今も放射線量が高く、海からでも近づくことは無理」「特に福島の林業は壊滅的打撃を受けて、もはや回復不能だ」「国は除染を意味があることのように言うが、除染をいくら続けても無駄。常に、森林から放射能が流れてきているからだ」「あらゆる福島産のものへの忌避意識は根強く、製品を買ってもらえない製造業の企業がつぶれまくっている」「福島では農林水産業、製造業、観光業など多くの産業に多大な影響が出て、失業者が激増している。ハローワークに行っても求人票はない」「ホールボディカウンターで検査すると、子どもたちからも内部被曝が増えているという結果が出ている」「福島の子どもたちは他県よりも放射能の多い危険な食べ物を食べ続けている」「復興予算はハコモノへの無駄使いばかり。復興は遅々として進まない」「3・11以後、日本の放射線検査の基準は他国に比べてゆるく設定されている」……

開沼博（かいぬま・ひろし）

社会学者。1984年福島県いわき市生まれ。東京大学文学部卒。同大学院学際情報学府博士課程在籍。専攻は社会学。現在、福島大学うつくしまふくしま未来支援センター特任研究員。著書に『「フクシマ」論　原子力ムラはなぜ生まれたのか』（青土社）、『フクシマの正義「日本の変わらなさ」との闘い』（幻冬舎）、『漂白される社会』（ダイヤモンド社）、共著に『「原発避難」論―避難の実像からセカンドタウン、故郷再生まで』（明石書店）、『地方の論理　フクシマから考える日本の未来』（青土社）、『闘う市長―被災地から見えたこの国の真実』（徳間書店）、『1984フクシマに生まれて』（講談社）など。

はじめての福島学《ふくしまがく》

二〇一五年三月十一日　初版第一刷発行
二〇一五年四月十六日　初版第二刷発行

著　者　開沼　博
発行人　木村健一
編　集　藁谷浩一
営　業　雨宮吉雄、牧　千暁
発行所　株式会社イースト・プレス
〒一〇一－〇〇五一
東京都千代田区神田神保町二－四－七　久月神田ビル八階
TEL　〇三－五二一三－四七〇〇
FAX　〇三－五二一三－四七〇一
http://www.eastpress.co.jp

装　丁　大井　亮（Zapp!）
本文DTP　松井和彌
印刷所　中央精版印刷株式会社

ISBN978-4-7816-1311-6